武力信仰からの脱却

第九条で21世紀の平和を

伊藤成彦 著

第二章　戦争の放棄

第九条　日本国民は、正義と秩序を基調とする国際平和を誠実に希求し、国権の発動たる戦争と、武力による威嚇又は武力の行使は、国際紛争を解決する手段としては、永久にこれを放棄する。

②前項の目的を達するため、陸海空軍その他の戦力は、これを保持しない。国の交戦権は、これを認めない。

影書房

はじめに

五月一五日の衆議院総会で、「有事法」三法案の賛否に際し、九割の議員が賛成に立って、「起立多数」で採決された。これは誠に息を呑むような風景であった。「赤信号、みんなで渡れば怖くない」というギャグがあるが、二〇〇三年五月一五日は、日本の衆議院議員の九割がこのギャグのような軽薄さで、戦後日本の平和政策と議会制民主主義を放棄した日として記録・記憶されるべきであろう。

五月一四日以降、日本の国会が大政翼賛会的国会になったのは、民主党が「政権担当能力を示すため」と称して与党に歩み寄って、「日本国憲法第一四条、第一八条、第一九条、第二一条その他の基本的人権に関する規定は、最大限に尊重されなければならない」という文言を与党案に加えさせて全員賛成に変わったからだ。

では、こういう文言を加えれば、「基本的人権に関する規定」は本当に「最大限に尊重」されるだろうか。与党側は、「憲法がすでに規定していることをもう一度法律に書くことはおかしい」と一度は難色を示したが、この程度で賛成してくれるのならば、と修正に応じた。与党側が示唆したように、この文言は単なる「気休め」のようなもので、「有事法」三法案の基本性格は、この文言があろうがなかろうが、全く変わらない。

私がこの本の中で繰り返し縷々述べたように、「有事法」の基本性格は「戦時法」で、「政府の行為によって再び戦争の惨禍が起ることのないようにすることを決意し」と宣言した日本国憲法を無視して、政府の行為によって戦争をする場合を想定したものに他ならない。そして「政府の行為によって戦争をする」と「基本的人権に関する規定」が空文と化することは、戦中の日本の日常と特に沖縄戦から最近のアフガニスタン、イラクへの武力行使の実態をみれば明らかなことだ。戦争とは、いつの時代でも、どこでも、殺戮・抑圧・破壊であって、人権尊重とは正反対のものだからだ。日本の国会議員の九割がそれを意に介せずにこの法案に賛成したとは、驚くべきことだ。

では、有事法の成立によって、有事法反対運動は終わり、有事法に反対するこのような本を出す意味はなくなるのだろうか。私はそうは思わない。何故なら、「有事法」コト戦時法は、最高法規としての憲法に根本的に違反するばかりでなく、平和で安全な暮らしを願う近隣諸国、ひいては全世界の人々の願いに反するものなので、この法制が内包する矛盾・もたらす悪は、今後ますます現れ・明らかになってくるから、その意味では法案反対運動は第一段階に過ぎない。こうした法制を廃した世界を創造する運動は、法案反対運動を踏まえてこれから始めなければならないからだ。

私はこれまでに、『軍隊のない世界へ――激動する世界と憲法第九条』（社会評論社、一九九一年）と『軍隊で平和は築けるか――憲法第九条の原理と私たちの選択』（社会評論社、一九九五年）という二冊の本で冷戦終結以後の平和への願い・動きを紹介しながら、改憲への動向を批判してきた。この本に収めた論文・講演・座談はすべて一九九五年以後に書いたり語ったりしたもので、前の二冊の本と性格を等しくしているという意味では、それらの続編だとも、それらと合わせて三部作をなすと見ることもできる。

また私は、この間に『物語　日本国憲法第九条』（影書房、二〇〇一年）を出版したが、それとこの本とは姉妹関係にあって、『物語』を理論編だとすれば、これは実践編だと見ることもできる。

この本に収めた論文・講演は、すべてそうした実践的な性格のものだ。特に一九九六年四月のクリントン・橋本共同声明による「日米安保再定義」以来、一九九七年の日米軍事「新ガイドライン」の策定、一九九九年の周辺事態法と憲法調査会設置のための国会法改定、二〇〇〇年一月からの憲法調査会設置、二〇〇一年秋の略称「テロ特別措置法」、そして二〇〇二年以後の有事法案と、米国の世界支配政策に追随する日本政府は、憲法と根底的に相容れない法案を次々と繰り出してきたが、この本は、そうした違憲法案・動向との格闘の記録と見ることもできる。

そうした性格の文書であるために、論文・講演の相互間にかなりの重複がある。しかしこの重複は、螺旋階段を昇っていくと、同じ風景が繰り返し現れながら少しずつかわっていくのと似た性質の重複なので、その都度の相手との格闘の姿をそのまま残すという意味でも、重複をあえて残した。

さて最後に、有事法成立以後の状況について一言述べておく。

小泉首相は、有事法案が衆議院を通過した後、五月二〇日の参議院の有事法制特別委員会で、田村秀昭議員（自由）の「自衛隊は軍隊なのか」という質問に対して、「実質的には軍隊だ。いずれ憲法でも軍隊と認めて、違憲だ合憲だと不毛な議論をすることなしに、国を守る戦闘組織に名誉と地位を与える時期が来ると確信する」と答えた。一九五六年に鳩山一郎首相がこの種の答弁をして国会が空転し、謝罪して発言を取り消したことがあったと記憶するが、それ以後これほどあからさまな違憲発言をした首相はいなかった。しかもその発言のために野党からの批判で国会が空転することもなく、聞き流された。小泉首相は明らかに武力信仰に取りつかれているが、国会議員の九割までもが、武力信仰にマインドコントロールされているかのようだ。

また六月五日に参議院有事法制特別委員会で、田英夫議員（社民）が最後の質問に立って、「そろそろ憲法改正していいじゃないかという気持ちが首相にあるとすれば、私は死ぬわけには行かない」と言うと、小泉首相は「戦争は嫌だ、侵略された方がいい、というのは奴隷の平和だ」と答えたという。

ここにも小泉首相の武力信仰が顔を出しているが、一体小泉首相は、講和後半世紀以上を経てなお、沖縄をはじめ日本全土に米軍基地がある現状を何と見ているのだろうか。「日米安保条約」であれ「集団的自衛」であれ名目はいろいろと付けられるが、要するに一言で言えば、「米国の占領の継続」だ。しかも「占領の継続」とあからさまに言えないために、様々な口実を設けて、実際に占領状態を継続することは、「侵略」に他ならない。小泉首相は「侵略された方がいい、というのは奴隷の平和だ」と答えたというが、現実に侵略されていながら、その現実から目をそらして「侵略された方がいい、というのは奴隷の平和だ」という小泉首相こそは「奴隷の平和」に甘んじているのではないか。

むしろ私たちは今、自分自身を武力信仰から解放しながら、武力信仰の極にある米国政府に対して、理性の回復を！　武力信仰からの脱却を！　と言うべき時であろう。

この本がそうした武力信仰からの脱却と理性の回復による地球の平和に、少しでもお役に立てれば、と著者は心から願う。

最後に、私の論文・講演を整理して、一冊の書として出版して下さる長年の畏友松本昌次さんをはじめ影書房の皆さんにこころからの感謝の意を表しておきたい。

二〇〇三年六月

伊藤　成彦

目次

武力信仰からの脱却

序章　有事法制は平和憲法体制を根底から破壊する！

二〇〇二年七月

小泉純一郎首相は有事三法の審議を開始した二〇〇二年四月二六日の衆議院本会議で、有事三法は「長年の課題で国家存立の基本だ」と、まるで日本国には憲法が存在しないかのように答弁した。しかし、憲法こそはその第九八条に明記されているように「国の最高法規」、つまり「国家存立の基本」にほかならない。

そして周知のように日本国憲法は「前文」で、「政府の行為によって再び戦争の惨禍が起こることのないようにすることを決意し、ここに主権が国民に存することを宣言し、この憲法を確定する」と述べ、第九条は、「国権の発動たる戦争と、武力による威嚇又は武力の行使は、国際紛争を解決する手段としては、永久にこれを放棄する」と宣言している。

ところが小泉首相が「国家存立の基本」だと説明する「武力攻撃事態法案」は第二条で、「我が国に対する外部からの武力攻撃」に際して「武力攻撃を排除するために必要な自衛隊が実施する武力の行使、部隊等の展開その他の行動」を行うと述べている。つまり一言で言えば、この法案は日本国が今後は「武力行使」と「戦争」を行う国となることを宣言するものにほかならない。

このような本質からなる法案について小泉首相は、「それぞれへの対処は憲法の範囲内で実施する」

と答弁している。しかし日本国憲法は、先に見たように、日本が「武力行使」と「戦争」を行う国となることを厳しく禁じている。「政府の行為によって再び戦争の惨禍が起ることのないようにすることを決意し」て「戦争と、武力による威嚇又は武力の行使」を永久に放棄すると宣言する憲法の下になりたった政府が、「武力行使」つまり「戦争」を行うと宣言する法案をどうして国会に提出することが許されるのか。

ちなみに、憲法第九八条は、「この憲法は、国の最高法規であって」に続けて、「その条規に反する法律、命令、詔勅及び国務に関するその他の行為の全部又は一部は、その効力を有しない」と規定している。この規定にしたがえば、憲法と根本的に相容れない有事法案は法案としても「その効力を有しない」もので、このような法案を国会に提出する小泉首相の、首相としての資質そのものが問われねばならない。しかも有事三法案は、憲法前文及び第九条に明白に反するだけでなく、国民主権・基本的人権・地方自治権・私有財産権など現憲法の根幹を成す諸原則を根底から蚕食・破壊する性格を秘めている。

近代日本国は、明治初年以来、「富国強兵」政策に基づいて戦争と侵略を繰り返し、その結果、朝鮮・中国をはじめアジア・太平洋地域の数千万の無辜の人々に多大な犠牲を強いると同時に、日本国内でも全国主要都市の焦土化と沖縄・広島・長崎での惨劇をもたらして破綻した。現憲法の根幹をなす平和・民主主義・基本的人権擁護の原則は、こうした近代日本国が犯した過ちへの痛切な反省から生まれたもので、その反省の上に戦後民主主義体制を築くことが目指されてきた。

ところが有事三法案は、現憲法の根幹をなす平和・民主主義・基本的人権擁護の原則を無視して、戦争と武力行使を中心とする体制をつくるための法で、戦後民主主義体制と本質的に対立し、この法の成立は戦後民主主義体制の破壊・崩壊を必然的にもたらさずにはおかない。

＊

有事法案がなぜ現憲法の根幹を否定・破壊する性格を秘めているのかを、法案に即して、幾つかの事例によって考えてみよう。

第一に、三法案の一つの「自衛隊法改正案」では、「防衛出動命令が発せられることが予測される場合」、「出動を命ぜられた自衛隊の部隊を展開させることが見込まれ、かつ、防備をあらかじめ強化しておく必要があると認める地域（以下「展開予定地域」）」では防御施設構築のために、「立木等の移転」をはじめ、その処分、土地・家屋の使用・形状変更、物資の収容などを行うこととなる。法案ではその際に都道府県知事はそれぞれの所有者に対して予め公用令書を交付することとなっているが、しかし「相手方の所在が知れない場合その他の政令で定める場合にあっては、事後に交付すれば足りる」となっている。また、墓地・埋葬法、医療法、土地収用法、道路法、河川法、土地計画法などの適用も除外されるというのだから、一言で言えば自衛隊は「有事」の場合には、国民の私有財産権をはじめ一切の権利を無視してやりたい放題をやることができる、ということになる。実際、太平洋戦争時に全島が戦場となった沖縄では、日米双方の軍隊によって全域が完全な無法状態とされた。

第二に、「武力攻撃事態」、つまり「戦争」になってはじめてそういう状態が現出するというのではない。「武力攻撃事態法案」によれば「武力攻撃事態」とは、「武力攻撃のおそれのある場合」を含み、「武力攻撃が予測されるに至った事態」をも指すという。

そもそも自衛隊は、「外部からの武力攻撃（外部からの武力攻撃のおそれのある場合を含む）に際して、わが国を防御する」（自衛隊法第七六条）と称して、憲法に違反して組織されたので、自衛隊が存在する限り「武力攻撃のおそれのある場合」は状況の解釈によってはいつでも成り立つと考えられる。しかもその解釈・判断は内閣総理大臣によって行われるので、内閣総理大臣が好戦的人物になって、「武力攻撃のおそれ」、或いは「武力攻撃が予測される」と判断すれば、国民の私有財産権は簡単に無視される恐れがある。

第三に「武力攻撃事態法案」第三条四項は、「日本国憲法の保障する国民の自由と権利が尊重されなければならず、これに制限が加えられた場合は、その制限は武力攻撃事態に対処するため必要最小限のものであり、かつ、公正かつ適切な手続きの下に行われなければならない」と述べている。しかし、いつの場合にも、「必要最小限」とは言うは易くして内容の定め難い、実質的には無意味な規定だ。だからこの規定は、「憲法の保障する国民の自由と権利の尊重」と言いながら、実際はその無視を意味する規定に他ならない。

しかも第二三条は、「武力攻撃が国民生活及び国民経済に影響を及ぼす場合においては当該影響が最小となるようにするための措置」などの法制の整備は、「この法律の施行の日から二年以内を目標として実施するものとする」と述べている。つまりこの法律の成立によって国民生活が具体的にどんな影響を受けることになるかは二年後にならないとわからないが、国民はともかく黙って白紙委任せよと言うのに等しい条項だ。

以上の三点を見ただけでもこの法案が、「憲法の保障する国民の自由と権利」の侵害を必至とする性格のものであることがわかる。しかしそればかりではない。

「主権が国民に存する」ということは、国民が諸種の公的機関への普通・平等選挙権を持つというだけではない。主権の行使を日常生活で担保するのは自治権で、その意味では日本の地方自治体はまだ本当の意味での自治権を確立していないが、「武力攻撃事態法案」は「有事」の場合にはその地方自治体から自治権を完全に奪う可能性を秘めている。

何故なら「武力攻撃事態法案」は、「内閣総理大臣は（中略）当該地方公共団体または指定公共機関が実施すべき当該対処措置を実施し、または実施させる」と自治体と公共団体に対する内閣総理大臣の指令権と代執行権を認めているからだ。

ちなみに「指定公共機関」とは、「日本銀行、日本赤十字社、日本放送協会その他の公共的機関及び電気、ガス、輸送、通信その他の公益的事業を営む法人」で、最近の国会質疑では、民間放送もすべて含まれると官房長官は答えている。こうしてこの法案が成立すると、内閣総理大臣は「有事」の名の下に自治体と公共団体に対して独裁制を敷くことができる。

＊

このような有事三法を見てまず思い浮かぶのは、戦前・戦中の国家総動員法（一九三八年四月一日）だ。国家総動員法第一条は、「本法ニ於テ国家総動員トハ戦時（戦争ニ準ズベキ事変ノ場合ヲ含ム以下同ジ）ニ際シ国防目的達成ノ為国ノ全力ヲ最モ有効ニ発揮セシムル様人的及物的資源ヲ統制運用スルヲ謂フ」と述べていた。

忘れてならないことは、国家総動員法の言う「国防」の対象は、当時の朝鮮・「満州」・中国など日本帝国の占領地すべてを含んでいたことだ。日本政府は「国民政府対手ニセズ」と言いながら、「国防」の名の下に軍事行動を拡大した。そして軍事行動の拡大と共に、「国民徴用令」（一九三九年七月八日）「日独伊三国同盟」（一九四〇年九月二七日）「大政翼賛会」発会（一九四〇年一〇月一二日）「国防保安法」（一九四一年三月七日）へと戦争体制が積み上げられて米英等への全面戦争に至ったのだ。

日本が米英との全面戦争に突入していったのは、ドイツのヒトラー政権を信頼したからで、日独軍事同盟がなければ米英との全面戦争はできなかったことであろう。

ではいま、小泉内閣は何のために有事三法を国会に提出したのか。「備えあれば憂いなし」という格言が小泉首相の唯一の説明だが、「備えあれば憂いなし」は自然災害に対して言うべき言葉であって、戦争準備を説明できる言葉ではない。「戦争の準備をしながら、同時に平和を求めることはできない」と原子物理学者アインシュタインが指摘したように、戦争準備は周辺国に戦争への猜疑心を持たせて軍拡競争を煽るおそれがある。だから、「平和に備える」と言うのであれば、軍事同盟や戦争準備ではなく、日本国憲法を擁して徹底的に平和外交を展開することこそが「憂いなし」への正道だ。それなのに、いまなぜ憲法を根底から破壊する有事法制が必要なのか。

小泉首相は四月二六日の衆議院本会議で、有事法制は長年の課題だった、と述べた。しかし代々の自民党政府は本当に有事法制を日本保守政治の「課題」と見てきたのだろうか。有事法制を「長年の課題」と見てきたのは自衛隊の方だ。だから自衛隊は一九六三年の「三矢研究」以来、事ある毎に有事法制の確立を狙ってきた。何故なら有事法制が確立されれば、違憲の存在である自衛隊は「陽の当たる場所」に出られるからだ。その意味では特攻隊員の遺品に涙し、靖国神社に馳せ参じる小泉首相の内閣こそは権益拡大をめざす自衛隊幹部にとっては恰好の首相であり内閣であろう。

ちなみに、小泉首相が任命した中谷元・防衛庁長官は、憲法第六六条に明らかに違反した違憲の長官だ。何故なら、彼は初の自衛隊出身長官だが、憲法第六六条第二項は一九四六年の極東委員会で中国政府代表が、〝憲法第九条の存在にもかかわらず、戦後に日本が再軍備をした場合でも、軍人出身者を決して内閣に入れないように〟と主張して特に入れた条項で、「内閣総理大臣その他の国務大臣は、文民でなければならない」という規定は今日なお近隣諸国に対して重い意味を持つものであるからだ。

こうして自衛隊は小泉首相の下で権益拡大を目指し、それは平和国家日本から軍事国家日本への転換の道を拓くものだが、しかし自衛隊の力だけで有事法制が国会に提案されるとは考え難い。もう一つの大きな力は、言うまでもなく、自衛隊を生み・統制するアメリカであろう。現に、イージス艦のインド洋派遣要請をアメリカに言わせるように自衛隊が裏工作していた事実が発覚し、またアーミテージ国務副長官が防衛庁の「省」への早期昇格を小泉内閣に促すと、防衛庁は『防衛白書』二〇〇二年版で早速「省への昇格」を要求するという具合で、かつての日本帝国の軍隊（皇軍）は天皇の統帥権下にあり、天皇を利用して肥大化したが、いまや自衛隊は米政府の統帥権下にあるかのように米帝国の世界支配体制と一体化しつつある。

＊

しかしここで注目しておくべきことは、「武力攻撃事態法案」が孕む本質的な矛盾だ。同法案によれば「武力攻撃事態」とは、「我が国に対する外部からの武力攻撃をいう」ということだが、日本の歴史では「我が国に対する外部からの武力攻撃」は元寇以外には無く、元寇も日本を占領・支配しようとしたものではなかった。一方、近隣諸国を攻撃し侵略したのは常に日本の側だった。だから、近隣のどの国が我が国に武力攻撃をする可能性があるのかという問いに対して政府は全く答えられない。実際、そのような可能性は皆無だ。では何故このような法律が必要なのか。

その問いに対する武力攻撃事態法案でのもう一つの答えは、「アメリカ合衆国の軍隊が実施する日本国とアメリカ合衆国との間の相互協力及び安全保障条約に従って武力攻撃を排除するために必要な行動が円滑かつ効果的に行われるために実施する物品、施設または役務の提供その他の措置」のためだ。

しかし世界最強の軍隊が全土に展開する日本を「武力攻撃」する国は皆無だが、日米安保条約による在日米軍のために深刻な問題が生じている。その第一は、米軍基地の周辺住民が被る「基地被害」だ。特に在日米軍施設の七五%が集中する沖縄本島と佐世保・岩国・横須賀・厚木など主要米軍基地の周辺は、騒音・環境汚染・人権侵害・傷害・殺人・盗難など様々な「基地被害」が複合して、まさしく「有事」の状態にある。

しかも米軍横田基地訴訟に対する二〇〇二年四月一二日の最高裁判決が示したように、在日米軍の行為は「主権の行使にかかわる行為で日本の裁判権は及ばない」と判決する最高裁判所を有する我が国では、ドイツと違って立ち入り検査ができず、在日米軍基地は日本側から見れば「治外法権地帯」であると同時に、米日両国の法が及ばない「無法地帯」だ。

こういう危険な「有事」の状態を「無事」の状態にすることこそが、代々の政府が怠り続けてきた

「長年の課題」なので、だからもし小泉内閣が「我が国の平和と独立並びに国民の安全」を本当に憂えるのであれば、まず在日米軍基地を撤去させて「国民無事」の状態をつくることこそが政府の使命であろう。

第二の問題は、日本を「武力攻撃」する国は皆無だが、在日米軍が世界の各地で軍事行動を行って無辜の住民を大量に殺戮した場合に、それに対する報復として在日米軍基地がゲリラ攻撃を受ける可能性は皆無とは言い難い。しかも中谷防衛庁長官は二〇〇二年四月二三日の参議院外務委員会で、「テロ特措法で米軍の支援にインド洋に行っている艦艇にも組織的・計画的な攻撃があれば、我が国への武力攻撃となる」と答弁している。そういう場合も「我が国に対する外部からの武力攻撃」と見做すというのであれば、「米軍の後方支援のため」と称してつくられた「周辺事態法」で出動した自衛隊が米軍の戦闘相手から攻撃を受けるということは当然あり得ることで、それは「武力攻撃事態」になるということだ。

こうしてみると、周辺事態法とテロ特措法と武力攻撃事態法は米軍が行う戦争の上で一つに重なる。ただ、前二法と有事三法の本質的な相違は、後者には罰則が付いたことだ。改定自衛隊法一二五条は、「取扱物資の保管命令に違反して当該物資を隠匿し、毀損し、または搬出した者は、六月以下の懲役または三〇万円以下の罰金に処する」と規定した。周辺事態法でも武力攻撃事態法のように国の機関はもとより自治体・公共団体などへも協力要請ができることになっているが、協力を断っても罰則はない。アメリカ政府は、周辺事態法には罰則の規定がないので、実効性は疑わしいと罰則を付けることを求めたということだが、その罰則は改定自衛隊法に付け加えられた。

　この罰則は自衛隊法第九章に規定された罰則に比べて軽いように見えるが、自衛隊法が自衛隊員以外の「民間人」に罰則を科するのはこれがはじめてのことだ。私はこの罰則を見て軍隊がすべての重要物資を占有した戦時中を思い出した。戦時中、一般国民が日々の食事にも事欠いて粗食に耐えていたときに、軍の将校の家庭は驚く程物資が豊富で、何不自由なく暮らしていた。そして敗戦となるや、将校たちはそれらの隠匿物資をトラックや荷車に積んで持ち出し、私用に供したり売り飛ばして稼いだりしたのだ。

　さらに遡れば、一九一八年の米騒動もシベリア出兵に伴う軍隊の米の占有が原因で、それを背景にして米穀商人たちが米の投機に走ったことから起きた。そうした物資の隠匿や投機を抑えるためには必ず罰則がつくられ、最初は軽いように見えても、一度つくられた罰則は、戦前の治安維持法のように、時とともに重くなって死刑に至る。

　軍が公認されて「陽の当たる場所」に出て来れば、機密保護法やスパイ防止法といった軍関係法の制定は必至で、結局は治安維持法に至ることであろう。戦争体制をつくるためにはそうした法体系が必要不可避なので、有事法制は必然的にそのような方向にむけて言論表現の自由を制限・抑圧し、基本的人権を侵害し、民主主義を制約・圧殺する法制を積み重ねて、戦後平和・民主憲法体制を浸食・変質・破壊していくことは、火を見るよりも明らかなことだ。私たちはいまそのような曲がり角に立っているのだ。

＊

　私たちはいま、現在の平和的・民主的憲法体制を維持して、これをいっそう発展させるか、それとも「備えあれば憂いなし」という小泉首相の一知半解な格言の使い方にごまかされて、軍事国家への道を選ぶかの岐路を前にしているが、この岐路の何れを選ぶかを決めるのは私たち自身だ。そういう意味では、いま、日本人の知性が試され、また何よりもかつて日本帝国の政府と軍隊によって侵略・占領・虐殺・抑圧された韓国・朝鮮・中国をはじめアジア・太平洋地域の人々は、日本人がどの道を選ぶかを注視している。日本人が軍事国家への道を選べば、日本の軍隊が今度はアメリカ軍と一緒に介入し、支配することとなるからだ。

一方、現在の平和的・民主的憲法体制を維持してこれを発展させるということは、まず第一に、戦前・戦中の日本の侵略・戦争責任を明確にして反省し、犠牲者に補償することで、まだ国交を持たない朝鮮民主主義人民共和国をはじめとする、近隣諸国と真の友好関係を創り出すことだ。

第二には、日本国憲法の前文・第九条の非戦・非武装原理が日本の過去のそうした侵略と戦争への真摯な反省から生まれたものであることを改めて確認して、第九条を文字通り実行すること。具体的には自衛隊を解散して災害救助隊や国際援助隊を創設し、日米安保条約を日米平和友好条約に転換して在日米軍基地を撤去し、日米関係を軍事を除く政治・経済・文化等の面でいっそう発展させることだ。

このように言うと、自衛隊を解散し、日米軍事同盟を解消して在日米軍を撤退させると誰が日本を守るのか、という反論が必ず出てくることであろう。この疑問ないし論拠こそが、「備えあれば憂いなし」という小泉首相の一知半解な格言を受け入れる背景をなして、有事法制を支えている。そして実際有事法制は、すでに述べたように自衛隊法と日米安保条約を二本の脚として成り立っているのだ。

したがって私たちはここで「防衛問題」に関する本質的で究極的な議論をしなければならない。それは一言で言えば、「軍隊で国は守れるか?」「戦争で国際紛争は解決できるか?」という問題だ。

武力攻撃事態法や最近政府が出した「見解」を見ると、まるで「敵軍」が結集して隊をなして攻撃してくる場合を想定しているかのようだが、もし「敵」が日本を徹底的に破壊しようとするのであれば、まず海と空から攻撃してくるであろうし、その際にいくつかの原発が砲爆撃されれば、自衛隊も在日米軍も活動の余地はない。つまり原発を五〇余基つくった日本は、事実上、戦争不可能国家なのだ。しかも日本を砲爆撃する国が日本の近隣であれば、原発爆破による「核の灰」の被害はその国にも及ぶ。

一方、非武装の国を正規軍が襲うということは、二一世紀の現在まず考えられないことだし、もしそのようなことが起きれば、かつて一九五〇年に幣原喜重郎がダレス調査団に答えたように、非暴力・不服従の原則で抵抗する方が犠牲ははるかに少ない。

また最近のアメリカのアフガニスタン爆撃やイスラエルのパレスチナ自治区への侵攻のように、圧倒的な武力差による一方的な攻撃は、問題を解決するどころかかえって複雑化し、犠牲者を増やし、解決を長引かせる。つまりアメリカのアフガニスタン爆撃やイスラエルのパレスチナ侵攻は、国際紛争を武力で解決することはできないことを改めて立証したのだ。

このように見てくると、「武力による威嚇又は武力の行使は、国際紛争を解決する手段としては、永久にこれを放棄する」という第九条の原理が、現代の状況に対して如何に新鮮で有効な原理であるかが改めてわかる。

しかも金大中政権の成立によって二〇〇〇年六月以降南北の緊張が緩和した韓国でも、逆にシャロン政権の成立で凄まじい軍事侵攻が行われたイスラエルでも、若者は兵役拒否の運動を開始している。そして、東西分割が終わったドイツでは、徴兵年齢の半数以上の若者たちが兵役ではなく、兵役よりも期間の長い「民役」について、福祉施設で働き、これらの若者たちの「民役」活動がなければ、ドイツの福祉サービスは成り立たないとまで言われている。

私たち日本人はいまこそ軍事信仰、武力信仰を棄てて、人類の叡知の結晶ともいうべき日本国憲法の平和原則を世界に輝かせ、国際紛争の解決に貢献し、世界平和の創造に寄与すべきではないだろうか。

第Ⅰ章　武力信仰からの脱却を

武力信仰からの脱却を

二〇〇〇年九月

「明治維新という革命の最大の意義は、鎌倉幕府に端を発する武家政治を崩壊させたことです。長年にわたって刀で支配してきた武士がいなくなったことが一番大きな変革です。明治維新に先立つ十年前に、誰が廃刀令の出ることを予想したでしょう。絶対にあり得ないと考えられていたことが、現実に起きたのです。今度は世界の廃刀令を行うときです。いまこそ、私たちが率先して、実現不可能といわれる軍縮問題の解決に取り組もうではありませんか」

二〇〇〇年七月一日に亡くなった宇都宮軍縮研究室と『軍縮問題資料』の創設者・宇都宮徳馬氏は、『軍縮問題資料』の創刊号でこのように呼びかけた。今日の廃刀令とは、日本国憲法第九条第二項にほかならない。

第九条第二項は、「陸海空軍その他の戦力は、これを保持しない。国の交戦権は、これを認めない」と、日本国の完全非武装と交戦権の放棄を明瞭に宣言している。そして宇都宮氏はこの原理の世界化を目指して、『軍縮問題資料』を創刊したのであった。

憲法第九条第一項は、「国権の発動たる戦争と、武力による威嚇又は武力の行使は、国際紛争を解決する手段としては、永久にこれを放棄する」と戦争放棄を宣言しているが、この条項は、「締約国は国際紛争解決の為戦争に訴ふることを非とし……」と戦争放棄を協定した「パリ不戦条約」（一九二八年）に由来するもので、この条約に拠って戦争放棄を宣言した憲法を持つ国は少なくない。

したがって日本国憲法が内外から特に「平和憲法」と呼ばれる所以は、第九条第一項によるものではなく、現代の廃刀令たる第二項を含むことによる。ところがその「平和憲法」の要をなす第九条第二項が、いま改憲論の焦点となって戦後最大の危機を迎えているのである。

例えば、改憲論者として名高い小沢一郎氏は、一九九九年九月に「日本国憲法改正試案」（『文藝春秋』一九九九年九月号）を発表したが、第九条に関して、第一・二項には手をつけずに、第三項として「前二項の規定は、第三国の武力攻撃に対する日本国の自衛権の行使とそのための戦力の保持を妨げるものではない」という項目を付け加えることによって、第二項の事実上の消去を狙っている。

この小沢試案に対して民主党の鳩山由紀夫代表（当時）は、小沢氏は「戦後の九条論争を引きずったまま、明らかに現実から逃げている」と批判して、「九条はまず、〈陸海空軍その他の戦力は保持する〉と一番目の項目として明記すべきです」（『文藝春秋』九九年一〇月号）と、自衛隊を軍隊として認めることを主張している。

また一九九四年に憲法改正試案を発表した読売新聞社は、二〇〇〇年五月三日の憲法記念日に第二次試案を追加した。九四年の読売試案は、第九条に関しては、「第九条第一項は、昭和三年（一九二八年）のパリ不戦条約の表現を基本的に踏襲したもので（中略）、我が国としても、こうした精神は、恒久平和の核心として、今後とも堅持していくべきである」としてそのまま残しながら、第二項を完全に削除して、「日本国は、自らの平和と独立を守り、その安全を保つため、自衛のための組織を持つことができる」という新しい条項を立てることを主張していた。そして第二次試案では、「自衛のための組織」を「自衛のための軍隊」と変更した。

さらに二〇〇〇年一月から衆参両院に設置された憲法調査会の議論でも、改憲・論憲派から第一項維持、第二項削除あるいは変更の主張が集中的に行われ、一九五八年生まれの島聡議員（民主党）も、「九条は、これからは一項と二項にきちんと分けて議論すべきで、一項の不戦条約を踏まえたものにつきましては、今後も、我が国外交の政治的価値として貴重なものであるという観点を忘れてはならないと私は思います。ただこの二項につきましては、これは九条二項問題と今後呼ぶべきであると思います」（五月一一日、衆議院第九回調査会）と発言している。

以上に見てきたように、今日の改憲論はもっぱら「二項殺し」に集中しているかの観がある。

＊

今日の改憲論がこれほどまでに「二項殺し」に集中しているということは、日本の政界・言論界ひいては日本人の多くが、いまなおどれほど深く武力信仰に囚われているかを示すものであろう。ではその武力信仰によるマインド・コントロールから脱するにはどうすればよいか。

まず第一に、憲法第九条第一・二項を産みだした歴史的背景をしっかりと見つめてその思想的意味を深く考えることだ、と私は思う。かつて宇都宮徳馬氏は、一九八一年に参議院本会議で鈴木首相に次のように質問した。

「日本人は、第二次世界大戦をもっとも長期間戦い、結局、ほとんどすべての都市を焼かれ、広島、長崎は原爆の洗礼をうけ、沖縄、満州、樺太では、地上戦闘で無数の非戦闘員が殺され、また婦人は辱めをうけました。この血みどろな戦争体験を通じて、多くの日本人は、敵すなわちアメリカ人、ソ連人を憎むよりも戦争そのものを憎むことを学び、また身近の子供、女、老人のむごたらしい死を悲しむ、はげしい嘆きを通じて、自らの地獄の経験を、日本人はもちろん、アメリカ人、ソ連人を含むすべての国民に、再び経験させてはならないという悟りの心境に達したのであります。それが平和憲法をうけいれた国民的基盤であることを忘れてはなりません。その米ソ両国がお互いに戦争抑止力と称して、無際限に軍備を拡張し、アメリカが広島、長崎で、ソ連が満州、樺太で犯した蛮行を、全世界でくり返そうとしているのです。私はこの馬鹿げた軍備競争の中に割って入り、待ったをかける資格と責任が、日本人、特に日本の政治にあると存じますがいかがでしょうか。平和憲法は、日本人の平和のための戦いに役立つ大切な武器でございますから、おろそかにしてはなりません。特に鈴木首相のお考えをききたいと存じます[1]」

ここに宇都宮氏が明快に述べたように、憲法第九条は日本人の戦争体験を背景に生まれたものであった。そして日本人の戦争体験は、朝鮮・中国など近隣諸民族への侵略の結果であった。したがってこのような歴史的背景から生まれた憲法第九条は、思想的には、日本人の不戦の誓いであると同時に、不侵略の誓いでもあった。特に完全非武装と交戦権の放棄を明瞭に宣言した第二項は、その意味を深く持つ、と私は考える。

鳩山由紀夫氏は第九条第二項の持つこうした意味を感じているのか、第九条に「陸海空軍その他の戦力は保持する」と明記すべきだと主張すると同時に、「もっともこの議論に踏み込むためには一つの条件がクリアされなければなりません。それは過去の歴史に目をつぶることなく戦争の総括を内外に示すことです。侵略戦争の事実に目を閉じ、侵略戦争は決して行いませんと言っても、アジアの国々には理解されることはないでしょう」と述べている。しかし本来戦争への反省から生まれた不戦・不侵略の誓いの意味を持つ第二項を、再軍備条項へと一八〇度変えるために「戦争の総括を内外に示」せば、どうしてアジアの国々の理解が得られるのだろうか。この不可解な論理もさることながら、このような不条理を平然と主張できる鳩山氏のメンタリティーそのものが、私には理解できない。

しかも驚くべきことに、鳩山氏のそのような主張に刺激されたためか、自民・公明・保守の与党三党は、解散を目前にした五月三〇日の衆院本会議で、野党四党の反対を押し切って「戦争決別宣言」を可決した。本当の意味で戦争決別宣言である第九条を「二項殺し」によって再軍備公認条項へと改変しようとする改憲論者たちが行ったこの「戦争決別宣言」もまた、およそ政治の道義を無視した欺瞞的な所業だと言うほかはない。

*

今日の改憲論の「二項殺し」の手口は、すでに見たように憲法第九条第一項と第二項の分離にある。第一項はパリ不戦条約に基づくものだからよいが、第二項は自衛隊と日米安保条約にとって邪魔になるので削除・変更するというもので、この分離の根拠とされるのが「天賦自衛権説」だ。

例えば小泉純一郎議員（自民党）は、五月一一日開催の第九回調査会で、「自衛力は国に与えられた固有の基本的な権利だから明記する必要はないと思っていますが、この当たり前のことですら、いけないという議論がかなり多数あったということを忘れてはいけないと思います。そういう点で、素直に、だれが読んでも、日本の国に軍隊を持つのは当然だ、軍隊を持つことが軍国主義でもないし平和主義を害するものではないということを明記できるような形で表現した方がいいのでないかと思っています」と述べている。

この小泉議員の意見は、自衛権＝軍隊と両者を無造作に繋ぐ代表的な意見だが、改憲論者たちが一致して支持するパリ不戦条約を創り出したアメリカ市民の「戦争違法化」運動は、自衛権＝軍隊＝戦争というそれまでの慣習的思考を根本的に疑い、否定することに発したものであった。

「戦争の違法化」を最初に提唱したシカゴの弁護士サーモン・レービンソンは、第一次大戦へのアメリカの参戦が激しく議論された一九一八年に「戦争の法的地位」という論文を書いて、ヘンリー二世の時代から一九世紀まで、個々人の名誉に関わる争いは決闘による決着が当然とされ、同様に国家間の争いも戦争による結着を当然と見る国際法が通用して、そこからハーグ条約という「不毛の極」も生まれてきたのだが、「我々が求めているのは、殺人の法ではなくして殺人に反対する法であるように、戦争に関する法ではなくして戦争に反対する法なのだ(2)」と主張した。そして大戦後の一九二一年に「戦争違法化委員会」を組織して、「戦争違法化計画」と題したパンフレットを発行したが、その中でレービンソンは、「戦争と歴史的に類似した事柄は決闘である。決闘は我が国アメリカでも一八五〇年に殺人と宣言され違法とされた」「我々は決闘や奴隷制という制度を気高くも廃止してきた。そうだとすれば、どうして戦争という制度を廃止できないことがあろうか(3)」と主張した。

こうしてはじまったアメリカ市民の「戦争違法化運動」は、この運動の理論面で中心的な役割を果たした哲学者のジョン・デューイによれば、「国内の犯罪者に対して警察力を用いることと国家に対して武力を用いることの間にアナロジーを見ることは虚偽だ」と主張して、戦争を違法とする新しい国際法を破った国に対しても武力による制裁ではなく、「世界の一致した道義の感情」によって説得すべきだという立場で一致した、ということだ。つまり、パリ不戦条約を創り出したアメリカ市民の「戦争違法化」運動は、小泉純一郎首相のような自衛権＝軍隊という主張を、決闘を合法と見るような時代遅れの主張だ、と見る立場に立っていたのである。

しかしこのような確固とした理想と思想をもって展開された「戦争違法化」運動の主張も、国家間の条約となる過程で、いくらかの変容を余儀なくされた。ジョン・デューイはその間の事情を次のように述べている。

「パリ不戦条約が持つ直接の道義的効果並びに潜在的な外向的効果は、いくつかの覚書の交換、すなわちイギリスやアメリカのようなある一定の領域の留保、大陸諸国なかんずくフランスの〈中立条約〉の部分の留保によって、いくらか弱められてしまった。またある一国によって、自衛の概念が曖昧にされてしまったのである。われわれ戦争違法化アメリカ委員会は、すべての国が自国の戦争は自衛のためであると主張することや、戦争とは一つの制度であり、どの戦争が違法であり、また違法でないかを区別できない旨を指摘してきた。したがって、侵略戦争と自衛戦争との間に区別を立てることに対しては、一貫して反対してきたのである(4)」

デューイがここで「ある一国によって自衛の概念が曖昧にされてしまった」と指摘した一国とは、日本だった。日本は「満蒙も自衛の範囲」という立場に立ってこの条約の提唱国に加わった。そして、その後日本は「満州事変」「上海事変」と、戦争という言葉を使わずに戦争を拡大した。いわば不戦条約を隠れ蓑にして中国侵略を深めたのだ。

一方、こうして中国侵略を拡大した軍部に抵抗しつつ、不戦条約の批准を積極的に進めたのが、幣原喜重郎外相であった。しかし幣原は、一九三一年に「満州事変」と称して満州への軍事的侵攻を進めた侵略政策に抗しきれずに、同年末、下野した。

その幣原喜重郎が戦後、首相として蘇ったときに、「戦争を放棄し、軍備を全廃して、どこまでも民主主義に徹しなければならん」[5]と心に期して、一九四六年一月二四日にマッカーサー連合軍総司令官に憲法九条の思想を提起した。パリ不戦条約の批准に努力した幣原は、その淵源であるアメリカ市民の戦争違法化運動の思想を知悉していたのだ。

一方、幣原からこの提起を受けたマッカーサーは、「それは最高に建設的な考えの一つだと思う」と支持を表明しながら、「その考えは嘲りの的となることでしょう。その考えを押し通すには大変な道徳的スタミナを要することでしょう。しかし最終的には彼らは現状を守ることはできないでしょう」と幣原を励ました。そして一九五一年四月にトルーマン大統領から罷免されて帰国するや、上院軍事・外交委員会の公聴会で、憲法第九条の起源をこのように説明するとともに、米国も日本の憲法第九条の政策を取り入れるべきだと主張した。[6]

マッカーサーは、その後一九五五年一月に、アメリカ在郷軍人会ロサンゼルス郡評議会主催の正餐会でも、軍備全廃・戦争廃絶を次のように説いた。「我々は過去の拘束服を破り棄てなければなりません。常に先達が必要で、我々がその先達となるべきです。我々はいまこそ世界の諸大国と協力して、戦争廃棄の用意があることを宣言すべきです[7]」

一方、一九五〇年六月にJ・F・ダレスが対日講和問題特使として、講和条約以後にも米軍を駐留させる可能性を探りに初めて来日して、与野党の指導者の意見を聞いた際に、第九条の提案者の幣原喜重郎は、講和後の日本の安全保障を問われて、「再軍備や米軍の永久占領の代わりに侵略者には非協力で対するという受動的抵抗を選ぶ」と答え、さらに「米軍撤退後にソ連軍が来ても日本人は誰も協力せず、そのためにたとえ殺されようとも、八千万の人々をロシア軍は殺すことはできないから、軍事行動は失敗に終わるでしょう」と答えている。そしてこのインタビューを記録したアリソン公使は、「幣原男爵は、我々が話をした中でこのように断言した唯一の人だった」と付記している。(8)

このように武力信仰という「過去の拘束服」を脱ぎ捨てて、「現代の廃刀令」を創出した人たちは、皆最後までその信念を守って生きた。いま「二項殺し」で現代の貴重な廃刀令を廃そうとしている人たちは、このような事実をこそ調査すべきではないか。

武力信仰の拘束服を脱ぐことなしには、人類は二一世紀を希望の世紀とすることはできないことを、私たちは肝に銘じておくべきであろう。

注

（1） 宇都宮徳馬『暴兵損民』徳間書店、一九八四年、一〇〇頁。

（2） Salmon O. Levinson, *The Legal Status of War.* "The New Republic", New York, March 9, 1918. p. 171-173.

（3） Salmon O. Levinson, *Outlawry of War*, December 25, 1921. p. 16. 邦訳、レビンソン「戦争の非合法化」河上暁弘訳、『状況と主体』一九九八年八月号。

（4）John Dewey, *Outlawry of War.* in : Encyclopaedia of Social Sciences, ed. Edwin R. A. Seligman and Alvin Johnson. New York, Macmillan Co. 1933 and John Dewey, *The Later Works,* 1925–1953, Vol. 8, p. 17. 邦訳、ジョン・デューイ「戦争の非合法化」河上暁弘訳、『状況と主体』一九九八年九月号。

（5）幣原喜重郎『外交五〇年』読売新聞社、一九五一年、二一三頁。

（6）*Military Situation in the Far East.* Hearings before the Committee on Armed Services and the Committee on Foreign Relations. United States Senate. May 3–5. 1951. p. 223–225.

（7）Douglas MacArthur, *Selected Speeches.* Washington 1964. p. 89.

（8）*Summary Report by J. M. Allison.*（Secret）p. 2–3.

軍隊で国は守れるか
——石橋湛山、幣原喜重郎、ダグラス・マッカーサーの答え

一九九五年一一月

一九九五年は、二つの「戦後」の節目が重なり合った年だった。二つの「戦後」の節目の一つは、言うまでもなく敗戦後五〇年の節目だが、もう一つの「戦後」の節目は、日清戦後百年の節目だ。敗戦後五〇年の節目の意味については、いまさら言うまでもないことだが、私がここで、自分自身をも省みて考えたいことは、敗戦後五〇年への反省が果たして日清戦後百年への反省と深く重なり合い、結び合ってきただろうか、ということだ。

言い換えれば、敗戦後五〇年の原点、一九四五年は、アジア・太平洋地域の人々に膨大な犠牲を強いた上で、沖縄・広島・長崎の惨劇を迎えた「大日本帝国」の破局の年であったが、その惨劇と破局が、その五〇年まえの「日清戦後」五〇年の必然的な帰結であったという認識・反省を、果たして私たち日本人は敗戦後五〇年間に深めてきたのだろうか、という自問でもある。

私がいまこのように自問せざるを得ないのは、例えば高名な歴史小説家とみられている司馬遼太郎のような人までが、井上ひさしとの対談『「昭和」は何を誤ったか』(『現代』九五年七月号)で、「明治の政府はそれほど間違ったことはしていませんでした。大正が終わって昭和がはじまるまで、日本人

は政府を信用していたんですね」と平気で発言しているからだ。司馬遼太郎は「昭和の暴走」を招いたのは統帥権を悪用した軍部だという見方を取ってこのように発言しているようだが、ではその「軍部」の本質は何であったのか、という考察は行われていない。

しかし本当にそうだろうか。「明治の政府はそれほど間違ったこと」はしていなかったのだろうか。そのように主張する司馬遼太郎は、例えばすでに一九一五（大正四）年に、若き石橋湛山が次のように書いていた言葉をどう見るのだろうか。

「吾輩は我が政府当局ならびに国民の外交に処する態度行動を見て憂慮に堪えないものがある。その一は、露骨なる領土侵略政策の敢行、その二は、軽薄なる挙国一致論である」（「禍根をのこす外交政策」）

石橋湛山はこの論説の末尾で、「この大禍根は、遠く日清戦争、執中日露戦争から顕著になった我が国の領土侵略主義に発す」と指摘しながら、目下の直接の責任はその「大禍根」を省みずに「対支外交」を押し進める大隈内閣と加藤外相にあると批判していた。

さらに石橋湛山は、一九二一（大正一〇）年、ワシントン軍縮会議を前にして、「朝鮮・台湾・満州を棄てる、支那から手を引く、樺太も、シベリアもいらない」と「一切を棄つるの覚悟」を政府に求め、これらの「領土侵略政策」は「大日本主義の幻想」に発したものであって、「大日本主義を固執すればこそ、軍備を要するのであって、これを棄つれば軍備はいらない。国防のため、朝鮮または満州を要すというが如きは、全く原因結果を顛倒せるものである」と断言した。

このように石橋湛山は、司馬遼太郎が問わない「軍部」の本質を、すでに大正年代に「領土侵略主義」の道具と明快に解いて、「国防のため」という神話を打ち砕いていた。しかも石橋湛山は、同時に、今日から見ても重要な、次のような指摘を行っていた。

「我が国が大日本主義を棄つることは、何らの不利を我が国に醸さない。否ただに不利を醸さないのみならず、かえって大なる利益を、我に与うるものなるを断言する。朝鮮・台湾・樺太・満州というが如き、わずかばかりの土地を棄つることにより広大なる支那の全土を我が友とし、進んで東洋の全体、否、世界の弱小国全体を我が道徳的支持者とすることは、いかばかりの利益であるか計り知れない。もしそのときにおいてなお、米国が横暴であり、あるいは英国が驕慢であって、東洋の諸民族ないしは世界の弱小国民を虐ぐるが如きことあらば、我が国は宜しくその虐げらるる者の盟主となって、英米を膺懲すべし。この場合においては、区々たる平常の軍備の如きは問題ではない。戦法の極意は人の和にある。驕慢なる一、二の国が、いかに大なる軍備を擁するとも、自由解放の世界的盟主として、背後に東洋ないし全世界の心からの支持を有する我が国は、断じてその戦いに破るることはない。もし我が国にして、今後戦争をする機会があるとすれば、その戦争はまさにかくの如きものでなければならぬ。しかも我が国にしてこの覚悟で、一切の小欲を棄てて進むならば、おそらくはこの戦争に至らずして、驕慢なる国は亡ぶであろう。今回の太平洋会議は、実に我が国が、この大政策を試むべき、第一の舞台である」(「大日本主義の幻想」)

しかし大日本帝国は、石橋湛山のこの忠告に耳を傾けず、その後も「大日本主義の幻想」に導かれて驕慢なる道を取り続けて破局に至った。今日なお「大東亜戦争」を「聖戦」であったと主張する人たちは、石橋湛山のこの言葉を何と読むのだろうか。

石橋湛山のこの言葉は、日清戦争後五〇年の帰結としての大東亜戦争の惨禍と大日本帝国の破局を経て制定された日本国憲法の「われらは、平和を維持し、専制と隷従、圧迫と偏狭を地上から永遠に除去しようと努めている国際社会において、名誉ある地位を占めたいと思う」という言葉を含む前文や第九条と、四半世紀を隔てて深く響き合っている。

＊

そしてその憲法第九条の導入を決意したのは、一九二一年のワシントン軍縮会議に駐米大使・日本政府全権委員として参加して軍縮交渉の成立に尽力し、さらに一九二四（大正一三）年六月の第一次加藤高明内閣から一九三一（昭和六）年一二月の第二次若槻内閣の総辞職まで四年半にわたって、「軟弱外交」の非難に抗して平和への道を求めながら、中国侵略を阻止し得ずして下野した幣原喜重郎であった。

「私は図らずも内閣組織を命じられ、総理の職に就いたとき、すぐに私の頭に浮かんだのは、あの電車の中の光景であった。これは何とかしてあの野に叫ぶ国民の意思を実現すべく努めなくちゃいかんと、堅く決心したのであった。それで憲法の中に、未来永ごうそのような戦争をしないようにし、政治のやりかたを変えることにした。つまり戦争を放棄し、軍備を全廃して、どこまでも民主主義に徹しなければならんということは、外の人は知らんが、私だけに関する限り、前に述べた信念からであった。それは一種の魔力とでもいうか、見えざる力が私の頭を支配したのであった」（幣原喜重郎『外交五〇年』）

幣原がここに言う「電車の中の光景」とは、敗戦の日・八月一五日の午後、幣原が日本クラブで天皇の放送を聞いての帰途、電車の中で三〇代の男が、「自分は目隠しをされて屠殺場に追込まれる牛のような目に遭わされたのである。怪しからんのはわれわれを騙し討ちにした当局の連中だ」と叫んで、群衆がこれに呼応していたという光景だ。しかしもちろん第九条の思想は、この光景から直接発したというよりも、「大日本主義の幻想」が軍国主義化・中国への軍事侵略へと拡大する中で、それを止めようして止め得なかった幣原自身の体験から発したもので、その根源があればこそ、「電車の中の光景」が幣原を「戦争を放棄し、軍備を全廃して、どこまでも民主主義に徹しなければならん」という信念の憲法化へと衝き動かしたものであろう、と私は思う。

幣原はさらに書いている。「軍備などよりも強力なものは、国民の一致協力ということである。武器を持たない国民でも、それが一団となって精神的に結束すれば、軍隊よりも強いのである」「日本の生きる道は、軍備よりも何よりも、正義の本道を辿って、天下の公論に訴える、これ以外にはないと思う」と。

こうして幣原喜重郎は、自身の苦い体験に基づいて、国を守るのは軍備・軍隊だ、という国防神話を明確に否定して、新憲法に「戦争放棄・非武装」の第九条を導入した。しかし、幣原喜重郎がいかに首相でも、当時の連合軍最高司令官マッカーサー元帥の支持がなければ、憲法第九条が実現し得なかったことは言うまでもない。

＊

マッカーサー元帥は、連合軍最高司令官を解任されて帰国直後、一九五一年五月三日から五日まで、アメリカ上院軍事・外交合同委員会で行われた聴問会で、幣原喜重郎首相から第九条導入の提案を受けたときの様子を次のように証言している。

「日本の首相が私の所にやって来て、幣原氏は言ったのです。〈私は長い間熟慮して、確信しました〉。彼は非常に賢い老人で、最近亡くなりましたが、〈長い間熟慮して、この問題の唯一の解決は、戦争を無くすことだという確信に至りました〉と彼は言いました。〈私は非常にためらいながら、軍人であるあなたのもとにこの問題の相談に来ました。何故ならあなたは私の提案を受け入れないだろうと思っているからです。しかし〉と、彼は言いました。〈私はいま起草している憲法の中に、そういう条項を入れる努力をしたいのです〉と。

それで私はおもわず立ち上がり、この老人の両手を握って、それは取られ得る最高に建設的な考えの一つだと思う、と言いました。私は彼にこうも言いました。世界があなたを嘲笑うことは十分にあり得ることです。ご存知のように、いまは栄光をさげすむ時代、シニカルな時代なので、彼らはその考えを受け入れようとはしないでしょう。その考えは嘲りの的となることでしょう。その考えを押し通すには大変な道徳的スタミナを要することでしょう。そして最終的には彼らは現状を守ることはできないでしょうが。こうして私は彼を励まし、日本人はこの条項を憲法に書き入れたのです。そしてその憲法の中に何か一つでも日本の民衆の一般的な感情に訴える条項があったとすれば、それはこの条項でした」（アメリカ上院軍事・外交合同委員会聴問会記録、一九五一年五月五日）

マッカーサーのこの証言は、アメリカが水爆開発計画に着手し、米ソ間で際限のない核軍拡競争が行われる恐れが生じたのに対して、軍縮交渉をどのようにすべきか、というマクマホン上院議員からの質問に答える中で行われた。軍縮交渉に関しては、マッカーサーはこの証言に続けて、軍縮交渉ではなくアメリカの一方的な軍備廃止による「戦争の違法化」という注目すべき提案を行っている。それはまさしく日本国憲法第九条のアメリカにおける実行案だが、紙幅の都合から詳細は別の機会に譲る。

マッカーサーはその後、一九五五年一月二六日に、アメリカ在郷軍人会ロス・アンジェルス郡評議会主催の正餐会で行ったスピーチでも、武器の発達と戦争の質的変化を振り返りながら、軍備全廃・戦争の廃止を次のように主張している。

「私自身の人生の範囲内でも、私は兵器の発達史を目撃してきました。私が陸軍に入った世紀の転換期には、目標はライフルか銃剣か軍刀によって一人の敵を倒すことでした。それから十数人を殺すように設計された自動小銃が現れました。その後重砲は数百人に死を降り注ぎ、さらに数千人を撃つ空爆に続いて、原子爆弾による殺傷は数十万人に達しました。そしていま、電子工業やその他の科学は、破壊力を数百万単位に押し上げました。そしてなお我々は暗い実験室で、一撃で全てを破壊する手段を見出すべく、休むことなく熱狂的に働いているのです。しかし、この科学的全滅の勝利――この発明の成功――こそが、国際紛争の実際的な解決手段としての戦争の可能性を破壊したのです。接近して対峙する両陣営への巨大な破壊は、勝者に自らの惨状以外の何かをもたらすことを不可能にしています」「戦争は両陣営を破壊するフランケンシュタインとなったのです」（ダグラス・マッカーサー『兵士は語る』）。

マッカーサーはこのように語った後で、「私は日本人が新憲法でこの問題に直面した時のことを鮮やかに思い起こします」と言って、幣原首相が訪ねてきた時のことを次のように回想しながら、戦争の廃止を熱っぽく訴えている。

「賢い老首相、幣原が私の所に来て、人々の命を救うために国際的手段としての戦争を廃止すべきだ、と主張しました。私がそれに賛成すると、彼は私に向かってこう言いました。〈世は私たちを非実際的な夢想家だと笑い嘲ることでしょうが、しかしいまから百年後には私たちは予言者と呼ばれることでしょう〉と。

遅かれ早かれ、世界は、生き延びるためにはこの決定に達しなければなりません。唯一の問題は、それは何時か？　ということです。それを我々が学ぶ前に、我々はもう一度戦わねばならないのでしょうか？　権力を持つある偉大な人間がこの普遍的な願い――これは急速に普遍的な必要となっています――を実行に移すに十分な想像力と道徳的勇気を持つに至るのは何時のことでしょうか？　我々は新しい時代にいるのです。古い方法や解決はもう役に立ちません。我々の尊敬する先人たちが新世界に出会った時に行ったように、我々は新しい考え、新しい思想、新しいコンセプトを持たねばなりません。我々は過去の拘束服を破り棄てなければなりません。常に先達が必要で、我々がその先達となるべきです。我々はいまこそ、世界の諸大国と共に協力して戦争廃棄の用意のあることを宣言すべきです。その結果は魔力となることでしょう」

＊

石橋湛山、幣原喜重郎、ダグラス・マッカーサー――私はここにこの三人の軍隊・戦争観を辿ってみた。「軍隊で国が守れるか」という設問に対する彼らの答えは、いずれもノーであった。軍備全廃・戦争放棄の思想系譜は、これまで社会主義者に求められることが多かったが、この三人の誰も社会主義者ではない。彼らはすぐれた自由主義者であり、またすぐれた実務家たちだった。軍隊と戦争の実態を知り抜いた人たちだった。だから彼らは軍隊と戦争の廃棄を願ったのだ。

冷戦が終結したいまこそ、軍隊と戦争の廃棄を実行・実現する絶好の機会であることは、誰の目にも明らかだ。現に今年（一九九五年）一月三日にガーリ国連事務総長が安保理事会に送った『「平和への課題」への補足──国連創設五〇周年に当たって』は、一九九二年六月に安保理事会に送った『平和への課題』で提唱した武力行使のための「国連平和執行部隊」の考え方を、地域紛争を武力によって解決できなかった経験に立って修正して、「平和維持と武力の行使は、異なる方法と見做されるべきであって、相互に容易に転換できる連続する近接点と見做されるべきではない」と、武力行使路線への傾向に釘をさしている。さらにガーリ報告はその結論で、「紛争の根源は極めてしばしば経済的チャンスの欠如と社会的不公正にある。その解決には何よりも、人類がこれまでに行ってきた以上の協力と真の多元主義が求められる」と述べている。

また国連改革を検討するヴァイツゼッカー前西ドイツ大統領は、安保理事会の改組だけでなく、現在の経済・社会理事会を経済理事会、社会理事会へとそれぞれ独立させ拡大して、南北間の貧富の格差や全世界の人権・教育・健康・環境・人口問題などの根本的な解決に当たることを提唱している（『ディ・ツァイト』一九九五年六月二三日）。

マッカーサーもまた先に引用したスピーチで、「今戦争準備に使われている数千億ドルは地球から貧困を根絶することに転用できる」と述べていた。

そうした願いを本気で実行・実現すべきいま、憲法第九条を掲げる日本政府が、フランスの核実験にも劣らぬほど時代錯誤の日米安保体制を「堅持」し、自衛隊予算の増額を続けるとは何という愚かさであろうか。日本はいまこそ憲法第九条を磨き出して、自衛隊を思い切って非武装の国際協力・災害救助組織にきりかえ、また冷戦時代の遺物で、基本的に軍事同盟である日米安保条約を、人々の関係を発展させる日米友好条約へと転換すべきときではないか。日本の政治家にいま求められているのは、「過去の拘束服を破り棄て」る勇気ではないか。

憲法第九条二項と自衛隊

二〇〇〇年一二月

今年（二〇〇〇年）一月から国会に憲法調査会が設置され、憲法問題はいよいよ正念場を迎えた。改憲派は様々な口実を設けて改憲を策しているが、その狙いが完全非武装を規定した第九条二項にあることは明白だ。だから私はこの策動をシェイクスピアばりに「二項殺しの企み」と呼ぶことにしている。

第九条二項こそは他に類を見ない規定で、日本国憲法が「平和憲法」と呼ばれるゆえんだが、この規定に照らして見れば、自衛隊や日米安保条約・周辺事態法などが、いずれも条文違反ないし立法の精神に反していることは、誰の目にも明らかだ。

だから「普通の国」の名の下に軍備の合法化をめざす改憲派は、憲法調査会でも第九条二項を目の敵にして、その削除ないし死文化を謀っている。

一方、野党では日本共産党だけが、自衛隊は違憲の存在だと明言している。憲法第九条二項を素直に読めば、誰の目にも自衛隊が違憲であることは明白である筈なのに、国会で自衛隊を「違憲の存在」と明言する政党が日本共産党だけだということは、驚くべきことであり、情けないことだ。

そうであるだけに日本共産党に声援を送りたいのだが、ここで私のような護憲派を戸惑わせる事態が起きてきた。日本共産党が一一月に開催する党大会のための決議案中に「憲法九条と自衛隊の関係」という部分があり、「日米安保条約が廃棄され、日本が日米軍事同盟からぬけだした段階」で、自衛隊は「違憲の存在」ではあるが、「必要に迫られた場合には、存在している自衛隊を国民の安全のために活用することは当然である」と書かれていることだ。自衛隊は「違憲の存在」だと明言しながら、自衛隊員に「国民の安全のために」命を差し出せということになるが、これは道義にかなった考え方であろうか。

自衛隊という制度は、明らかに違憲の存在だが、そこで働く個々の隊員の心と身体は大事にされなければならない。しかも日本共産党が自衛隊を「活用」できる場合には、それを第九条二項に従って非武装の災害救助隊や国際協力隊に直ちに改組することもできる筈だ。

一九五〇年六月にダレスが憲法第九条の発案者・幣原喜重郎に、講和後にソ連が攻めてきてもよいかと訊ねたところ、非暴力・不服従で抵抗すれば八千万国民を皆殺しにはできないから諦めて撤退するだろう、と言って講和後の米軍の居座りを拒否したという記録があるが、護憲派はこの気概を継承すべきではないか。党大会で党員の皆さんがどういう答えを出すか、注目している。

日米安保条約の神話と現実

二〇〇一年一一月

「神話」というのは、神様の話、つまり神様が言ったことだと皆が信じているウソの話ですが、私が今日お話するのは、日米安保条約について一般に信じられているのは神話の方で、本当の話、つまり現実は神話とは違うということです。

私が見るところでは日米安保条約はたくさんの神話で包まれていますが、今日はその中で特に大事だと思われる三つの神話を現実と突き合わせてみます。

1　第一の神話

日米安保条約は冷戦下に非武装の日本を守るために締結された？

第一の神話は、日米安保条約は米ソ対立、東西対立、すなわち冷戦の結果つくられたもので、日本をソ連をはじめとする社会主義諸国の攻撃から守るためのものだったという神話です。たとえば、朝日新聞の優秀な三人の記者たちが書き下ろした『日米同盟半世紀――安保と密約』（外岡秀俊・本田優・三浦俊章、朝日新聞社、二〇〇一年）という本も、そういう見方を書いていますし、軍事評論家の前田哲男さんも「日米安保の五〇年」（『軍縮問題資料』二〇〇一年九月号）で同様な見方をしています。

戦争放棄と非武装を宣言した第九条を含む新憲法が施行されたのが一九四七年五月で、その後米ソ対立が激化し、日米安保条約の調印が朝鮮戦争下の一九五一年九月だったので、日米安保条約は冷戦下に非武装の日本を守るために締結されたものだという見方が、一般に受け入れやすかったのでしょう。それに日米安保条約体制が冷戦下に、冷戦を口実にして強化されたのも事実です。

しかし日本全土を米軍の基地として提供する日米安保条約がつくられた本当の動機は、冷戦ではありません。では、日米安保条約は何のためにつくられたのでしょうか。

結論から先に言えば、日本全土を永久に軍事基地として使いたいという米軍部の意向と、アジア諸国・諸民族やソ連からの戦争責任の追及を米軍に防いでもらうために、米軍に日本全土を基地として提供しようという天皇の意向が合わさって、日本全土を軍事基地として提供する日米安保条約の締結に至ったのです。

この過程をもう少し史実に即して申しますと、一九四七年三月に連合軍総司令官のマッカーサー元帥が記者会見で、日本の非軍事化と平和的傾向をもつ責任ある政府の樹立を見てポツダム宣言に基づく占領目的は完遂されたので、一年以内に講和条約の交渉を行って軍事占領を終わらせるべきだ、と述べました。マッカーサーはこのときから一貫して早期講和論者でしたが、マッカーサーの講和構想に従えば米軍は日本から全面的に撤退することになるので、米国軍部は強く反対しました。マッカーサーは、米軍が日本から全面的に撤退しても沖縄基地は確保すると軍部の説得に努めたのですが、海軍は沖縄にはよい海軍基地がないので横須賀基地は手放せないという理由で、早期講和に強く反対しました。

こうして米国政府内部で、いずれ講和条約を結ばないわけにはいかないが、日本の基地を引き続き使用できるようにするにはどうすればよいかという模索がされていたときに、米軍を助けたのが昭和天皇だったのです。

天皇の二通の秘密メッセージ

昭和天皇は一九四七年九月一九日に、御用係・寺崎英成を通してGHQの政治顧問ウィリアム・シーボルトに〝アメリカが沖縄をはじめ琉球の他の諸島を長期にわたって軍事占領し続けることを希望している〟というメッセージを託しました。米国務省政策企画室長ジョージ・ケナンは天皇のこの秘密メッセージを大変喜びました。それまで国務省と国防総省との間に、沖縄基地の永久化を巡ってかなり厳しい論争があったのですが、天皇の秘密メッセージがこの論争に決着をつけたのです。

天皇の第二の秘密メッセージは、日本全土の米軍基地化に関わるものです。これについては、豊下楢彦氏が『安保条約の成立――吉田外交と天皇外交』（岩波新書、一九九六年）で詳しく書いています。その要点を端的に言えば、一九五〇年六月二五日の朝鮮戦争勃発直前に、天皇が松平康昌秘書を介してJ・F・ダレス特使に伝えた二回目の秘密メッセージの内容は、戦争責任を負うかつての側近の公職追放を緩和してくれれば、ダレス特使の希望通り日本全土を米軍基地に提供できるだろう、というものでした。天皇のこのメッセージは日本全土を基地として使い続けたいという米軍部の意向に添うものでした。そこに朝鮮戦争が起きて、日本全土の米軍基地化を当然のこととする安保条約が講和条約の調印と同時に締結されたのです。

では何故昭和天皇はこういう秘密メッセージをマッカーサーやダレス＝トルーマンに送ったのでしょうか。秘密メッセージが送られた頃の状況は、いつも天皇の戦争責任に関わっています。第一の沖縄メッセージが送られた一九四七年九月には、極東軍事裁判はすでにはじまっていて、天皇は起訴を免れていたのですが、しかし、いつ、どこから、どんな形で戦争責任の追及が起こるかわからない、という不安があった時期でした。実際、このメッセージを受け取ったシーボルト公使は、天皇のメッセージの動機がそういう「私利」にあると見ていました。

第二のメッセージが送られた一九五〇年五月は、細菌兵器の開発のための生体実験に多数の朝鮮人・中国人を使って殺害した「七三一部隊」の裁判がシベリアのハバロフスクで行われていて、天皇の証人としての喚問がソ連政府から極東委員会を通してマッカーサー司令部に要請されていたときでした。そういうときにJ・F・ダレスが大統領の対日講和特使として来日したのです。

ダレスの来日を前にして、マッカーサーは六月一四日に、ポツダム宣言が指摘した「日本の無責任な軍国主義」はなくなったが、まだ他の地域に無責任な軍国主義があるので講和後も日本の特定箇所を米軍が使用できるようにするが、「基地という言葉は不愉快な語感を与え戦争の合法的戦利品の感じを与えるので、基地という言葉を使わない」という一種の妥協案を用意していました。

ところがこの妥協案は、六月二二日に訪ねてきたダレスも、同じ頃に来日した統合参謀本部議長のブラドレー将軍一行も満足させなかったようです。ダレスはその日に吉田首相とも会っていますが、吉田首相は憲法第九条があるので、ダレスの講和後の日本本土への米軍駐留と基地構想には賛成できないと答えたことが、ダレスに随行した国務省のアリソンがまとめた記録に幣原喜重郎衆議院議長へのインタビューなどと共に記録され、いまでは公開されています。

ダレスはその夜、同行した『ニューズ・ウィーク』誌国際部長ハリー・カーンとともに同誌東京支局長C・パケナムの家に招かれた際に、〝初めて日本に来たけれども全く成果がない。これでは講和は進まない〟とマッカーサーからも吉田茂からも色好い返事をもらえなかったことへの不満・鬱憤を語ったところ、その席に天皇側近の松平康昌秘書がいて、天皇にダレスの鬱憤を伝え、天皇はすぐに松平を通してダレスに、先述したようなメッセージを口頭で伝えさせたのです。

天皇外交が安保条約をつくる

宮沢喜一・元首相が『東京―ワシントンの密談』（中公文庫、一九九九年）で、一九五〇年四月終わりから五月にかけて大蔵大臣の池田勇人が吉田茂の密使としてアメリカへ行って「早期講和のために日本全土を米軍の基地としていい」と伝え、ここから安保条約ができたと書いていますが、もしそうであれば天皇のメッセージは必要がなかった筈です。しかも七月の参院外務委員会で吉田茂首相が社会党の金子洋文参議院議員の「あなたは基地をだしにして講和を結ぼうとしているのだと言われているが」という質問に、「私は単独講和の餌に軍事基地を提供するつもりは全くない」と答えていたので、ダレスがパケナムを通して天皇メッセージの文章化を要求したことは、五〇年八月段階でもなお吉田・日本政府の意向に不安を持っていたことを示すものでしょう。つまりダレス＝トルーマン側は天皇のメッセージをもう一度確認して天皇との関係を緊密化したもので、それを豊下氏は、首相の吉田茂をバイパスした天皇外交だと指摘しているのです。勿論これが憲法違反であることは言うまでもありません。

なお天皇の秘密メッセージは、もう一つあります。これはあまり知られていないのですが、講和条約直前の一九五一年八月末に昭和天皇は連合軍最高司令官リッジウェイ将軍を通してトルーマン大統領に「早くこの講和条約調印を進めてほしい」というメッセージを送っています。このメッセージはリッジウェイ将軍、ブラッドレー統合参謀本部議長を通して国務長官に届けられていますが、シーボルト大使は、「天皇がこういうメッセージを出すことは憲法違反だから、公表しないように」との注意を書き添えています。天皇は安保条約の存在や内容が一般に知られて講和条約の調印が遅らされることを恐れたのでしょう。

冷戦がいつからはじまったかというのはむずかしいことで、たとえば広島・長崎への原爆投下が冷戦の最初のシグナルだったとも言えるのですが、しかし一般的にはジョージ・ケナンが考えたソ連封じ込め政策の一環として、一九四七年六月五日に宣言された「マーシャル＝プラン」（マーシャル・アメリカ国務長官の名による欧州復興計画）が、ヨーロッパでは冷戦の最初の現れと見られています。そして日本全土の米軍基地化の願望は、それ以前から米軍側にあり、一方、憲法第九条によって皇軍を失った天皇は戦争責任の追及を逃れるために、米軍に日本全土を基地として提供して、近衛兵としての活用を図ったとみるべきでしょう。

米軍は、「望むだけの軍隊を望む場所に望むだけの期間駐留させる権利」が保障されれば講和条約を締結してよいということでしたが、日米安保条約は米軍にまさにそういう権利を保障した条約で、講和条約と表裏一体の関係にありました。そして日米安保条約で米軍に日本全土を基地として自由に使う権利を与えることで、表の講和条約では、天皇の戦争責任の追及（第一一条）も、賠償問題（第一四条）もこれで終わりということになり、こうしていまからちょうど五〇年前の一九五一年九月八日に、講和条約と安保条約とがワンセットとして調印されたのです。

ドイツでは、第一次世界大戦末に水兵たちの革命運動に参加したテオドル・プリビエ（一八九二—一九五五年）が後に作家になって、『カイザーは去ったが将軍たちは残った』という小説を書いて注目されましたが、日本の場合は逆で、将軍たちは東条英機をはじめ絞首刑になったが、カイザー（天皇）は残ったのです。そしてドイツの場合は、残った将軍がヒットラーと結んでファシズム政権をつくりましたが、日本の場合は残った天皇がアメリカとくっついて日米安保条約をつくり、戦前には天皇自身が「国体」でしたが、戦後は日米安保条約を新しい国体にして、日米安保条約＝アメリカという国体を憲法の上に乗せたのです。これが憲法九条の空洞化が起こってくる根本的な原因です。

2　第二の神話

米国は日米安保条約で日本防衛を約束した？

第二の神話は、日米安保条約は日本を防衛するためのものだという神話です。一九五一年九月八日に講和条約と同じ日に調印された日米安保条約の日本語訳は、吉田茂首相がたった一人で調印する二時間前にようやく日本側に届けられたということです。吉田茂や外務省は、日米安保条約の英文はもちろん見て交渉していたのですが、米側が日本語訳をつくらせなかった理由は、日本語訳が新聞に載って反対運動が起こることを抑えたかったからだということです。

旧安保条約は冒頭で、「日本国は、武装を解除されているので、平和条約の効力発生のときにおいて固有の自衛権を行使する手段をもたない。無責任な軍国主義がまだ駆逐されていないので、前記の状態にある日本国には危険がある」、だから「日本国は……アメリカ合衆国との安全保障条約を希望する」と述べています。

そしてさらに、「国際連合憲章は、すべての国が個別的及び集団的自衛の固有の権利を有することを承認している。これらの権利の行使として、日本国は、その防衛のための暫定措置として、日本国に対する武力攻撃を阻止するため日本国内及びその付近にアメリカ合衆国がその軍隊を維持することを希望する」と書いてあります。この文章だけ読むと、この文章では誰が主語なのか、誰が安全保障条約を希望し、米軍の維持を希望しているのかがよくわかりません。ところが、ここに天皇という主語をいれてみるとよくわかります。吉田茂首相は外交のプロとして、こんな不平等な屈辱的な安保条約には反対していたのですが、天皇が「米軍の維持」を希望していたのです。

次に「アメリカ合衆国は、平和と安全のために、現在、若干の自国軍隊を日本国内及びその付近に維持する意思がある」と述べています。「維持する意思がある」であって、「維持する」とはなっていません。「その付近」とは沖縄です。沖縄の地位は安全保障条約では触れずに、対日講和条約第三条で日本から切り離すと決めました。しかし切り離してどうするのかということは、将来米国が国連の信託統治に申請するかも知れないと曖昧に書いてあるだけで、具体的なことは何も書いてありません。

先にも述べたように、一九四七年九月まで米国務省と軍部との間で、沖縄の米軍基地問題をめぐってかなり厳しい意見の対立がありました。国務省側は、ポツダム宣言で日本の領土を「本州・北海道・

四国・九州及びその他の諸小島」と決めているが、日本の沖縄領有はカイロ宣言が決めた「第一次大戦後」ではなく沖縄は「その他の諸小島」に属するもので、基地の永久化はできないという意見でした。一方、米軍側は何はともあれ多大な犠牲を払って折角占領した沖縄を手放すことはできないと言い張っていました。そこに天皇メッセージが来たので国務省は軍部の主張を受け入れた、という経過がありました。しかしそれは全部秘密で、条約には書けません。だから講和条約の文章を読むだけでは意味がさっぱりわかりませんが、安保条約で「その付近」と言ったのは沖縄のことで、沖縄に「軍隊を維持する意思がある」とは、沖縄を米軍基地として維持するという意味にほかなりません。

次に「直接及び間接の侵略に対する自国の防衛のため漸増的に自ら責任を負うことを期待する」と書いてあります。これは日本再軍備論で、吉田首相が強く反対していたものです。このとき警察予備隊はできているが、警察予備隊はマッカーサーと吉田茂の理解では、どこまでも警察であって軍隊ではないのです。それで米国は安保条約で日本に再軍備を義務づけてきて、日本が再軍備をしなければ守ってやらないぞ、と仄めかしたのです。

米国に日本防衛の義務がない安保条約

そして第一条は、「平和条約及びこの条約の効力発生と同時に、アメリカ合衆国の陸軍、空軍及び海軍を日本国内及びその付近に配備する権利を、日本国は、許与し、アメリカ合衆国は、これを受諾する」となっています。

私はこの条約を読むと、一九一〇年の韓国併合条約を思い出します。併合条約には、韓国皇帝は韓国全部を日本皇帝に差し上げたい。日本国皇帝は韓国皇帝がそんなにくれるというからもらってあげることにした、といったふうに書かれていたからです。安保条約第一条も同じような表現になっていて、天皇が米軍に日本にいてくれと言うから、アメリカはそれを受諾してあげた、というのです。そして米軍以外には基地の権利も演習の権利も日本を通過する権利も「第三国に許与しない」という第三条も、天皇がソ連軍が来るのを怖がって米軍の駐留継続を求めたことの現れです。しかも第四条では、アメリカ政府が認めない限り、米軍の駐留は永久に続くと決められているのです。

これが一九五一年九月八日に吉田全権が一人で署名した日米安保条約の現実です。アメリカが日本を守る義務を負うなどということは条約のどこにも書いてありません。また実際、アメリカ軍が日本を守ったことは一度もないのです。

この条約のアメリカにとっての意味は、「望むだけの軍隊を望む場所に望むだけの期間駐留させる権利」を手に入れたということです。これはいくら敗戦国に対する要求でも、講和条約と抱き合わせで行っただけにいっそうアンフェアで法外な要求です。だからプロの外交官だった吉田茂は内心は反対していたので一人だけで署名し、講和条約に署名した池田勇人などその他五人の全権は誰も署名していないのです。

3　第三の神話

岸内閣の安保改定で条約は対等・平等になった？

第三の神話は、首相になった岸信介がこれほど不平等な条約をこのままにしておくわけにはいかないと言って、対等・平等の新安保条約に改定したという神話です。

岸信介は自民党の総裁選挙で総裁に選ばれた首相ではありません。一九五六年一二月一四日に、石橋湛山が自由民主党総裁に選ばれ、二位が岸信介でした。ところが石橋首相は翌年二月に風邪からの回復が長引いたために、政権担当期間僅か二か月弱であっさりと引退し、総裁選で二位だった岸が選挙なしに首相の座についたのです。

一九九〇年代に入ってアメリカCIAの文書が公開されて、岸を首相にしたのがアメリカCIAだったことがはっきりしました。公開されたCIA文書によって、アメリカCIAが岸信介・佐藤栄作兄弟にどれほど多額の金を渡していたかがわかりました。アメリカは常に領収書を書かせるのでそれがわかるのです。領収書を書いていたのは弟の佐藤栄作で、岸はその金で自民党の総裁選挙をやったのです。それでもそのときは石橋湛山に勝てなかったのですが、石橋湛山が病気になったために、二位の岸が繰り上げて総裁になり首相になったのです。

その岸を支えるためにアイゼンハワー政権は、日米安保条約の対等化交渉を受け入れました。そして岸は安保条約の対等化による「日米新時代」を謳ったのですが、安保条約の対等化とは米国の戦争に日本が巻き込まれることだとして、全国的に強い反対運動が起きました。六〇年安保闘争です。

こうして改定された日米新安保条約は、文面の上では確かに旧条約のようなあからさまに不平等な表現はなくなりましたが、問題なのは第六条です。旧条約で行政協定と呼んでいたものが、新条約では地位協定に変わりますが、新条約は表向きでは対等化されたように見えて、実際には地位協定は行政協定と本質的に全く変わっていないばかりか、もっとひどくなったのです。特に米軍の駐留経費は行政協定では米側が負担することになっていましたが、地位協定ではいわゆる「思いやり予算」を含めて日本側がいろいろな形でアメリカ軍の費用を負担することになったのです。

安保条約のおかげで日本は経済大国になれた？

この三つの神話に加えて、日米安保条約があったから日本はこんなに繁栄して、経済大国になれたのだと中曾根康弘をはじめ保守派の政治家・財界人たちは言っていますが、私の見るところではこれも神話です。

一九五六年に鳩山一郎が日ソ交渉で北方四島問題を解決しようとしたとき、アメリカは猛烈に反対して、日ソ交渉を続けるならば沖縄を絶対返さないと脅しました。結局、財界が鳩山降ろしをして、鳩山は首相を辞めました。ところがその後に石橋湛山が自民党総裁に選ばれて、日中国交樹立と日中貿易をやる気配を見せました。石橋湛山は憲法第九条擁護を主張した自民党で唯一の総裁・首相で、石橋湛山がこの道を推し進めれば、日本は経済的にも自立・独立した道を歩んで、日米安保条約は無力化することになります。だから米政府はＣＩＡを通して莫大な金を岸信介につぎ込んだのです。そのようにして岸内閣ができたのですが、ケネディ政権時代に、日本の中国貿易を何とか抑えるために、日本製品はすべてアメリカ市場に買い取るので、その代わり日中貿易をやるなという秘密の働きかけをしてきました。こうして岸退陣以後、池田内閣の所得倍増計画につながっていくわけで、のちに貿易摩擦が問題になりますが、その原因はそこにあったのです。

つまり、日本が日中貿易に進んでいったならば、違った形での経済の繁栄があったであろうし、アメリカは日本製品を市場から追い出すことはできないので、日米関係もこういういびつな形にはならなかったはずだと思われるのです。

4　安保条約とも無関係な米軍支援法

「第二のパールハーバー」「カミカゼ攻撃」と伝えた欧米の新聞

最後に、九月一一日のニューヨーク・ワシントンでのテロ攻撃に関して、簡単にお話しします。私は九月一一日にオーストリアにいて、その情景をテレビでリアルタイムで見ました。そして翌日のオーストリア・ドイツの新聞はこの事件を、「第二のパールハーバー」「ニューヨーク・ワシントンへのカミカゼ攻撃」という見出しで伝えていたのです。

このことは、現在の日本は外から見れば依然として卑劣なパールハーバー奇襲攻撃と無謀なカミカゼ攻撃の国だということを示しているのです。このイメージを転換させることができるのは、憲法第九条です。憲法第九条はそれへの反省・否定から生まれたものだからで、だから憲法第九条を世界に示せば、パールハーバーとカミカゼ攻撃のイメージを転換させることができるのです。ところが現在の小泉内閣はそれとは正反対の方向を向いて、カミカゼ特攻隊のように自衛隊を米軍の戦争支援に送ろうとしているのです。

自衛隊とは何か

ここで起きてくる疑問は、いったい自衛隊とは何なんだろうか、ということです。アメリカの雇い兵だと言う人がいますが、アメリカから金をもらっているわけではなく、かえって米軍に「思いやり予算」を与えて養っているくらいです。だから中曾根康弘は米軍を「日本の番犬」と呼びましたが、既に述べたように米軍は日本の番を全然しないのだから、これは中曾根氏一流の強がりに過ぎません。

冷戦中はそれでも自衛隊は日本を守る（筈の）米軍の補助部隊と見られて、強化・増強の道を辿ってきたのですが、冷戦終結以後は存在理由がなくなりました。憲法第九条第二項の「陸海空軍その他の戦力は、これを保持しない」という条文に照らせば、自衛隊は明らかに憲法違反です。だから冷戦の終結と同時に自衛隊を解散すべきだったのですが、その歴史的な役割を負って登場した村山内閣が、〝冷戦が終わったので、自衛隊を合憲と認める〟という、理性では到底理解不可能な理屈で存続させました。

しかし冷戦下での米軍の補助部隊という役割は終わったので、放っておけば消滅します。それを消滅させないために、「国際貢献」のためのＰＫＯ法やカンボジア派遣など、さまざまな理屈を付けて自衛隊の延命を図ってきました。

そして今度の対米テロ攻撃で、アメリカの国務副長官アーミテージが柳井俊二駐米大使に「ショー・ザ・フラッグ」と言ったということで、小泉首相は俄に米軍の報復軍事行動を支援するための自衛隊の派遣をブッシュ大統領に約束しました。

自衛隊の米軍支援は二重の憲法違反

現行法では日米安保条約をどれほど拡大解釈しても、米軍の軍事行動の支援に自衛隊を派遣することはできません。それなのに小泉首相は法を無視して、まず国際的な約束をしてきたのです。そして国際的な約束をしたのだから自衛隊を派遣する法律を急いでつくらなければならないと言って、「平成一三年九月一一日のアメリカ合衆国において発生したテロリストによる攻撃等に対応して行われる国際連合憲章の目的達成のための諸外国の活動に対して我が国が実施する措置及び関連する国際連合決議等に基づく人道的措置に関する特別措置法案」というとてつもなく長く、しかも意味不明な名前の法案を国会に提出しました。

この法律の目的は、小泉首相がブッシュ大統領に約束した米軍の軍事行動の支援に自衛隊を派遣することですが、このとてつもなく長い法案名のどこにもその本来の目的は書いてありません。何故でしょうか?

憲法第九条第一項は、「国権の発動たる戦争と、武力による威嚇又は武力の行使は、国際紛争を解決する手段としては、永久にこれを放棄する」と規定しています。米軍の軍事行動の支援は、「武力による威嚇又は武力の行使」への支援で、「支援」とはそれと一体化することで、そうでなければ「支援」にならない訳ですから、自衛隊が「武力による威嚇又は武力の行使」をするということですが、これが憲法違反であることは言うまでもありません。だから憲法違反であることを隠すために、この法案に意味不明な長い名前を付けたのでしょうが、法案名で誤魔化そうとすればするほど、意図の不純が透けてみえて、衣の下の鎧を隠すことはできません。しかも日米安保条約締結五〇年にして、日米関係は日米安保条約を遠く離れた地点まで来たのです。

では自衛隊をどうすべきか。私は憲法第九条に従って自衛隊を解散した上で、国際的にも活用できる災害救助隊を創設すべきだと思います。その上で小泉首相に向けてブラック・ユーモアを一つ進呈すれば、それほど自衛隊をブッシュ政権に見せて褒められたいのであれば、「カミカゼ」と書いた鉢巻きを締めた自衛隊員に日の丸の旗をたくさん持たせて米国に派遣して、ニューヨークとワシントンを日の丸で埋めつくした上で、アーミテージ国務副長官に「ご命令に従ってショー・ザ・フラッグに参りました」と報告させ、ついでに自衛隊全部を「思い遣りプレゼント」としてブッシュ大統領に献上するのがよいでしょう。もちろん自衛隊員個々人には、米国に献上されることを拒否する権利があることを周知徹底させておく必要がありますが。

さてそれで、何人の自衛隊員がアメリカに行くことでしょうか。

（本稿は、二〇〇一年十月七日にアソシエ21主催で行った講演の記録に加筆した）

第Ⅱ章　憲法第九条はどこから来て、どのようにして空洞化されたか

憲法第九条はどこから来たか

一九九七年七月

憲法第九条はどこから来たのか、という憲法第九条の由来・背景を問うには、三つの次元を考える必要があると私は思う。第一の次元は、いわば遠因ともいえる背景で、アリストファネスの『女の平和』をはじめとして人類が戦争とその悲惨を知った古代ギリシャ以来、さまざまな形で繰り返し表明されてきた平和の思想だ。

そこには哲学者カントの『永久平和論』(一七九五年)も、中江兆民の『三酔人経綸問答』(一八八七年)も、石橋湛山の「大日本主義の幻想」(一九二一年)等々の著作もすべて含まれる。一見迂遠と見えるかもしれないが、憲法第九条がこうした古代以来の人類の平和思想の流れの中に位置するものであることをまず念頭に置いておく必要がある。

第二の次元は、もっと身近な悲惨、第二次大戦での戦争体験で、そこには戦争にかり出され・巻き込まれた兵士・市民の戦場体験や、「銃後」で焼夷弾攻撃・核兵器攻撃を受けた市民の戦争体験などが含まれる。しかし戦争体験は、憲法第九条の成立と今日までの持続を支えてきた原動力ではあるが、憲法第九条の発意そのものではない。

では憲法第九条は、直接的にはどこから来たのか、どのようにして発意されたのか。日本国憲法の第一草案は、幣原内閣の松本蒸治国務大臣の下で作成された「松本案」があまりにも保守的であったために、総司令部民政局のスタッフによってほぼ一週間で作成された。ホイットニー民政局長の下で草案（総司令部案）を取りまとめたチャールズ・ケーディス大佐（弁護士）の回想によれば、民政局スタッフが草案作成の原則とすることを求められたのは、一九四六年一月七日に米国の国務・陸軍・海軍三省調整委員会が決定して東京の総司令部に送ってきた「日本の統治体制の改革」（略称・SWNCC二二八）と二月三日に提示された「マッカーサー三原則」であったという。

こうした原則に基づく起草作業に取り掛かった民政局スタッフは、「まったくの無の状態から何の準備もなく、一週間でモデル憲法を起草したのではない。まったく意外なことに、日本側の草案などが最も役に立ったのであった」として、ケーディスは「進歩党、自由党、社会党などが発表した憲法草案の概略、民間団体や個人が準備したその他の改正草案――例えば、ラウエルが一月一一日付の覚え書に記した高野岩三郎、馬場恒吾、森戸辰男主宰の憲法研究会案、さらにまた一八九〇年の第一回衆議院議員選挙から毎回選出されていた尾崎行雄翁主宰の憲法懇談会案など――の長所が参考にされたのである」と述べている（チャールズ・ケーディス「日本国憲法制定におけるアメリカの役割」『法律時報』一九九三年五―六月号）。

しかし第九条に関して言えば、三省調整委員会の「日本の統治体制の改革」は、「日本人が天皇制を廃止するか、あるいはより民主主義的な方向にそれを改革することを奨励支持しなければならない」と天皇制に対しては厳しい態度を取っていたが、軍隊に関しては「軍部支配の復活を防止するための改革」を指示しただけで、軍の廃止まで指示してはいなかった。軍備撤廃を明確に指示したのは、

「マッカーサー三原則」の次の第二原則だ。

「国権の発動としての戦争は廃止される。日本は紛争解決の手段としての戦争、さらに自己の安全を維持するための手段としての戦争をも放棄する。日本はその防衛と保護をいまや世界を動かしつつある崇高な理念に委ねる。日本は陸海空軍を持つ権能を持たず、交戦権が与えられることもない」

＊

憲法第九条はどこから来たか、という問いは、この「マッカーサー原則」はどこから来たか、という問いでもある。「マッカーサー原則」だけを見れば、憲法第九条の発意者はマッカーサーだと考えられる。そこから「第九条押しつけ」論が出てきた。しかしマッカーサーは、第九条の最初の提案者は幣原喜重郎首相だと繰り返し語った。一九四六年一月二四日に幣原首相がマッカーサー将軍を訪問した際に、戦争放棄と非武装を提案したのだと。

一九五〇年代後半に、「押しつけ憲法」論を実証して改憲の根拠とするために憲法調査会をつくって「犯人さがし」、つまり憲法第九条の発案者の調査が行われたが、高柳賢三東大教授を会長として四年の歳月をかけて行われた憲法制定過程の調査結果は、皮肉なことに改憲派の願望に反して、「押しつけとは言えない」と見なし、また第九条の提案者は幣原喜重郎首相だというものであった。第九条の提案者は幣原喜重郎首相だと判断するに至る高柳賢三会長の推論は、極めて説得的で、憲法第九条の発案者の研究では最も信頼できるものだと私は思う。

高柳氏は憲法調査会の調査の終了後に、個人的な見解をまとめた著書『天皇・憲法第九条』（有紀書房、一九六三年）を著した。その中で、一九四六年に貴族院議員として新憲法案の審議に参加していたときには、「憲法第九条は、連合国が日本非武装化政策を新憲法に定めることによって、これを永久化しようとするのではないか、と素朴的に考えていた」が、憲法調査会で調べていくうちに、「戦争放棄に関する規定を新憲法に入れるという方針は、一九四六年一月二四日マ元帥と幣原首相との会談に起因する」ことがわかったとして、次のように述べている。

「第九条の発祥地が東京であり、一月二四日のマッカーサー・幣原会談に起因する点は疑われていないが、その提案者が幣原かマッカーサーかについて、日本でもアメリカでも疑問とされていた。調査会における大多数の参考人は、幣原ではなかろうマ元帥だろうと陳述したが、青木得三、長谷部忠など少数の参考人は幣原だと陳述した。そこで念のため、わたしからマ元帥にこの点をたしかめたが、マ元帥は従来の言明どおり、幣原だとハッキリと述べ、かつ右に述べたようなそのときの情況をつけ加えた。しからば幣原はどうかというと、一九四六年四月以降多くの内外人に向かってしばしば、あれは自分の提案だという趣旨を語っているので、この点についてマ元帥の陳述を裏書していることになる。（中略）ところが、幣原首相に近かった多くの人達は、当時幣原がそんなことはおくびにも出さなかったことと、二月二二日の閣議で第九条の提案者がマ元帥であるかのごとき発言をしていたので、提案者は幣原ではないと推測したのも無理からぬところである。しかし調査会の集めえたすべての証拠を総合的に熟視してみて、わたしは幣原首相の提案と見るのが正しいのではないかという結論に達している」（前掲書七六頁）

憲法第九条はどこから来たか、という問いに対する従来の探究はここで終わっていたが、私はその問いをさらに続けて、ではなぜ幣原首相は戦争放棄・非武装を提案し、またマッカーサーはなぜそれを受け入れたのか、という所まで踏み込んでみたいと思う。

＊

この問題に関しては、一九六〇年代の初めに久野収氏が重要な指摘を行っている。「憲法第九条の思想」（『中央公論』一九六二年一二月号）と「アメリカの非戦思想からみた憲法第九条」（『中央公論』一九六三年一月号、共に『憲法の論理』筑摩叢書所収）だ。

「憲法第九条の思想」は第九条の提案者幣原喜重郎の体験と思想に光を当てた論文で、第九条の提案が昭和のはじめに平和外交をめざして挫折した幣原自身の体験から発したものであろうと次のように推測している。少し長くなるが、今日から見ても重要な指摘なので引用する。

「幣原氏がワシントン軍縮会議以来、終始一貫して、日本が締結した国際条約をまもることを主張し、満州事変をはじめとする条約に違反した戦争に反対し、日本の資本主義を平和の中で発展させようとし、そのために満州事変以来、戦後の追放などとどとうてい比較にならない文字通り、〝獄中一五年〟に近い境涯に押しこめられていたことは、もはや誰もよく知っている事実である」

「それと同時に、幣原氏は、政治、外交の専門家として、不戦条約の日本におけるいたましい運命、外務省が満州事変を自衛のための措置と弁明することを、たとえ詭弁の一種としてでも許すような不戦条約の歴史的解釈の抜け穴に深く打たれたにちがいない。侵略戦争と自衛戦争とは、概念模型（イデアル・ティプス）としては区別できても、現実の政治的事件としては、区別することがはなはだむつかしい。いわんや事前に区別して、自衛戦争への口実化をふせぐことなどはとうてい不可能なのである。だから憲法第九条の副文が、幣原氏の発想であるかないかは明白さをかくとして、〝戦力の放棄〟をかたく決意した幣原氏は、主文が通俗的に理解された不戦条約第一条に読みちがえられる可能性をみてとり、そう読みちがえられた場合でさえ、副文が主文の抜け穴をふせぐ条件をきびしく表現してくれるものとして、横田（喜三郎）氏が『戦争の放棄』（一九四七年）第二章で下したような解釈に立っていたにちがいないと思われる。ここにはポツダム宣言の政策的ワク組みを逆用しながら、日本を不戦のコースの最後尾から、最先端に逆転させてやろうとする主体的発想があるといわないわけにはいかない」（『憲法の論理』五四―五五頁）

幣原喜重郎が「平和外交」を展開したのは（病気による休息や政権交替による下野などの中断期間はあったが）、一九二一年のワシントン軍縮会議から一九三〇年のロンドン軍縮会議までのほぼ一〇年間で、不戦条約の成立は一九二八年八月であった。日本政府は一九二九年六月に「第一条中ノ『其ノ各自ノ人民ノ名ニ於テ』ナル字句ハ、帝国憲法ノ条章ヨリ観テ、日本国ニ限リ適用ナキモノト了解スルコトヲ宣言」したが、調印に加わっていた。「戦争放棄ニ関スル条約」と副題された不戦条約に加わっていた日本は、そのために中国で「自衛」と称して戦線を拡大するごとに、「戦争」とは呼ばずに「事変」と呼んだのであろう。そして幣原外交はそうした「事変」によって挫折させられたのであった。

こうした苦い体験があればこそ幣原喜重郎は、戦争放棄をめざした不戦条約の理念を継承しつつ、理念倒れに終わった失敗を繰り返さぬために、戦争放棄とともに軍備全廃を掲げて「抜け穴」を塞いだという久野収氏の見方は説得力がある。実は高柳氏も同じ点に注目して、「マッカーサー三原則」

の第二原則に、「日本は紛争解決の手段としての戦争、さらに自己の安全を維持するための手段としての戦争をも放棄する」と付け加えられていた理由を推測して次のように述べている。

「なぜかかる字句が入ったのかといえば、幣原首相との会談中〝自衛戦争の名の下に侵略戦争が行われた〟というようなことを幣原首相がマ元師に語ったことが、影響したのではないかと推測される」（前掲書七五―七六頁）。

＊

久野収氏のもう一つの論文「アメリカの非戦思想からみた憲法第九条」は、第一次世界大戦以後の一九二〇年代にアメリカで展開された平和運動、とりわけ一九二一―二八年にシカゴの弁護士レビンソンを主唱者とし、哲学者ジョン・デューイを思想的代表者とする「戦争非合法化」運動と憲法第九条との思想的関連を探ったものだ。

「戦争非合法化」運動の特色は、久野氏によれば、「戦争を合法的前提とする体制を国際法、国内法の両側から非合法化しようとする目的」を持つところにあり、それは「革命によって〝戦争を前提とする体制〟そのものにけりをつけようとする方法でもなく、心情的ラジカリズムによって〝戦争を前提とする体制〟そのものに抵抗しぬこうとする態度でもなく、〝戦争を前提とする体制〟の内側から、戦争そのものの合法性をぬきさることによって、体制を根本的に変化させようとする方法」だという。

この運動の提唱者レビンソンは、一九二一年に発行したパンフレット「戦争の違法性」（“The Outlawry of War”）――ここまで私は久野氏に従って“The Outlawry of War”を「戦争非合法化」と呼んできたが、訳語としては「違法化」の方が適切ではないかと思う――の序文で、第一次世界大戦の経験は、「近代戦争が極めて恐るべき破壊をもたらすものとなり、その破壊の結果、相互依存が緊密化した今日の文明の中で戦争をさらに行えば、文明生活そのものを危うくすることを示した」、「決闘と呼ばれた個人間の合法的戦争は廃止されたのであるから、国家間の戦争に対しても同様なことが可能で、紛争を解決するための合法的な手続きを定め、諸国家間の戦争を国際法の下で公的な犯罪とすることは可能なのだ」と述べ、「戦争違法化のためのアメリカ委員会」の綱領ともみるべき「戦争違法化計画」の第一項で、「国際紛争の解決手段としての戦争のこれ以上の使用は廃止されるべし」と主張していた（Charles Clayton Morrison "The Outlawry of War" (1927) and Salmon O. Levinson "Outlawry of War" (1921) with a new introduction for the Garland Edition by Charles DeBenedetti, 1972)。

「戦争違法化」運動は、上院にボーラー決議案を上程して、アメリカ上院が「戦争の違法宣言」を行うことに活動を集中する。久野氏はボーラー決議案の内容を紹介しているが、その中には次のような言葉が見られる。

「われわれは殺人の幾つかの方法を違法化する決議や条約を実行しても、戦争そのものが合法的でありつづけるかぎり、有効ではないという事実、また国際関係においてわれわれがかちとらなければならないのは、戦争の規則や法規ではなく、戦争に反対する体系的法であるという事実を承認しなければならない」

ボーラー決議案はまた、「わが最高裁は一三七年もの間、暴力にうったえることなしに、管轄権を行使してきたが、その間に多数の紛争が裁判の手続きをふんで平和的に解決された。もしこの解決がなければ、紛争は多分各州相互の戦争を引き起こすことになったであろう」と、アメリカ最高裁をモデルにした国際裁判所の設立も提案していた。

「戦争違法化」運動の思想的特徴は、自衛のための戦争も制裁のための戦争も、武力行使を一切排するとともに、暴力・武力に対して「道義の力」を高く掲げたことだと思う。

哲学者のジョン・デューイは一九二二年発行のレビンソンのパンフレットに序文を、また一九二七年発行のモリソンの著書には「後書き」を寄せているが、パンフレット序文では「世界が今求めているものは、啓蒙と道義の力の結集である」と述べ、「後書き」でも「戦争の違法化は現代の国際的精神を呼び覚まして際立たせ、人類の道義の要因を解放して組織し、それこそが人間の歴史と生活における法の意味と役割の基本であることを例証する」と、「戦争違法化」運動が人々の「道義の力」(Moral forces)「国際的精神」(International spirit) を呼び覚ますことを強調し、訴えている。

「戦争違法化」運動はアメリカのその他の平和運動とともに、一九二八年の不戦条約の成立へと合流して、「アメリカ史上最大のデモと二百万人におよぶ批准要求署名簿の上院への提出」を背景に、不戦条約は批准された。不戦条約は第一次世界大戦の経験に学んで、戦争放棄をめざしたフランスのブリアン外相と米国のケロッグ国務長官との話し合いからはじまり、当時としては世界中の大部分に当たる六三か国が加入した。しかし不戦条約は自衛権の名による自衛戦争の禁止を明文化しなかったために、イギリスは「特別に利害関係のある地域」(英領植民地) まで自衛権を拡大し、アメリカもモンロー主義に基づいてアメリカ大陸全体にまで自衛権を拡大したので、効果を著しく減少することとなった。

*

久野氏はこの論文の末尾で、「憲法第九条は、〝戦争非合法化〟運動の発想を国内法の側から生かした規定だと考えることができる」と両者の思想的な関わりの深さを指摘し、さらに「マッカーサーとその周囲はたぶん、ボーラー決議案を知っていたにちがいない」「アメリカ側には〝戦争非合法化〟運動の働き手たちが下の方に相当いて、アメリカでできなかった理想を日本で実現してみせようとしたかもしれない」と想像した。しかし「戦争違法化」運動と憲法第九条との直接の関係を論証するまでには至らなかった。

ではその両者の関係はどのように論証できるだろうか。一九二〇年代に平和外交を展開した幣原喜重郎が、不戦条約の成立に大きな役割を果たしたアメリカの平和運動を承知していたであろうことは容易に想像できるが、軍人のマッカーサーはどうであろうか。

この場合、二つのことが注目される。第一は、マッカーサーが一九五一年五月五日に上院の公聴会でマクマホン上院議員との間に次のような質疑応答を行っていることだ。

マクマホン上院議員　さて元帥、問題全体を解決する方策を見つける上で、何かわれわれに希望を与えるお考えをお持ちですか?

マッカーサー元帥　それは昨日ご説明しようとしたことです。つまり戦争の廃止です。もちろんそれが達成されるまでには何十年もかかるでしょうが、スタートをしなければなりません。中途半端では駄目なのです。皆さんは核戦争の専門家としてそれを知るべきです。

マクマホン上院議員　われわれは立法府の代表ですよ、元帥。核戦争の専門家などとはとんでもない。

マッカーサー元帥　間もなくわれわれはこの基本的な問題と取り組みます。それに連れて起きてくる様々な問題に較べれば、もう解決が難しいということはありません。それは成されるべきだと私は思います。日本にその偉大な例証があるのですから。

こうしてマッカーサーは、幣原首相から戦争放棄・非武装案を提案されたいきさつを説明する。そして戦争廃止の具体的な方法として、さらに次のように述べる。

「皆さんが、国連あるいはその他のフォーラムを通じて諸国民がその方策を受け入れる協定に同意するように努め、またそれぞれの国がそれを討議する憲法機関や立法機関を持つように努めて、どこの国民がこれに反対するかを見て下さい。いずれにせよ実際には全ての大国が実行しなければどの国も実行しないであろうことは、十分に理解できます。大国が模範を示すべきなのです。もし四つか五つの大国が模範を示せば、他の国がそれに反対することは不可能でしょう。これを討論してみて下さい。そしてアメリカが立法措置を必要とするのであれば、他国がそれに続くことを条件にすることです。われわれが世界の道義的リーダーシップを取って、そうした何かをやってみて下さい」

これはまさしく「戦争違法化」運動の言葉だ。「戦争違法化」運動の理論家、チャールズ・モリソンはその著書『戦争違法化』への序文で述べていた。「もし私たちが戦争を廃止すべきなら、成すべき決定的な第一歩は、戦争を違法化することだ！」（"If we are to abolish war, the first decisive thing to do is to outlaw it !")と。ここでの、キーワードは"abolish war"と"outlaw war"だったが、マッカーサーはまさしくそのキーワードを使っている。マッカーサーは上院議員たちを「戦争違法化」運動の言葉で説得し、しかも上院議員たちを感動させたのだ。ではマッカーサーは「戦争違法化」運動の「働き手」あるいは支持者だったのだろうか。もちろんその逆だったことは、彼の回想記を見れば明らかだ。陸軍の出世街道をひた走っていたマッカーサーは、軍備全廃の平和運動に必死で抵抗し、その抵抗を通して「戦争違法化」運動を心に刻み、苛烈な戦争体験後に、かつて抵抗した平和運動の理念が心に蘇ったものであろうと私は推測する。

このような「戦争違法化」運動とマッカーサーとの関係で注目すべき第一点は、用語の共通性だが、同時に「戦争違法化」運動・マッカーサー元帥・幣原首相の三者に共通するのは、戦争は人類の文明そのものを破壊する規模に達したという認識と、その危機を乗り越え得る人間の「道義・モラル」への深い信頼だ。「我々は他力本願の主義に依って国家の安全を求むべきではない。我国を他国の侵略より救う自衛施設は徹頭徹尾正義の力である。我々が正義の大道を履んで邁進するならば、『祈らぬとて神や守らん』と確信するものであります」と幣原はある演説草稿に書き残し、また憲法草案審議の貴族院で、「文明と戦争とは結局両立し得ないものであります」と断言した。

マッカーサーは憲法調査会の高柳会長宛の手紙で、憲法第九条を「幣原首相の先見の明と英知とステーツマンシップを表徴する不朽の記念塔」と呼んだということだが、同様のことは、幣原の提案の実行を支えたマッカーサーについても言えることであろう。同時にこの二人の「先見の明と英知」の背後には、「戦争違法化」運動という草の根平和運動の高揚と挫折の歴史が伏在していたのである。

だがこのようにして成立した日本国憲法第九条が、輝きを放っていたのは、残念ながらごく短期間であった。

日本国憲法第九条は、一九五一年九月に調印された対日講和条約と日米安保条約によってまずその思想的輝きを奪われた。対日講和条約第三条によって沖縄諸島が日本国憲法から切り離されて米軍基地化され、同時に「我々は他力本願の主義に依って国家の安全を求むべきではない」という憲法第九条の発意者幣原喜重郎の意に反して、米軍に「国家の安全」を委ねる日米安保条約が調印されたからだ。さらに一九五四年には「軍事的防衛」を戦後はじめて規定した自衛隊法が警官隊の国会導入で成立し、憲法第九条は蹂躙され半身不随化した。憲法第九条のこのような蹂躙が、「冷戦」の名の下に行われた。しかし豊下楢彦京大助教授の最近の研究（『安保条約の成立』岩波新書）によれば、沖縄諸島の米軍基地化も、日米安保条約による日本全土の米軍基地化も、戦争責任の追及を恐れた「天皇外交」によるものであった。冷戦が終結し、憲法施行五〇年を迎えたいまこそ、憲法第九条蹂躙の原因と責任を明らかにし、同時に憲法第九条を完全に実施して、地球憲法第一条として二一世紀に向けて輝かすべきときではないか。

世界から見た憲法第九条

一九九七年五月

日本の憲法は外国でも一般に「平和憲法」として知られているが、日本の憲法が「平和憲法」と見做される理由は、言うまでもなく第九条にある。

国際法学者横田喜三郎・東京大学教授は施行直後の一九四七年一〇月に刊行された著書『戦争の放棄』(國立書院)で、「新憲法の特色」を次のように説明していた。

「日本の新憲法ほど、てってい的に戦争を放棄し、完全な平和主義を採用しているものはない。第一に、新憲法は全面的に戦争を放棄している。あらゆる場合に、戦争を行わないことにしている。ほかの国の憲法では、単に侵略的戦争を放棄しているにすぎない。第二に、新憲法は戦争だけを放棄しているのではなく、武力の行使も、武力による威嚇も放棄している。ひと口に戦争の放棄というけれども、じつは戦争のみではない。これに反して、ほかの国の憲法では、いずれも戦争を放棄しているにすぎない。第三に、新憲法は戦争の手段である軍備を全廃している。ほかの国の憲法では、この点について、なにも規定していない。軍備を全廃するのはもとよりのこと、相当な程度で縮小するということもいっていない。これら三つの点を綜合してみれば、いかに新憲法が戦争の放棄にてってい しているかがわかるであろう」

「そこで、戦争の放棄において、新憲法は全世界の憲法のうちでもっとももてっていしたもの、進歩したもの、特色のあるものということができる。言葉をかえていえば、戦争の放棄こそは、新憲法の世界的な特色だということができる」（同書一二―一三頁）

後に最高裁判所長官となった横田喜三郎・東大教授は、「新憲法の特色」を当時このように規定していた。この規定は、横田氏がその後どのように意見を変えようとも、今日になお通じる規定である。何故なら憲法の文言は、それ以来一字一句も変わってはいないからだ。

憲法第九条が、半世紀にわたってさまざまな試練に遭いながらも、今日まで一字一句も変わることなく生き抜いてきたのは、日本の中に憲法第九条を支える力が根強く続いてきたことと共に、日本の外にも憲法第九条を支える力が広範に存在してきたからにほかならない。

例えば、一九八七年にニュージーランドで非核法を制定したときの首相であったデビッド・ロンギ氏は、敗戦五〇年であった一九九五年八月に訪日した際に、「もし日本が平和憲法を放棄するようなことになった場合、どんなことが生じるかをちょっと考えてみたいと思います」と、日本が第九条を放棄した場合について次のように警告した。「まず世界に不確実性、不安定性がもたらされると思います。そして特に日本をめぐるアジア・太平洋の地域に、非常に大きな不安と不確実性が生み出されることになります」と。

では何故、アジア・太平洋の地域が不確実、不安定になるのか。ロンギ氏はその理由をさらに次のように説明した。

「憲法改正を正当化するためにどんな理由がつけられようとも、隣国と日本の関係は日本の軍国主義の復活という恐怖で曇ることになるでしょう。人々は過去の記憶を持っており、その記憶によって疑惑の種が蒔かれることになるでしょう。日本は隣国とともに政治的な不安定のなかに高い代価を払わなければならなくなるでしょう」

ロンギ氏がここで指摘しているのは、言うまでもなく近代日本のアジア諸国に対する侵略・戦争責任の問題だ。戦後日本の政府が過去の侵略・戦争責任に対する自覚を欠き、きちんとした反省・謝罪を行っていないという事実に基づく指摘だ。

こうした指摘をするのはニュージーランドのロンギ氏だけではない。一九九六年四月にクリントン・橋本共同宣言によって「安保再定義」の名の下に「日米安保条約」の範囲がアジア・太平洋全域にまで拡大されたときに、シンガポールのジャーナリスト・陸培春氏は次のように警告した。

「ビル・龍の〈宣言〉はあきらかに自国の国民だけでなく、戦争の被害を受けたアジアの民衆を騙している。ただ、日本の政治家はいつも誤解している。彼らはアジアの人々が日本が安保〈再定義〉を通じ自衛隊と戦争行動範囲の〝国際化〟をしようとする野心・陰謀を知らないと思っているが、現実は違う。アジアの人々は厳しい目で日本のことをみつめ、日本のことを完全には信頼していない」

「日本の進路は日本自身の問題だ。ただ、私たちが願うのは、日本が早くドイツのように侵略戦争に対して徹底的に反省し、同時に非核・非（不）戦・非武装・非同盟の宣言をし、日米安保条約を破棄することだ。日本には米国一辺倒でなく、米国に対しても批判できる関係を確立し、日本人しか持たない素晴らしい戦争放棄を謳歌する平和主義を国際化する役割を果たしてほしい」（「アジ

アから見た〈日米安保共同宣言〉」『週刊金曜日』一九九六年五月二四日号）
陸培春氏の指摘もまた日本の侵略・戦争責任に対する自覚の欠如を指している。日本国内の改憲論は、「自主防衛論」から「国際貢献論」にいたるまで常に国内政治党派の都合で主張されてきたが、その改憲論はアジア諸国からは常にこのような警戒の目で見られているのである。

＊

では日本の侵略・戦争責任に対する清算がきちんと行われれば、憲法第九条は不要になるのだろうか。憲法第九条の成立事情を調べれば調べるほど、憲法第九条が日本の侵略・戦争責任に対する反省から発して、その教訓を未来に向けて国際化しようとしたものであったことがわかる。だから日本の侵略・戦争責任に対する自覚が深まれば深まるほど、憲法第九条はいっそう大事にされ、国際化されるのであって、不要となるのではない。

例えば、新憲法草案を作成した内閣の首相で第九条の発案者と見られる幣原喜重郎氏は新憲法草案を審議した貴族院本会議（一九四六年八月二七日）で、第九条は「過去に於ける幾多の失敗」を繰り返さぬためだ、と次のように説明していた。

「此の改正案の第九条は戦争の抛棄を宣言し、我が国が全世界中最も徹底的な平和運動の先頭に立って指導的地位を占むることを示すものであります。今日の時勢に尚国際関係を律する一つの原則として、或範囲内の武力制裁を合理化、合法化せむとするが如きは、過去に於ける幾多の失敗を繰り返す所以でありまして、最早我が国の学ぶべきことではありませぬ。文明と戦争とは結局両立し得ないものであります。文明が速やかに戦争を全滅しなければ、戦争がまず文明を全滅することになるでありましょう。私は斯様な信念を持って此の憲法改正案の起草の議に与ったのであります」

この答弁によっても幣原喜重郎氏の第九条制定の意図は明瞭だ。「過去に於ける幾多の失敗」への反省から、文明の側に立って戦争を絶滅することこそが過去から学ぶことだという主張である。だから幣原喜重郎氏は新憲法草案が国会審議を終えて公布される直前の、一九四六年一一月一日に進歩党近畿大会で行った総裁挨拶では、戦争放棄・軍備撤廃と同時に、「何れかの第三国より兵力的援護を受けんとする構想」にも反対して、「我々は他力本願の主義に依って国家の安全を求むべきではない。我国を他国の侵略より救う自衛施設は徹頭徹尾正義の力である。我々が正義の大道を履んで邁進するならば、〈祈らぬとて神や守らん〉と確信するものであります」と述べたのであった。

かつて久野収氏はこのような幣原喜重郎の思想について、「ポツダム宣言の政策的ワク組みを逆用しながら、日本を不戦のコースの最後尾から、最先端に逆転させてやろうとする主体的発想がある」と見た（「憲法第九条の思想」『中央公論』一九六二年一二月号）。しかし当時、「不戦のコースの最後尾から最先端に逆転」を目指したのは幣原喜重郎だけではなかった。幣原喜重郎の提案を受け入れたマッカーサー将軍もまたその一人であった。総司令部と幣原内閣との間で新憲法草案についての合意が成立し、戦後第一回総選挙を前にして一九四六年四月五日に開催された連合国対日理事会第一回会議の冒頭挨拶でマッカーサーは、第九条の意義を次のように述べて、その国際化を求めていた。

「新憲法の条項は全て重要で、ポツダムで表明された目標に向けて個人をも集団をも導くものでありますが、私が特に指摘しておきたいのは戦争放棄の条文であります。戦争の放棄は、ある意味では日本の戦争能力の破壊の論理的帰結ではありますが、しかしそれを越えて、国際社会において武力に訴える権利の放棄にまで至っているのです。このことによって日本は、正義と寛容と普遍的道義が効果的に支配する国際社会への信頼を表明し、国民の安全をそこに委ねたのです」

「国策の手段としての戦争が完全に間違いであったことを知った国民の上に立つ日本政府の提案は、実際、戦争を相互に防止するためには国際的な社会・政治道徳のより高次の法を発展させることによって、人類をさらに一歩前進させる必要性を認めるものです」。

「したがって私は戦争放棄に対する日本の提案を、全世界の人々が深く考慮することを提唱するものです。道はこれしかないのです。国連の目標は賞賛すべきもの、偉大で気高いものですが、その目標も、日本がこの憲法によって一方的に行うことを提案した戦争する権利の放棄を、まさに全ての国が行ったときに初めて実現されるのです。戦争放棄は同時かつ全般的でなければなりません。それは全てか無か、です。それは言葉だけでなく行動によって効果を上げねばなりません。平和を求める全ての人々の信頼をかち得られるような明確な行動によってです」

マッカーサーはその後も一貫してこの主張を続け、連合軍総司令官罷免直後の一九五一年五月三日―五日にアメリカ上院で行われた公聴会でも日本国憲法第九条を支持し、アメリカがこの思想を受け入れて一方的に軍縮を宣言することを主張した。

幣原喜重郎やマッカーサーのこのような主張の背後には、第一次大戦への反省から欧米で起きた反戦・平和の市民運動があり、一九二八年のパリ不戦条約の締結はその一つの成果であったが、しかしそれにもかかわらず第二次大戦を防ぐことができなかった苦い経験があった。特に幣原喜重郎は外交官として、またマッカーサーは軍人としてそれぞれに戦争を体験して、核兵器戦争にまで至った現代の戦争を文明を破壊する愚行と見ていた。そしてそうであればこそ二人は、戦争放棄だけでなく軍備全廃をも目指したのであった。

その後一九五〇年代はじめに、沖縄の嘉手納基地から北朝鮮爆撃に加わっていた若い飛行兵は後にチャールズ・オーバービー教授として、アメリカに日本国憲法第九条を導入することを目指して「九条の会」を結成した。湾岸戦争でのピンポイント爆撃の実態を朝鮮戦争時代の爆撃手として見て、日本国憲法第九条による以外には人類の未来はないと考えたからであった。

こうして日本国憲法第九条は、国際化への一歩を踏み出した。二一世紀の地球憲法第一章となるための小さな一歩を。

憲法第九条はどのようにして空洞化されたか?
——沖縄・安保条約と天皇

一九九七年七月

一九九七年は憲法施行からちょうど五〇年の節目の年だが、戦後五〇年間に、憲法第九条の空洞化をもたらしたのは、米ソ対立としての「冷戦」の成立と、朝鮮戦争という「熱戦」の勃発であったという見方が一般的に流布してきた。たしかに「冷戦」と朝鮮戦争が、第二次大戦後の世界と日本の在り方に大きな影響を与えたことは間違いないが、しかし同時に、戦後五〇年を経て、アメリカから戦後の重要史料、とりわけ占領時代の史料が発表されるに及んで、憲法第九条の空洞化は「冷戦」の激化以前から、まして朝鮮戦争の勃発以前からすでにはじまり、しかも施行間もない憲法第九条の空洞化をすすめた犯人は、昭和天皇に他ならなかったことがわかってきた。

マッカーサーと天皇の会談

マッカーサーは一九四五年八月三〇日に連合国最高司令官として厚木飛行場に到着し、一九五一年四月一六日に羽田飛行場から離日するまでの五年七か月余の間に天皇と一一回会談したと言われるが、その会談の内容が幾らかでも外部に伝わったのは、第一回(一九四五年九月二七日)、第三回(一九四六年一〇月一六日）、第四回（一九四七年五月六日）の三回だけだ。そしてこの三回とも、会談記録者は、外務省奥村勝蔵通訳（後の外務次官）だ。

外に漏れてきた三回のマッカーサー・天皇会談の重要部分と思われる箇所を、以下に抜き書きしてみる。

第一回会談（一九四五年九月二七日）

陛下　永イ間熱帯ノ戦線ニ居ラレ御健康ハ如何デスカ。

マ元帥　御陰ヲ以テ極メテ壮健デ居リマス。私の熱帯生活ハモウ連続十年ニ及ビマス。

之ヨリ元帥ハ口調ヲ変ヘ、相当力強キ語調ヲ以テ約二十分ニワタリ滔々ト陳述シタルガ、ソノ要旨左ノ如シ。

マ元帥　戦争手段ノ進歩、殊ニ強大ナル空軍力及ビ原子爆弾ノ破壊力ハ筆舌ニ尽シ難イモノガアル。今後モシ戦争ガ起ルトスレバ、ソノ際ハ勝者、敗者ノ論ナク等シク破壊シ尽シテ人類ノ滅亡ニ至ルデアラウ。現在ノ世界ニハ今猶憎悪ト復讐ノ混迷ガ渦ヲ巻イテ居ルガ、世界ノ達見ノ士ハ宜シクコノ混乱ヲ通ジテ遠キ将来ヲ達観シ、平和ノ政策ヲ以テ世界ヲ指導スル必要ガアル。

日本再建ノ途ハ困難ト苦痛ニ充チテ居ルコトト思フガ、ソレハ若シ日本ガ戦争ヲ継続スルコトニヨッテ蒙ルべキ惨害ニ較ブレバ、何デモナイコトデアラウ。モシ日本ガ更ニ抗戦ヲ続ケテ居タナラバ、日本全土ハ文字通リニ殲滅サレ何百万トモ知レヌ人民ガ犠牲ニナッタデアラウ。

自分ハ日本ヲ相手ニ戦ッテ居タノデアルカラ、日本ノ陸海軍ガ如何ニ絶望的状態ニアッタカヲ十分知悉シテ居ル。終戦ニ当ッテノ陛下ノ御決意ハ、国土ト人民ヲシテ測リ知レザル苦痛ヲ免レシメラレタ点ニ於テ、誠ニ御英断デアル。

世界ノ世論ノ問題デアルガ、将兵ハイッタン終戦トナレバ普通ノ善イ人間ニナリ終ルノデアル。然シ其ノ背後ニハ戦争ニ行ッタコトモナイ幾百万ノ人民ガキテ、憎悪ヤ復讐ノ感情デ動イテ居ル。斯クシテ所謂世論ヲ簇出スルノデアルガ、ソノ尖端ヲ行クモノガ「プレス」デアル。米国ノ世論、英国ノ世論、支那ノ世論等々色々出テ来ルガ、「プレス」ノ自由ハ今ヤ世界ノ趨勢ニナッテ居ルノデ、ソノ取扱ヒハ中々困難デアル。

陛下　コノ戦争ニツイテハ、自分トシテハ極力之ヲ避ケ度イ考デアリマシタ。戦争トナルノ結果ヲ見マシタコトハ、自分ノ最モ遺憾トスル所デアリマス。

（児島襄『天皇と戦争責任』文春文庫、五一―五二頁）

戦後に流布された「戦争の全責任は私が負う」という天皇の言葉は、ここにはない。（外務省は二〇〇二年一〇月一七日に、この第一回会見の記録全文を初めて公開したが、それは児島襄がすでに引用していたものとほとんど変わらなかった）

第三回会談（一九四六年一〇月一六日）――新憲法草案が衆議院で修正を経て可決された直後

マ元帥　非常に良い憲法が成立しました。その基本的な部分は世界的に良いものだと考えます。これは政府と議会の成功を物語るものであります。その如何に成功であるかは、独逸と比較すればよくわかるでありましょう。

陛下　今回憲法が成立し民主的新日本建設の基礎が確立せられた事は、喜びに堪えない所であります。この憲法成立に際し、貴将軍に於て一方ならぬ御指導を与えられた事に感謝いたします。

マ元帥　陛下の御陰にて憲法はでき上がったのであります（微笑し乍ら）陛下なくんば憲法も無かったでありましょう。

陛下　戦争放棄の大理想を掲げた新憲法に日本は何処迄も忠実でありましょう。世界の国際情勢を注視しますと、この理想より未だ遠い様であります。その国際情勢の下に、戦争放棄を決意実行する日本が危険にさらされる事のない様な世界の到来を、一日も早く見られる様に念願せずに居られません。

マ元帥　最も驚く可きことは世界の人々が戦争は世界を破滅に導くという事を、充分認識して居らぬことであります。戦争は最早不可能であります。戦争を無くするには、戦争を放棄する以外には方法はありません。それを日本が実行されました。五〇年後において、私は予言致します。日本が道徳的に勇敢且賢明であった事が立証されましょう。百年後に日本は世界の道徳的指導者となった事が悟られるでありましょう。世界も米国も未だに日本に対して復讐的気分が濃厚でありますから、この憲法も受ける可き賞賛を受けないのでありますが、凡ては歴史が証明するでありましょう。

（長沼節夫「初公開された天皇―マッカーサー第三回会見の全容」『朝日ジャーナル』一九八〇年三月二日）

第四回会談（一九四七年五月六日）――新憲法施行から三日後

陛下　日本ガ完全ニ軍備ヲ撤廃スル以上ソノ安全保障ハ国連ニ期待セネバナリマセン。先般、元帥ノ記者会見ニ於テ、成ルベク速ニ日本ニ平和ヲモタラスコト及ビ国連ノ下ニ日本ニ対スル安全保障ノ機構ヲ定メネバナラヌト述ベラレタ点ハ、私ノ感銘スル所デアリマスガ、国連ガ極東委員会ノ如キモノデアルコトハ困ルト思ヒマス。此ノ点ニ関スル元帥ノ御意見ヲ伺ヒ度イト思ヒマス。

マ元帥（以下滔々ト論旨ヲ進メタルニツキ其ノ要点ヲ記ス。尚敬語ヲ省略ス）

日本ノ安全保障ハ、日本ガ軍備ヲ持チ且ツ孤立スル限リ絶対ニ行レ得ナイ。日本ハ小サナ国デアリ海ニ囲マレテ居リ、若シ其ノ周辺ニ侵略的ナ国ガ拠点ヲ構ヘルナラバ、日本ノ安全ハ保チ得ナイ。近代科学ノ発達ノ結果、強大ナル爆弾、其ノ他非常ナル破壊的武器、又次ノ戦争ニハ予期セラルル細菌戦ノ結果、若シ再ビ戦争ガ起レバソコニハ勝者モ無ク敗者モ無イ、唯破壊アルノミデアル。コノ様ナ戦争ニ於テ日本ヲ守ルコトハ不可能デアリ、日本ノ平和ヲ維持スルコトハ全ク世界ノ平和ヲ維持セントスル人民ノ決意ニ依ルノミデアル。日本ガ些少ノ武備ヲ整ヘ、又仮ニ最大限ノ武装ヲ持ッタトシテモ、其レヲ以テハ日本ヲ防ギ得ナイ。又、軍備ヲ持ツコト自身ガ他ノ侵略的ナ国家ニ対シ事ヲ構ヘル口実ヲ与ヘルコトトナルノデアル。

日本ガ完全ニ軍備ヲ持タナイコト自身ガ日本ノ為ニハ最大の安全保障デアッテ、コレコソ日本ノ生キル唯一ノ道デアル。マタ軍備ヲ持ツコトハ国民経済ニ対シテ重大ナル負担トナリ、各国モ此レニ苦シンデ居ルノデアルガ、今後ノ日本ニハ斯様ナ負担ハ無イ。コレハ日本ノ復興其ノ他日本ノ経済ニトッテ幸ヒナコトデアル。国連ニツイテ言ヘバ、ソレハ今迄ノ所失望ヲ与ヘテ居ル。

言ハバ討論会ノ大キナ様ナモノデ、其ノ煩雑ナル議事手続ハ失敗ヲ生ム様ニ出来テ居ル。技術的ナ結果ノミカラ言ヘバ国連ニツイテハ悲観セザルヲ得ナイ。然シ乍ラ国連ノ背後ニハ世界ノ大衆ガアル。其ノ九五パーセントハ平和ヲ希求シテ居ルノデアッテ此ノ世界大衆ノ希望ガ国連ニカケラレテ居ルノデアル。唯今迄ノ、偉大ナル政治家ガヰナイ為ニ此ノ大衆ノ希望ヲ現実ニ生カシテ行クコトガ出来ナイノデアル。

将来ノ見込トシテ国連ハ益々強固ニナッテ行クモノト思フ。然シ乍ラ其ノ最大ノ障壁ハ一方ニハソヴィエト、一方ニハアングロサクソンヲ代表スル米英トノ理念ノ相剋ニアル。モットモ此ノ摩擦ハ永久ニ続イテ行クコトハ出来ナイ。何等カノ方法デ其ノ摩擦ヲ解シテ行クカ、或ハ武力ニ依ル解決、其ノ何レカノ一ツニ落着クデアラウ。

然シ世界ハ今次ノ大戦ト其ノ前ノ大戦、此ノ二ツノ戦争ノ為ニ疲弊シ切ッテ居ル。世界ノ資源ハ涸渇シ人々ノ神経モ疲レテ居ル。新シイ時代ノ人々ガ生レテ来ナケレバ、戦争ト云フコトモ二度ト考ヘラレナイ。

ソコデ世界ノ善意ヲ持ツタ人々ニ依ツテ平和ノ道ヲ拓キ、摩擦ヲ無クシテ行クベキデアル。又、世界ノ指導者ガ人々ヲ率ヰテ行カナケレバナラナイノデアルガ、モット偉イ指導者ガ現ハレテ現在ノ指導者ニトッテ代ラナケレバナラナイ。要スルニ国連カラハ次第ニ立派ナモノガ生レテ来テ、此レガ世界ノ唯一ノ希望ニナルコトト思フ。

陛下　日本ノ安全保障ヲ図ル為ニハ、アングロサクソンノ代表者デアル米国ガ其ノイニシアチブヲ執ルコトヲ要スルノデアリマシテ、此ノ為元帥ノ御支援ヲ期待シテ居リマス。

（児島襄『日本占領 3』文春文庫、二八―三一頁）

外に漏れたマッカーサー・天皇会談の内容はいずれも興味深いが、特に憲法施行直後の対話は両者の思想の大きなズレを示して興味深い。多分、一九四八年秋の大統領選挙への立候補を心に期していたであろうマッカーサーは、第二次大戦以後の新しい平和構築のための日本国憲法第九条の思想的意味を「滔々ト」語っていたが、天皇の関心は、その新憲法第九条によって丸腰となった「日本ノ安全保障ヲ図ル為」に「アングロサクソンノ代表者デアル米国」に縋《すが》ることであった。そして天皇にとっては「日本」と「朕」は同意語であって、「日本ノ安全保障」とは天皇の安全保障、つまり自分の安全保障を意味することに他ならなかった。

三通の天皇メッセージ

一九四七年五月三日に憲法が施行されてから一九五一年八月末までの四年余の間に、私が知る限りでも、昭和天皇はアメリカ政府に宛てて極めて政治的なメッセージを三回送っている。

その第一回は、一九四七年九月一九日に天皇の御用係・寺崎英成からGHQの首席政治顧問ウィリアム・シーボルトを通してマッカーサーとアメリカ政府に伝えた「沖縄の米軍基地に関するメッセージ」。第二回は、朝鮮戦争勃発直前の一九五〇年六月二三日頃に天皇の側近・松平康昌から『ニューズ・ウィーク』誌の東京支局長C・パケナムを通してJ・F・ダレス特使に伝えた日本全土の米軍基地化に関するメッセージ。第三回は、一九五一年八月末にリジウェイ司令官を通してアメリカ政府に送った対日講和条約支持のメッセージだ。

沖縄提供メッセージ

第一のメッセージをシーボルトに伝えた寺崎英成は、一九四七年九月一九日の日記に次のように書いている。

「シーボルトに会ふ　沖縄の話　元帥に今日話すべしと云ふ余の意見を聞けり　平和条約に入れず　日米間の条約にすべし」（『昭和天皇独白録・寺崎英成御用掛日記』文藝春秋、一九九一年）

寺崎がシーボルトに「元帥に今日話すべし」と言った「沖縄の話」の具体的な内容を明らかにしたのは、雑誌『世界』一九七九年九月号に掲載された進藤栄一・筑波大学教授の論文「分割された領土」であった。進藤栄一はその論文で、シーボルトが寺崎英成を通して受け取った天皇のメッセージの内容を、一九四七年九月二〇日の日付でマッカーサーに伝えていた次のような手紙をはじめて翻訳・紹介した。

「寺崎が述べるに天皇は、アメリカが沖縄をはじめ琉球の他の諸島を軍事占領し続けることを希望している。天皇の意見によるとその占領は、アメリカの利益になるし、日本を守ることにもなる。天皇が思うにそうした政策は、日本国民がロシアの脅威を恐れているばかりでなく、左右両翼の集団が台頭しロシアが〝事件〟を惹起し、それを口実に日本の内政に干渉してくる事態をも恐れているが故に、国民の広範な承認をかち得ることができるだろう。

天皇がさらに思うに、アメリカによる沖縄（と要請があり次第他の諸島嶼）の軍事占領は、日本に主権を残存させた形で、長期の――二五年から五〇年ないしそれ以上の――貸与をするという擬制の上になされるべきである。天皇によればこの占領方式は、アメリカが琉球列島に恒久的意図を持たないことを日本国民に納得させることになるだろうし、それによって他の諸国、特にソヴェト・ロシアと中国が同様の権利を要求するのを差し止めることになるだろう」

シーボルトは寺崎英成が日記に「平和条約に入れず　日米間の条約にすべし」と書いていた内容についても、マッカーサーに次のように伝えていた。

「そのための手続きに関し寺崎は（琉球列島内の沖縄をはじめとする島々の）〝軍事基地権〟の獲得が、連合国の対日講和条約の一部としてでなく、アメリカと日本との間の二国間条約によってなさるべきだと考えている。寺崎によれば前者の方法は、強制された講和の色彩を著しく濃くし（アメリカに対する）日本国民の同情的理解を危うくする恐れがあるからである」

沖縄戦の後に米軍当局は、住民を収容所に収容している間に、基地の拡張を行った。ところがアメリカ政府は、一九四一年八月の「英米共同宣言（大西洋憲章）」でも、それを「連合国」に拡大した「連合国共同宣言」でも、「領土的たるとその他たるを問わず、いかなる拡大も求めない」と宣言していたので、国務省は沖縄における米軍基地の拡大・恒久化の説明に苦慮していた。

アメリカを施政権者として沖縄を国連の信託統治下に置くことがまず考えられたが、軍事基地を置くことができる「戦略的信託統治地区」とするためには、安全保障理事会の承認を要し、ソ連の賛成を得られる見込みはなかった。しかし総会の下に置かれる「非戦略地区」では軍事基地を置くことができない。こうしたジレンマに悩んでいたアメリカ国務省にとって、天皇のメッセージがダモクレスの剣のように難問解決のヒントを与えたことが、国務省政策企画部長として対日講和問題と取り組んでいたジョージ・ケナンの次のようなマーシャル国務長官宛ての手紙から伺い知ることができる。

「政策企画部は、南琉球をアメリカが統治する原則を承認する。企画部が注目しているのは、日本国天皇が、アメリカは沖縄を始め（アメリカ側の）要請する他の島嶼を日本に主権を残存させた形で、長期の――二五年から五〇年ないしそれ以上にわたって軍事占領し続けるべきだという示唆を伝達してきていることである。企画部は、この方式を戦略的信託統治の代案として十分検討すべきものと考える」

こうして一九五一年九月八日に、サンフランシスコで調印された「日本国との平和条約」の第三条には、次のような曖昧な文言が盛り込まれた。

「第三条〔信託統治〕日本国は、北緯二九度以南の南西諸島（琉球諸島及び大東諸島を含む）孀婦岩の南の南方諸島（小笠原群島、西之島及び火山列島を含む）並びに沖の鳥島及び南鳥島を合衆国を唯一の施政権者とする信託統治制度の下におくこととする国際連合に対する合衆国のいかなる提案にも同意する。このような提案が行われ且つ可決されるまで、合衆国は、領水を含むこれらの諸島の領域及び住民に対して、行政、立法及び司法上の権力の全部及び一部を行使する権利を有するものとする」

この文言を書いたダレス特使とアメリカ国務省は、実際には「信託統治制度の下におくこと」などは考えていなかった。天皇がすでに「日本に主権を残存させた形で」「二五年から五〇年ないしそれ以上」でも「貸与をするという擬制」の下でお使い下さい、と提案していたので、それを「戦略的信託統治の代案」としていたからだ。

ではなぜ天皇は、憲法施行後間もない一九四七年九月に、憲法違反を犯してまで、沖縄を米軍の基地として、「二五年から五〇年ないしそれ以上」もお使い下さい、と提供したのだろうか。

この問いへの答えは推測になるが、極東軍事裁判で戦争責任者として追及されることをアメリカに防いでもらうためであろう。先に引いたマッカーサーと天皇の対話からもそのことは伺えるが、天皇は内外からの戦争責任の追及を恐れてアメリカに縋りつき、その代償として琉球諸島を「献上」したものと思われる。様々な状況証拠がそのことを示唆している。例えば、進藤栄一助教授（当時）の天皇メッセージの翻訳とは別に、一九八九年に琉球大学教授だった大田昌秀氏が、「沖縄の戦後処理と天皇」と題した論文でやはり天皇メッセージを取り上げ、シーボルト公使の手紙も翻訳したが、その中に、進藤氏の翻訳が省略していた次のような言葉がある。

「米国が沖縄その他の琉球諸島の軍事占領を続けるよう天皇が希望していること、疑いもなく私利にもとづいている希望が注目されましょう」（大田昌秀『検証・昭和の沖縄』那覇出版社、一九九〇年、三一八頁）

シーボルト公使は「疑いもなく私利」という言葉の具体的な内容までは書いていないが、文脈からみて天皇の「身の安泰」を指していたものと思われる。

日本全土提供メッセージ

朝鮮戦争勃発直前の一九五〇年六月二三日頃に天皇の側近・松平康昌から『ニューズ・ウィーク』

誌の東京支局長C・パケナムを通してJ・F・ダレス特使に伝えた天皇の第二回目のメッセージは、日本本土を米軍基地として提供した日米安保条約の成立に関わるものであった。

J・F・ダレスは対日講和条約の大統領特使として、一九五〇年六月にはじめて来日、六月二二日にマッカーサー総司令官と吉田首相を訪ねて、対日講和後の日本本土への米軍の駐留と米軍基地に関して意見を聞いた。マッカーサーも吉田茂も、憲法第九条の存在を指摘してダレス構想に反対した。その夜ダレスは、同行した『ニューズ・ウィーク』誌国際部長ハリー・カーンとともに同誌東京支局長C・パケナムの家に招かれて、天皇の側近・松平康昌を含む日本人四人と会食した。その際にダレスは、マッカーサーと吉田茂との会談結果への失望を語った。

『ニューズ・ウィーク』のカーンとパケナムはマッカーサーの日本民主化・非武装政策を終始批判し、マッカーサーはパケナムを「ファシスト」とののしるという関係であった、という（児島襄『日本占領 3』一九頁）。

ダレスの失望を聞いた松平はその情報を天皇に伝え、天皇は松平からダレスに次のようなメッセージを伝えさせた。このメッセージは六月二三日以後（内容から見て朝鮮戦争勃発まえ）にパケナムを通して口頭で伝えられ、その後アメリカ側からの要請で、八月に松平とパケナムによって文章化された。その文章化されたメッセージをはじめて公表したのは、秦郁彦『裕仁天皇五つの決断』（講談社、一九八四年）だが、以下のメッセージは早稲田大学図書館所蔵の「J・F・ダレス文書」マイクロフィルム・リール第一六巻所収の "EMPEROR'S MESSAGE" から私が直接翻訳した。

「陛下は視察、調査のために訪日する米当局者が、優れた日本人と対等の立場で率直に討議することが許されることを常に希望してきました。その点で陛下は、この度ダレス氏の発意で一つの先例が敷かれたことを大変喜んでおられます。

陛下はこれまで、責任なく代表的でもない日本人が一般に助言を求められてきたことを遺憾に思っておられました。これらの日本人は普通、アメリカ人が聞きたいと思っている線に沿って助言をします。それは助言を求めるアメリカ人に反する意見を述べて罰せられることを恐れるからです。また信頼されるに足る経験豊かな人も、助言が批判と見られて罰せられるのではないかと恐れて、助言を控える方がよいと感じています。

（中略）それゆえに、意見のために処罰される危険のないことを前提に、経験豊かで米日双方から信頼された善意の人たちで構成される、公式または非公式な協議・助言グループを作ることはできないものでありましょうか。

この点で陛下は、米日双方の利益に最も好ましい結果をもたらし、最も友好を促進する行動は、パージの緩和であろうと感じておられます。パージの廃止とは言わないまでも、そうすれば多くの有用な、先見性のある善意の人たちが、公的に自由に働けることは確かです。今は沈黙していますが、公的に意見が表明されれば、公衆の心に深い影響を与えるような人が数多くいます。

そのような人たちが公然と意見を表明できる立場にいたならば、基地問題に関する最近の誤った論争も、日本側から自発的に申し出ることで、避けられたに違いないとさえ言えるでありましょう」

「基地問題に関する最近の誤った論争」とは、言うまでもなく、吉田茂首相たちの憲法第九条による日本非武装化・米軍基地拒否という主張だ。この天皇メッセージが主眼としたのは、公職から追放されていた戦争責任者たちの「パージの緩和」を条件に、ダレス・トルーマン政権の要望に応じて日本全土を米軍基地として提供するという点であった。だからこのメッセージは、現場の責任者としてそれに反対していたマッカーサーも吉田茂も飛び越えて、直接ダレスに伝えられた。この秘密メッセージをダレスが「今回の旅行における最も重要な成果」と評したのは、当然のことであった（豊下楢彦『安保条約の成立――吉田外交と天皇外交』岩波新書、一九九六年、一六六頁）。

沖縄を長期にわたって米軍に提供した一九四七年九月の「沖縄メッセージ」に続いて、天皇は今度は日本全土をアメリカの軍事基地として無期限に提供する提案を「自発的」に行ったのだが、その動機は何であったのか。

メッセージに述べられているように、公職から追放されていた戦争責任者たち、つまり天皇とともにアジア侵略と戦争を行ったものたちの追放解除の狙いがあったことは間違いないが、もう一つ重要な要因として、豊下楢彦は、ソ連によって四九年末からハバロフスクで行われていた七三一部隊の裁判に天皇を喚問する要請がソ連政府から極東委員会に提出されていた点を挙げている（前掲書一八三―一八四頁）。

戦争責任の追及を逃れるためにアメリカに琉球列島を献上した天皇は、それでも足らずに一九五〇―五一年には日本全土をアメリカに献上したのだ。

講和条約支持メッセージ

第三のメッセージは、一九五一年八月三一日付のブラドレイ統合参謀本部議長から国防長官宛ての手紙（メモランダム）を通して浮かび上がってくるものだが、その手紙の全訳が私の知るかぎり何処にもないので（一部は三浦陽一『吉田茂とサンフランシスコ講和』下巻、大月書店、一九九六年、二一八頁に収録）、以下に全文を翻訳・紹介する。

国防長官のためのメモランダム――極秘主題・対日平和条約に関して日本天皇からの提案

1　統合参謀本部は、リジウェイ将軍からメッセージ（一九五一年八月二八日付）を受領しましたが、そこで将軍は、日本天皇が対日平和条約を歴史上最も公正で寛大なものと考え、この平和条約を立案したアメリカの行為に深い感謝を表明した、と伝えています。さらに天皇は、もしアメリカ政府が希望するならば、天皇のこの見解を公表して貰えればありがたい、とも述べたと付け加えています。シーボルト駐日大使は、天皇の意見の公表は憲法違反として政治問題化する恐れがあるので公表すべきではない、という意見だとリジウェイ将軍は伝えています。

2　統合参謀本部の認識では、これは本来政治的問題であって、最終的判断は国務省によって行われるべきことです。しかし統合参謀本部の意見を敢えて述べれば、天皇の意見を公表することが現在は適切でないにせよ、サンフランシスコ会議の成り行きとそこでのソ連の動き次第では、後日ソ連の動きへの対抗策として天皇の意見の公表が適切となり得るかも知れません。

3　統合参謀本部としましては、国務省がこうした統合参謀本部の意見をも考慮して、この問題を考察し、適切な行動をとられることを推奨します。

サンフランシスコ講和条約は日本をアメリカ側に組み込む「片面講和」であるとして、当時強い反対運動があったことは周知のことだが、このとき天皇がリジウェイを通してアメリカ政府に伝えたのは、その「片面講和」への強い支持と同時に、それ以上に、「皇軍」なき後の「近衛兵」として、内外の「アカ」から自分を守ってくれる筈の米軍の本土駐留を許す日米安保条約の調印であったことは想像に難くない。

こうして「臣・茂」でさえも、外交の専門家として最後まで抵抗し続けた日米安保条約は、豊下楢彦の記述を借りれば、「交渉の最高責任者が署名を固持しつづけるなかで、ダレスと天皇の圧力によって締結にいたった」（前掲書二二一頁）。それはこれまでの「定説」のように、「冷戦」の結果というよりも、天皇を戦争責任の追及から守るために、天皇自身が行ったことであり、その天皇の行為によって、憲法第九条は大きく空洞化されたのであった。

そうした天皇の行為は、シーボルト大使の指摘を待つまでもなく、重大な憲法違反行為であったが、天皇にとって憲法は眼中にないかのようであった。しかもこのことがこれまでほとんど追究されてこなかっただけに、いま、戦後史の根本的な見直しが求められる。

憲法か安保か、選択のとき

一九九六年五月

昨一九九五年は敗戦五〇年で、だから今年一九九七年は憲法公布五〇年だ。ところが憲法公布五〇年の年が、憲法の精神と条文を底まで踏み破る「極東有事（戦時）」元年になろうとしている。

一九九六年四月一七日に発表された「二一世紀に向けての同盟」と副題された「日米安保共同宣言」を一読して、「二一世紀に向けて」の宣言としては何と貧しい発想、何という時代錯誤か、と私は思った。「二一世紀に向けて」と言いながら、この宣言には未来に対する理念も構想もないばかりか、その実態は日米共同の現代版「大東亜共栄圏」宣言に他ならないと思われたからだ。

日米両国政府が一年余りもかけて「集中的な検討を行ってきた」結果だと言うこの宣言が、これほどまでに貧相で時代錯誤な内容のものであるということは、日米両国の政治的貧困が、実は知性の衰弱、文化の危機に深く根ざしていることを示すものであろう。

「宣言」に即して、そのことを具体的に考えてみよう。「宣言」は冒頭の項目で、「両首脳は、日米両国の将来の安全と繁栄がアジア・太平洋地域の将来と密接に結びついていることで意見が一致した」と述べている。そうであるならば、日米両国政府はまず何よりもアジア・太平洋地域の人々の生活の実態を直視し、人々の願いに謙虚に耳を傾けるべきであろう。ところが「宣言」は、アジア・太平洋地域の平和・民主主義・発展はすべて日米安保体制のお蔭だと傲慢にも独断し、しかも「この地域には依然として不安定及び不確実性が存在する」ので、この地域に米軍約十万人を維持する必要があるのだと言う。

この地域の「不安定及び不確実性」とは、「朝鮮半島における緊張」と「核兵器を含む軍事力が依然大量に集中している」ことだという。しかしもしそうだと仮定しても、ではこの地域に米軍約十万人を維持すれば、朝鮮半島における緊張は緩和し、核兵器を含む大量の軍事力は減少するだろうか。その結果があべこべになることは、小学生でもわかることで、愚かな政策だ。ではどうすればよいのか。

第一に、「朝鮮半島における緊張」は、日本の植民地支配と第二次大戦後の米ソ対立（冷戦）による民族分断に起因するものなので、民族分断に責任を負う日本、アメリカ、ロシアがそれぞれに歴史の負の遺産をきちんと清算すれば、その後は民族自決の原則によって自ずから解決される性質の問題だ。「朝鮮半島における緊張」を口実に、この地域に米軍約十万人を維持することは、かえって緊張を激化させ、百害あって一利もない。

第二に、この地域に核兵器を含む大量の軍事力を現実に保持しているのは、十万の米軍とその核の傘の下にある日本の自衛隊自身に他ならない。したがってまず日米両国が核兵器を含む大幅な軍縮を行いながら、核兵器を所有する中国と話し合えば、少なくとも北東アジア非核地帯をつくることができる。さらにその上で、アジア・太平洋諸国が対等・平等の立場で参加して、各国の軍事力を警察行動レベルにまで削減するアジア・太平洋平和保障機構をつくれば、この地域における大量の軍事力は消滅する。

もし「宣言」がこのような理念と構想を打ち出したものであったならば、それはまさしく「二一世紀に向けて」の宣言となりえたことであろう。ところがこの「宣言」は、そうした「二一世紀に向けて」の平和構想を示すどころか、その逆に、米軍十万人の維持を不動の前提として、その米軍に対する日本自衛隊の献身的な協力、という方向へと向かっていく。一九七八年の「日米防衛協力のための指針」の見直し、「極東有事」に対する研究と政策調整、「自衛隊と米軍との間の後方支援、物品又は役務の相互提供に関する協定」（ACSA）の歓迎、次期支援戦闘機（F2）等の日米共同開発、弾道ミサイル防衛研究の継続、等々と。

「宣言」はこうしたキナ臭い約束の後で、両首脳は「沖縄に関する特別委員会」（SACO）を通じてこれまで得られた重要な進展に満足の意を表する、と述べているが、普天間飛行場の五―七年後の変換を目玉とするその実態は、一兆円の費用をかけての基地ころがしであり、米軍基地機能のいっそうの強化に他ならない。

こうして見てくると、この「宣言」が意味することは、明らかに安保条約の実質的かつ大幅な改定であって、大統領制のアメリカはどうであれ、日本では一九六〇年の安保改定の際と同様に、国会審議・議決・批准を当然必要とする性質のものだ。現に「宣言」は最後で、「日米安保条約が日米同盟関係の中核であり、地球的規模の問題についての日米協力の基盤」だと述べて、日米安保条約が「極東の範囲」を遥かに越えて、「地球的規模」にまで拡大したことを高らかに唱っている。議会制民主主義を標榜する日本では、とても首相の署名だけで済ましてよい問題ではない。

しかし日米両政府は、一九六〇年の安保改定に際しての大反対運動に懲りてか、これほどの大幅な条約内容の改定を、「再確認」や「再定義」という言葉でごまかしてすり抜けようとしている。とくに日本政府は、これほどの大改定にもかかわらず、その目的が「在外邦人の安全確保」「難民対策」「米軍への後方支援」なので、「従来の憲法解釈の枠内」「現行法の手直し」で可能だと主張している。だがそれは憲法の存在を完全に無視した不法状態を拡大する行為に他ならない。

日本国憲法第九条は、「国権の発動たる戦争と、武力による威嚇又は武力の行使は、国際紛争を解決する手段としては、永久にこれを放棄する」と明言している。この際に改めて想起すべきことは、憲法第九条は「武力の行使」はもとより、「武力による威嚇」をも禁じていることだ。したがって自衛隊や米軍の存在そのものが明らかに違憲であり、ましてその強大化が「憲法の枠内」で行われると強弁することは、甚だしく不法な行為だ。

日本の国会が内外の強い反対を押し切ってPKO法案を可決した直後の一九九二年七月に、韓国の『ハンギョレ新聞』が一駒の風刺漫画を掲載したことを私は思い出す。その漫画は胸に「自衛隊」と書いて日の丸マークをつけた虎が「援助したくてたまらない」と言いながら、檻を破って出てくる姿を描いていた。いま『ハンギョレ新聞』が「日米安保共同宣言」に対する風刺漫画を掲載するとすれば、その図柄は胸に日の丸マークをつけた虎が、今度は「邦人救出」「難民援助」「後方支援」と言いながら、アメリカというライオンに手を引かれて檻から出てくる姿となるに違いない。

現に山崎拓・自民党政調会長は、四月に韓国を訪問して「日米安保共同宣言」を説明したときに、韓国の権五埼・副総理兼統一院長官が、「朝鮮半島有事」の際に「万一日本の自衛隊が一緒に来援したらという恐怖心が強い」「米軍の戦闘行為と一体化する形での自衛隊には抵抗がある」と述べたと伝えている。しかし韓国ばかりではない。九七年四月末に北京で開催された第九回アジアの平和・日中懇談会で、中国の参加者たちも異口同音に、日本の自衛隊は今度の「日米共同宣言」によって「専守防衛」の枠を越えたのではないか、と日米共同のアジア支配に対する危惧を語っていた。

歴史を遡ってみると、日本は日露戦争直後の一九〇五年七月に、韓国に「保護条約」を強制するに際して、アメリカのフィリピン支配と日本の韓国支配を相互に承認する桂・タフト秘密協定を結んだ。それは日米両国による北東アジアと東南アジアの分割支配を意味する秘密協定であったが、その協定を後ろ楯にして韓国を侵略・支配した日本は、その後その分割支配協定を破って中国へ、さらには「大東亜共栄圏建設」の名の下に東南アジアへと侵略・支配の手を延ばし、アメリカを主敵とする「大東亜戦争」に至って敗北した。

「大東亜戦争」敗北後の日本は、「鬼畜米英」から「日米友好基軸」に転換し、アメリカの極東反共戦略に追随しながら経済大国へとのし上がった。この際想起すべきことは、沖縄の半永久的な米軍への提供や、日本全土の米軍基地としての提供がいずれも天皇メッセージを契機として行われた疑いが濃いこと、しかもその天皇メッセージの背後には、極東軍事裁判からの免責や七三一部隊に対するハバロフスク裁判への出頭回避など、いずれも戦争犯罪責任追及からの回避という動機が伏在していた疑いが濃いことだ（豊下楢彦「吉田外交と天皇外交」『世界』九五年一一月号、拙稿「日本人は〈醜さ〉を克服できるか――〈沖縄裁判〉で問われるヤマトの過去・現在・未来」『状況と主体』九六年三月号など参照）。

明治の日本は「脱亜入欧」を掲げて、欧米帝国主義に追随してアジア侵略、「侵亜」の道を歩み出し、その結果は「大東亜戦争」によってアジア・太平洋地域に数千万の犠牲者を出した上での広島・長崎の惨劇であった。それにもかかわらずその後の日本は、アジア諸民族との関係を根本的に転換することなく、僅かに「脱亜入欧」を「脱亜入米」に修正して経済大国となり、いまは落ち目の超大国を「後方支援」する形で、今度は日米共同で「大東亜共栄圏」に覇権を広げようとしている。私が今度の「日米共同宣言」を日米共同の現代版「大東亜共栄圏」宣言と呼ぶゆえんだ。

しかし今日のアジア・太平洋地域は、一九〇五年段階とも一九四〇年段階とも大きく異なっている。「宣言」が認めざるをえないように、そこには自由・民主主義・人権・発展・繁栄を求める民衆の草の根運動が拡がっている。しかもそれらの運動の拡大は、「宣言」が傲慢に独断するように日米安保体制のお蔭ではなく、逆にそれに抗して行われている。したがって人々が本当に求めているのは、米・日の軍事力ではなく、まず平和であり、友人からの心のこもった私心のない援助だ。

ところが日本政府はそうした隣人たちの願いをよそに、「日米共同宣言」によって今後五―七年間にさらに膨大な軍事費を新たに背負い込もうとしている。なぜなら九五年度段階での米軍駐留費六四〇〇億円（「思いやり予算」を含めて米兵一人当たり一三〇〇万円以上）に加えて、沖縄の基地ころがし費一兆円、戦域ミサイル防衛（ＴＭＤ）費一兆円と、ざっと概算しただけでも五兆円から七兆円の金が自衛隊費以外に必要となるからだ。

もしこれだけの資金が、日本国憲法前文及び第九条を完全に実行するものとして、朝鮮民族をはじめとして日本が過去に侵略と戦争政策によって犠牲とした民族・人々への償い、基地依存経済からの転換を求める沖縄、せめて三度食事して子供を学校にやりたいと願っているアジアの貧しい家族への援助などとして使われるならば、それこそ「二一世紀に向けて」新しいアジアを生み出すことに大きく寄与することであろう。そう考えただけでも、今度の「日米共同宣言」がどれほど時代錯誤で愚かな宣言であるかがわかる。

私たちはいま、日米安保と憲法という本質的に相入れない二極を前にして、憲法か、日米安保か、という決定的な選択を迫られているのだ。

第Ⅲ章　対米軍事協力「新ガイドライン関連法」批判

「新ガイドライン関連法」が意味するもの

一九九九年六月

新しい日米防衛協力のための指針（ガイドライン）関連法は、一九九九年五月二四日に参議院本会議において、自民党、自由党、公明党などの賛成多数で可決成立しました。その新ガイドライン関連法が何を意味するのか、そしてそれが朝鮮半島の情勢とどう関わっているのかを考えていく必要があります。

戦後のアメリカの朝鮮政策

先日の一九九九年六月一二日（金）の夜と一四日（日）の夜の二回、ＮＨＫで「日本は北朝鮮とどう向きあうか」という特集番組が放送されました。この番組は朝鮮民主主義人民共和国（以下、北朝鮮）を誹謗中傷する内容のものでした。ＮＨＫがここまでひどく北朝鮮を敵視した番組を放映したことは、戦後五〇数年間になかったことでした。

この特集番組は、北朝鮮をサダム・フセインのイラク、ミロシェビッチのユーゴスラビアと同列視しながら、この国は信頼できない人たちが国づくりを行っており、信頼できない国で、核開発をしていてたいへん危険だという論調でした。イラクやユーゴスラビアへの爆撃も、マスコミを通じてこれらの国は独裁が行われているひどい国であるという宣伝を洪水のように流し、攻撃されても仕方がないという雰囲気をつくった後に、行われました。

このＮＨＫの番組は、アメリカがいつ北朝鮮を爆撃しても不思議ではなく、日本が「後方支援」と称してその爆撃に加わっても不思議ではないと思えるほどに北朝鮮を敵視した内容になっていました。逆に日本が過去に朝鮮に対して行った植民地支配とその清算や従軍慰安婦問題などについては、一言も触れられてはいませんでした。

この番組はＮＨＫが独自につくったものというよりも、政治的な意図のもとに制作されて、ＮＨＫが放映を強いられたものではないか、と私には思われます。

アメリカは五月のはじめまで、北朝鮮の金倉里の地下施設に核兵器が貯蔵されている「疑惑」があるといっていました。そして五月中旬に、アメリカ国務省派遣の調査団が現地を訪れ、その結果、地下坑はあったが核関連施設と疑われるようなものは何もなかったと発表しました。しかし、ＮＨＫ制作のこの番組は、そのアメリカ国務省の発表については一言もふれず、金倉里にふたたび核疑惑が生じたと何度も言っていました。核施設についての「疑惑」は言っても、「疑惑」がはれたということは言わないのです。

アメリカ国務省派遣の調査団が北朝鮮に行き金倉里には何もないことを発表したのち、五月二五日から二八日までペリー政策調整官（前アメリカ国防長官）が訪朝しました。

「疑惑」がないことが明らかになったのちに訪朝しているにもかかわらず、ＮＨＫの番組では、ペリー氏は核疑惑のある北朝鮮に対してアメリカがどのような態度をとるべきかを決めるために訪朝したと説明していました。

日本ではこのように北朝鮮を敵視する報道が連日なされている状況を、私たちはシッカリと認識しなければなりません。

アメリカは戦後五〇数年間、北朝鮮に対して敵視政策をとってきましたが、その間何度か北朝鮮に対する強硬姿勢を変えようとしたことがあります。例えば、ニクソン大統領のとき、アメリカが財政危機に陥ったこともあり、アジアから陸軍をひきあげ、海軍と空軍のみにしようとしたことがありました。朝鮮戦争のときに陸上軍に大きな損害をこうむったアメリカで、これ以上アメリカの若者を朝鮮で殺す必要はないという世論が高まったことが背景にありました。

さらにジミー・カーター大統領は、在韓米軍を全部撤退するという発言を行いました。このとき、在韓米軍の撤退を阻止しようとしたのが、日本政府と当時の韓国の軍事政権でした。朝鮮政策で強硬姿勢をとっていたアメリカが、在韓米軍撤退など平和政策をとろうとすると、逆に日本政府はこれを阻止するプレッシャーをかけました。このような政策を露骨に進めたのが当時の佐藤栄作内閣であり、その背後には岸信介元首相がいました。

岸、佐藤兄弟が、憲法九条を中心とする平和と民主主義、人権という戦後の憲法体制を完全にくつがえそうとする路線を引いた張本人です。その路線を学び受け継いだのが橋本龍太郎氏であり、橋本氏が首相として推薦したのが小渕恵三氏ということになります。このような路線が一九五〇年代後半、石橋内閣以後の日本の政治の主流になってきました。そもそも岸、佐藤内閣は誰がつくったのでしょうか。当時、石橋内閣を潰すために、アメリカCIAは多額の金をつぎ込んで、岸氏を首相にすえる工作を行いました。いまアメリカＣＩＡの文書が公開されて、弟の佐藤栄作氏がＣＩＡから資金を受け取ったときの領収書などの資料が出てきています。

一九九四年、朝鮮をめぐる情勢は非常に緊張しました。そのとき第二次朝鮮戦争を検討したのがペリー国防長官（当時）でした。彼は政策調整官という肩書で今回ピョンヤンを訪ねました。ペリー調整官が訪朝するのに際して、日本政府は「対話と抑止」が基本だといいながら、「拉致」された日本人のことを忘れないでくれ、ミサイル「テポドン」の問題を忘れないでくれといってペリー調整官を牽制しました。こうした日本政府の対北朝鮮政策と今度の新ガイドライン法は密接に絡んでいます。

新ガイドライン関連法の特徴

新ガイドライン関連法とは？

新ガイドライン関連法は、冷戦終結など国際情勢の変化から、日米両国が一九七八年の「日米防衛協力のための指針（ガイドライン）」を見直して、九七年九月に策定した「新ガイドライン」に基づいています。成立した関連法は、「周辺事態法」「改定日米物品役務相互提供協定（ＡＣＳＡ）」「改正自衛隊法」の三つです。

自衛隊法は日本の安全と平和のためにつくられたものであり、その目的は専守防衛、自衛だけであると定めてあります。しかし、今回の新ガイドライン関連法成立により、アメリカと一緒に戦争を進めるようになった自衛隊は、もはや日本を守ることを目的とする「自衛」隊ではありません。具体的には、「改正自衛隊法」で一〇〇条の八に「邦人・外国人の輸送の際の武器使用の承認」を追加しており、表面的には何も変わっていないように見えて、実は自衛隊は戦争のための軍隊となったのです。
アメリカも「国防総省」と称していますが、アメリカを攻撃する国は実際には何処にもありません。国防総省の実態は、「国防」ではなく戦争省だといえます。ドイツでは、第一次大戦以前は戦争省と戦争大臣が実際いましたが、いまはドイツも国防省といっています。日本は以前は陸軍省、海軍省といっていました。

旧ガイドラインは日本がソ連から武力攻撃をうけた場合の共同対処を中心にまとめていました。それに対して新ガイドラインは朝鮮半島での緊張をあおり、北朝鮮を敵視しながら、「周辺事態」という新しい概念を導入しました。ここで問題なのは、まず「周辺事態」といった場合の「周辺」とは何かということです。

一九六〇年に安保条約を議論した国会において、安保条約が適用される「極東の範囲」ということが大きな問題になりました。「極東」というのは、フィリピンよりも北であるとされ、台湾も入るとされていました。一九七二年に田中角栄首相（当時）が中国に行って日中共同声明を発表して以降、台湾は中国の一部であることを認めているにもかかわらず、「極東」に入るとしていたのです。

今回の周辺事態法についての論議では、「周辺」という概念が問題になりました。日本政府は、「周辺」は地理的概念ではなく、起こった事態を指す、したがって「周辺」を特定できないと言いました。

もう一つの問題は、「周辺事態」が起こったことを誰が判断するのかということです。周辺事態が起こったかどうかの判断は、そのときの状況によると政府は言っていますが、誰が判断するのかは言いません。

一九九九年三月二四日からはじまり、数か月続いた北大西洋条約機構（ＮＡＴＯ）軍によるユーゴスラビアへの爆撃は、「オルブライトの戦争」とヨーロッパでは呼ばれています。つまりアメリカのオルブライト国務長官がはじめた戦争だという意味です。

空爆がはじまる前、フランスのランブイエ（先進国首脳会議がはじまった場所）で、ユーゴスラビアのミロシェビッチ大統領、コソボ自治州のアルバニア系住民代表、さらにはアルバニア系武装組織コソボ解放軍（ＫＬＡ）代表、そしてＥＵ関連諸国、ＮＡＴＯ諸国が集まって、ユーゴスラビアの問題について議論をしていました。

議論を積み上げてきた段階で、アメリカからオルブライト国務長官がランブイエに来て、「ともかく戦争だ、爆撃だ、もう議論の余地はない」と言って、戦争をはじめたということです。

ユーゴスラビアに対する爆撃はＮＡＴＯの名のもとに実際はアメリカが決めました。アメリカの決定に対して、一九か国で構成されているＮＡＴＯ諸国は、一貫して反対していたギリシャを除いてアメリカに従いました。

本来ＮＡＴＯ憲章によれば、全構成員が一致しなければＮＡＴＯとしての決定はできないことになっています。アメリカは今回ＮＡＴＯ憲章を無視しました。ＮＡＴＯは構成国である一九か国のうちの一国ないし複数国に対する武力攻撃があった場合、全加盟国への攻撃とみなし、軍事行動を含めてただちに被攻撃国を支援するという集団的自衛のための軍事同盟です。しかし、ユーゴスラビアはＮＡＴＯの如何なる国も攻撃していません。したがって、ＮＡＴＯ憲章によって、ＮＡＴＯの集団的自衛権を発動する条件は何もありませんでした。

しかも今回国連の安保理事会のなかで、ユーゴスラビアへの爆撃に関連した議論はまったくなされていません。安保理事会にはかれば、当然ロシアと中国が反対するからです。安保理事会にもはからず、NATO憲章にも合致しないにもかかわらず、オルブライト米国務長官の「爆撃しろ」という一言でユーゴスラビアに対する爆撃がはじまったのです。アメリカに追随したヨーロッパ諸国も、決してその責任を免れることはできず、同罪です。しかし、実際にユーゴスラビア爆撃を主導し戦争を仕掛けたのはアメリカだと見なければなりません。

今度成立した周辺事態法における「周辺事態」は、ユーゴスラビア爆撃で明白になったように、アメリカが決めるのです。しかし、国会においては小渕内閣は一言もこれに言及していません。周辺事態法では、次のように規定されています。

「自衛隊の部隊等が実施する後方地域支援または後方地域捜索救助活動については、内閣総理大臣は、これらの対応措置の実施前に、これらの対応措置を実施することにつき国会の承認を得なければならない。ただし、緊急の必要がある場合には、国会の承認を得ないで当該後方地域支援または後方地域捜索救助活動を実施することができる」(第五条一項)

周辺事態の認定や基本計画は政府の判断に任されています。この判断が妥当であるかどうかは国会が判断しなければなりませんが、迅速性が求められる「周辺事態」ではほとんどが活動を実施したあとに承認を求める「事後承認」になると見られます。つまり緊急時の定義は不明確なままで、自衛隊は事前の国会承認なしに自由に活動ができるようになっています。

周辺事態法の本質

さらに注目しなければならないのは「目的」の箇所の文言です。

「そのまま放置すればわが国に対する直接の武力攻撃に至るおそれのある事態等わが国周辺の地域におけるわが国の平和および安全に重要な影響を与える事態に対応してわが国が実施する措置、その実施の手続きその他の必要な事項を定め、日本国とアメリカ合衆国との間の相互協力及び安全保障条約の効果的な運用に寄与し、わが国の平和及び安全の確保に資することを目的とする」（第一条）

自民党政府が準備した原案はこのようになっていませんでした。第一条の目的では、「わが国の平和及び安全の確保に資するためにこれを決める」としか書いてありませんでした。政府原案では、周辺有事は日本有事ではなく、自衛隊は出動できないという判断のもと、日本有事と周辺有事とのあいだに明確な一線を引いていました。その前提で政府原案では、日本が具体的に攻められるような日本有事の場合は、「共通の危険に対処する」日米安保条約第五条が適用されるとなっていました。

小沢一郎氏の自由党は、政府原案に対して、「そのまま放置すればわが国に対する直接の武力攻撃に至るおそれのある事態等わが国周辺の地域における」という文言を入れさせました。

小沢自由党案が入った周辺事態法では、「日本が武力攻撃を受けるおそれ」ではなく「日本に対する直接の武力攻撃に至るおそれ」を追加しました。つまり、小沢自由党案は周辺有事に際して、日本はアメリカと一緒に攻撃をすることができるとなっているのです。

たとえば、中東の国々でなんらかの不都合が生じ、石油が日本に供給されない場合、軍事的な脅威ではなくても経済的脅威が生じたという理由で、これを放置しておけばわが国の危険にかかわり、「武力攻撃に至るおそれ」が生じるというのです。このように拡大解釈していけば、地球上のどこに生じた問題にせよ、また日本に対する直接の武力攻撃がなくても、「武力攻撃に至るおそれ」のある事態ということで、日本の自衛隊が出動できるわけです。

周辺事態法では、他国の攻撃から日本を守るのではなくて、攻撃されなくても出動できるようになっているところが、自由党案によって修正された要の部分であることを押さえておかなければなりません。

周辺事態法とは、一言でいえば、小沢一郎氏がいみじくも言ったように、〝アメリカの戦争に日本が参加すること〟です。小沢氏は小渕首相をくりかえし批判して、そのことをきちんと国民に説明しなければならない、と言っています。中曾根内閣の官房長官であった後藤田正晴氏は、このような動きに危機感を抱き、『朝日新聞』で〝自衛隊は自衛に戻れ。そして日米関係は安保条約に戻れ〟と言っています。

新ガイドライン関連法は安保条約に基づいているにもかかわらず、〝安保条約に戻れ〟というのはどういうことでしょうか。

「改正自衛隊法」によって自衛隊ははっきりと変質しました。もはや自衛隊ではなくアメリカと一緒に攻撃する軍隊に変わってきたのです。専守防衛ではなく、海外派兵という言葉もあえて使う必要もなく、世界中どこへでも行くことができるようになりました。

ドイツは憲法において軍隊を持たない条項をすでに五〇年代、朝鮮戦争が終わったときになくしています。ドイツは再軍備を進めるにあたって徴兵制までとりました。しかし、日本はいまなお憲法第九条をもっています。どんなに憲法と実態とが離れていようとも、日本には憲法第九条があるために、軍事大国化の動きにつねに一定の歯止めがかかり、ドイツのように勝手に軍隊を展開することはできませんでした。

ドイツは、今回ユーゴスラビア爆撃に加わり、戦後初めて他国に対する武力行使を行いました。ドイツ社会民主党のシュレーダー首相は、ユーゴスラビアに対する爆撃について、NATO軍の一〇〇機の爆撃機のなかでドイツ軍機は一〇機で、しかも実際に爆撃を行ったのはそのなかの四機だと説明し、他国に対する武力行使を行ったことへの批判をかわそうとしています。しかし、戦後一貫して禁じていた他国に対する武力行使の封印を解いたことは、量や数の問題ではなく原則の問題です。実際に爆撃を行ったのは四機だから問題はないという理屈はなり立ちません。ドイツのシュレーダー首相はそのような言い訳をしながら、アメリカに追随して爆撃を行ったのです。

日本の場合には、憲法第九条があることにより他国に対する武力行使はまだ行っていません。しかし、周辺事態法の成立により、ユーゴスラビアと同じような事態がアジアで起こった場合、日本は第二次世界大戦の敗戦国であるドイツがすでに武力行使を行っているという先例をもって、人道援助などさまざまな理屈をつけて武力行使に加わることが考えられます。

ここで「後方支援」という問題がでてきます。後方支援の問題は自衛隊だけに関わることではなく、日本人の暮らしに直接関わってくることです。戦争への協力を求められた自治体の首長は、正当な理由があれば拒否できると政府は説明していますが、要求に応じることが最初から予定されているのです。したがって自治体が戦争体制のなかに自動的に組み込まれ、日本全土が米軍基地化されていきます。

いままで「沖縄のなかに基地があるのではなく、基地のなかに沖縄がある」といわれてきました。周辺事態法の成立によりさらに、「日本のなかに米軍基地があるのではなく、米軍基地のなかに日本がある」という状況に拡大されました。

今度のNATO軍によるユーゴスラビア爆撃は大きくわけると三つの地域から行われました。現場にもっとも近いのはイタリア北部のアビアノ基地からです。第二次世界大戦の最後の時期、イタリア民衆はバドリオ政権を自力で倒して反ナチ・反ヒトラー闘争を戦ったにもかかわらず、戦後、米軍はアビアノ基地を押さえて治外法権化しました。いわばイタリアの中の「オキナワ」です。それが現在も「NATO軍基地」という名目で使われて、今回、足の短い戦闘爆撃機がアビアノから出撃しました。二つめはドイツの基地で、さらに足の長い爆撃機がここから出撃しました。三つめはもっと足の長い爆撃機がアメリカ本国から出撃しました。レーダーに映らないといわれている三角形の長距離爆撃機ステルスはアメリカから往復三〇時間かけて出撃したということです。

こうした状況をみると、今日の戦争においては、前方、後方という区別は現実的にはないといえます。一つの戦争を行うためのさまざまな基地があるというだけの話です。爆撃目標から距離的に離れているかどうかの違いで、その距離にしたがって使われる武器が異なるだけなのです。

憲法第九条の蹂躙

周辺事態法の成立によって、憲法第九条は蹂躙されました。憲法第九条は第一項と第二項から成り立っています。

第二項は「陸海空軍その他の戦力は、これを保持しない。国の交戦権は、これを認めない」というものです。つまり陸海空軍はもちろん保持できず、さらに民兵のような「その他の戦力」も持つことはできないといっている。そして「国の交戦権はこれを認めない」と戦争ができないようにもう一度くぎを刺しました。ところが自衛隊は明らかにれっきとした「陸海空軍」で、「その他の戦力」以上のものです。自衛隊は軍隊そのものだといえます。自衛隊という軍隊の存在は「国の交戦権」を前提としています。したがって、第二項は自衛隊の存在によってすでに空洞化されているのです。

憲法第九条第一項は「国権の発動たる戦争と、武力による威嚇又は武力の行使は、国際紛争を解決する手段としては、永久にこれを放棄する」といっています。

これまでも自衛隊の海外派兵や武力行使はできない、自衛隊がＰＫＯとして機関銃一挺をもって海外に行くのは自衛なのかどうかといった議論が繰り返しなされてきたのも、第一項があるからです。

今回成立した周辺事態法でアメリカに対して日本が約束したことは、自衛隊が武力の発動をするということです。つまり「国際紛争を解決する手段として」、「武力による威嚇」または「武力の行使」を行うということなのです。ユーゴスラビアでＮＡＴＯが行ったことは、まさに「武力による威嚇」または「武力行使」であり、これと同じことが日本でも起き得るのです。

ランブイエ会議において、アメリカは「武力による威嚇」を行いながら、ユーゴスラビアのミロシェビッチ大統領に対して、コソボ自治州のユーゴスラビアからの分離独立を認めるよう恫喝を加えました。具体的には、コソボ自治州へのNATO軍の進出を認め、二年後にアルバニアに渡すことを求めました。これに対してユーゴスラビアは、コソボはセルビア固有の領土であるので譲ることはできないと拒否しました。その結果、NATOはユーゴスラビアへの爆撃を行うこととなりました。「武力による威嚇」または「武力の行使」によって「国際紛争を解決する」ことになったのですが、本来はコソボ自治州をめぐる問題は国際紛争ではなく、ユーゴスラビアの国内紛争であり国内問題です。

アメリカには先住民がいます。私は九八年の一二月にニューヨーク州北部に住むイロコイの人たち（人口約六万人）を訪ねましたが、イロコイ民族は独立を宣言して、国連に独立国家として認めるように要求していますが、アメリカが拒否しています。イロコイ民族は「国民」にパスポートを発行し、そこに行くとパスポートに立派なビザ印を押してくれます。

もしどこかの国がアメリカに対して、イロコイの人たちの分離独立を認めないのは人権侵害・人道問題ではないかといって、ワシントンやニューヨークを爆撃するとしたらアメリカは何と言うでしょうか。

アメリカは他国に対しては人権について声高に主張しますが、自国内の先住民族の人権を抑圧しています。日本も先住民族であるアイヌ民族の先住民族権を認めていません。日本やアメリカは自国内の問題を棚に上げて、ユーゴスラビアに対してアルバニア系の人たちの人権を守っていないといっていますが、どこの国でも少数民族問題を抱え、その人権をいかに保障し発展させるかを模索しているのが現状です。

そのような各国における努力をいっさい無視して、ユーゴスラビアに対して一方的な爆撃を行い、その後四月にその方式を「ＮＡＴＯの新戦略」と決めました。日本との関係で言えば、それがまさしく周辺事態法です。

日本では自衛隊の成立以来、憲法の枠組みをつぎつぎに壊して軍拡が進められてきましたが、周辺事態法はその破壊活動の最終段階で、ここまで憲法の理念と実態が背馳すると邪魔になってくるのは憲法第九条そのものです。もはや第九条の「解釈改憲」ではすまなくなってきています。

かりに今後行われる総選挙によって、自自公（自由民主党、自由党、公明党）が三分の二以上の議席をとるならば「改憲」を進めようとするでしょう。憲法第九条をなくすか、それができない場合は、国際貢献のためには自衛隊は海外に進出することが可能であるという条項を第九条の第三項としてつけくわえて、事実上第二項を無効にしてしまうことでしょう。

新ガイドライン関連法の背景

このような憲法改悪や軍事大国化の動きは、すべて朝鮮半島における「危険な情勢」を口実にして進められてきています。もちろんそれは口実であり、朝鮮半島に実際にその原因をなすものが存在するわけではありません。

一九六三年には自衛隊の軍人が「三矢作戦計画」なるものを作成しました。これは北朝鮮軍が三八度線を超えて南下してきた場合に、日本の自衛隊はどのように対処するかということを研究したものです。「三矢作戦」の存在は一九六五年当時に社会党が暴露し、日本政府が国会で謝る形で一応決着しました。

その後、一九七二年に沖縄返還協定が締結されました。表向きはいわゆる「核ぬき本土なみ」の沖縄返還ということになっていましたが、佐藤栄作首相（当時）は返還協定にサインをした隣の部屋で、ニクソン大統領と別の秘密協定にもサインをしていました。それは沖縄に「核持ち込みを自由にできる」とする秘密協定でした。この事実は佐藤氏自身が日記に書いて、いま本になって出版されています。

アメリカは朝鮮など極東有事に関連しても、核兵器の持ち込みについて日本と事前協議をしないと言い、日本側は、事前協議がなければ米軍が核兵器をどのように持ち込もうと関知せず、現実には核兵器の自由な持ち込みを認めるということになってきたのです。

しかし、それだけでは不十分だというので、一九七八年に自衛隊および外務省とアメリカの国防総省・国務省が会議をもち申し合わせたのが、「日米防衛協力のための指針＝旧ガイドライン」です。旧ガイドラインでも、平時・緊急時・日本有事・極東有事という四つの場合に、日本とアメリカが軍事的にどのように協力するのか、その場合に民間空港などをどのように使うことができるのか、という議論をすでに行っています。今回成立した新ガイドライン関連法で提起された内容は、すでに二〇年前からアメリカが日本に要求していたことなのです。しかし、当時の福田内閣は、旧ガイドラインについては、あくまでも研究にとどめ法律化することは待ってほしいと言っていました。

その後、ソ連・東欧社会主義が崩壊し冷戦が終結しました。一九九一年の湾岸戦争のとき、アメリカは日本に対して、冷戦が終わったのだから多国籍軍に加わるように言いました。当時の海部内閣はそれを断るかわりに、一三〇億ドルの戦争費用を提供しました。一三〇億ドルというのは湾岸戦争の戦費の七割に当たるそうです。ドイツもこのとき三三億ドルの戦費を提供し、初めてヨーロッパの「域外」に掃海艇を出しました。

冷戦終結後の朝鮮半島情勢

一九九〇年頃、アメリカはイラン、イラク問題に集中しており、東アジアの問題に関心を払っていませんでした。この間隙のなかで一九九〇年九月に、自民党の金丸信氏を団長として社会党の田辺誠氏などが自民党、社会党代表団を構成してピョンヤンに行き、朝鮮労働党と日朝国交正常化のための三党共同宣言（九月二八日）を発表しました。日朝国交正常化交渉は、翌年九一年一月から九二年一一月まで八回にわたって行われましたが、それ以降は中断して今日に至っています。

日朝国交正常化交渉の中断は、日本側が北朝鮮に対して「核疑惑」や大韓航空機爆破犯の女性の日本語教師だったとされた「李恩恵」など確たる根拠のない問題をもちだした結果でした。私が聞いたところでは、日朝外交交渉は進めないというのが日本の外務省の基本姿勢だということです。外務省は自民、社会両党代表団がピョンヤンにいって三党共同宣言を行ったので、交渉を一応進めるポーズはとりましたが、実際のところはまったく進めていく意思はなかったのです。

一方その間に、南北朝鮮の交渉は進みました。南北首相会談が五回行われ、五回目の一九九一年一二月には「南北間の和解と不可侵及び協力、交流に関する合意書」が作成され、さらに朝鮮半島に核兵器をおかないという「朝鮮半島の非核化に関する共同宣言」が合意されました。

すでに九一年九月一七日には、朝鮮民主主義人民共和国と大韓民国は同時に国連に加盟しています。本来、北朝鮮は、北と南の国連への同時加盟は、民族分断を国際的に承認することになるので、統一してから加盟するという主張でしたが、冷戦の終結という国際情勢の変化を考慮して政策を変更したのです。また翌九二年一月には、アメリカのブッシュ大統領が韓国に行って軍事演習「チーム・スピリット」を中止し、朝鮮半島に配備していた核兵器を全て引き上げると発言しました。

そのような動きのなかで、同月に、宮沢喜一首相が韓国の国会で従軍慰安婦問題について日本政府の関与をはじめて認めて公式に謝罪しました。

また、朝鮮民主主義人民共和国は核拡散防止条約（NPT）に基づく国際原子力機構（IAEA）の核査察協定を批准し、唯一ある原子力発電所を公開しました。さらに八月には、韓国と中国の国交が開かれました。一九九〇年から九二年までは、南北関係では「緊張緩和」の年だったといえます。

核疑惑から朝米一括合意へ

一九九三年に入ると、韓国では金泳三政権が生まれました。一般的にはこれまでの軍事政権とは異なり「文民政権」と位置づけられていました。またアメリカでは久しぶりにクリントン民主党政権が発足しました。共和党がタカ派的なイメージがあるのに対して、民主党はハト派のイメージがあります。

しかし第二次世界大戦以後、アメリカが行った大きな戦争はすべて民主党政権によってはじめられたことを思いおこす必要があります。朝鮮戦争をはじめたのはトルーマン大統領であり、ベトナム戦争をはじめたのも、キューバに侵略軍を送ったのもケネディ大統領であり、どちらも民主党政権でした。

そもそもケネディが民主党の大統領として当選したのは、共和党のアイゼンハワー政権がソ連に対して弱腰だ、もっと強くでるべきだという批判があるなかで、ソ連への強硬姿勢を主張したからでした。民主党はハト派、平和の政党であるわけではないのです。

アメリカの民主、共和両党は対外政策においては大きな違いはありません。むしろ民主党のほうが対外的にはタカ派であり強硬派であるともいえます。

イギリスにおいても、労働党のブレア政府がユーゴスラビアに地上軍を送ることを強く主張しました。国内では民主主義を主張し、国外には帝国主義的政策をとるというのがヨーロッパ社民の本質となっています。

朝鮮半島では、アメリカがクリントン民主党大統領になり、金泳三文民政権になってからのほうが南北間の緊張は増しました。九三年三月に軍事演習「チーム・スピリット」が再開され、その期間、北朝鮮は準戦時状態に入り、三月一二日にＮＰＴ（核拡散防止条約）からの脱退宣言を行いました。

南北間の緊張が高まった九三年六月、ニューヨークで朝米会談（第一ラウンド）が行われ、「朝米共同声明」が発表されました。

「共同声明」のなかで、核兵器を含む武力の威嚇・使用をしない保証、朝鮮半島を非核化し、お互いの自主権を尊重し内政に干渉しないこと、アメリカは朝鮮の平和統一を支持する、そのかわり北朝鮮はNPTから脱退するという意思表示を保留にする、という約束がなされました。

さらにNPTに北朝鮮が完全に同意するための話し合いを継続していこうと、会談はジュネーブで第二ラウンドに進みました。同年一一月に北朝鮮側から米朝核会談の行き詰まりを打開するために「一括妥結方式」が提起されました。一九五三年七月、朝鮮戦争の終結時に、北朝鮮とアメリカは停戦協定を結んだだけで平和条約を結んでいません。停戦協定の最後の項目には、この停戦協定が結ばれて以降三か月以内に平和協定を結ぶという約束があります。それから四〇年以上も経っているのに、依然として平和協定が結ばれていないのです。

北朝鮮の姜錫柱代表は、平和協定を結んで国交を樹立しよう、お互いに心をひらけば「核疑惑」などはおこらないという一括妥結提案を行いました。しかしアメリカはそれに応じようとしませんでした。そこで話し合いは年を越して、九四年二月二五日に米朝ニューヨーク接触合意文が発表されました。その内容は、米韓合同軍事演習「チーム・スピリット」の中止、IAEA（国際原子力機関）の特別査察の実施、南北特使交換のための実務接触開始、米朝会談第三ラウンドのジュネーブでの開始の合意でした。

北朝鮮のねばり強い外交によって米朝間に好ましい情勢が醸し出されようとしたとき、日本の警察は在日本朝鮮人総連合会の京都府本部と大阪府本部を、「違法行為」を行っているという理由で強制捜査を行いました。その後すさまじい反北朝鮮宣伝がマスコミを通して行われ、朝鮮人学校に通う女子学生が通学途中で制服のチマ・チョゴリを切られたり、暴行を受けるなどの迫害が起こるようになりました。

緊張した情勢が頂点に達した同年五月一八日、クリントン大統領はペリー国防長官に〝北朝鮮攻撃検討指令〟を出しました。

アメリカ国防総省は、その指令を受けて北朝鮮を軍事的に潰すための「作戦計画五〇二七」をつくりました。そして実際に北朝鮮を攻撃した場合のシミュレーションを行ったところ、最初の九〇日間で北朝鮮を軍事的に潰せるかもしれないが、その一方で、米軍の死傷者五二〇〇〇人（在韓米軍が全部死傷する数）となり、戦費が六一〇億ドルかかるという結果が出ました。また韓国には原子力発電所があり戦争になると、チェルノブイリのような悲惨な状況が各地に起こることになります。さらにアメリカがシミュレーションしたように戦争が一か月で終わったとしても、その復興には一兆ドル＝一二〇兆円かかるという報告が出てきたわけです。

五月二〇日、クリントン大統領はこれではとても戦争ができないという結論を出しました。戦争ができないとなると、平和的に話し合うしかなく、カーター元大統領がピョンヤンに行くことになりました。カーター元大統領が九四年六月にピョンヤンに着いた日に、北朝鮮はＩＡＥＡを脱退すると言明し、それに対して制裁をするならば、宣戦布告せざるをえないと述べていました。そうした一触即発の状況のなかで、金日成主席とカーター元大統領との歴史的会談が行われて情勢は好転しました。そして南北トップ会談を進めていくという方向にまで急転し、六月二八日に南北首脳会談合意書が交換されました。

ところが残念なことに、カーター氏との会談を行い、きびしい状況を一挙に好転させた金日成主席が七月八日に急逝しました。

金日成主席の死後、緊張が以前よりひどくなってきましたが、アメリカは北朝鮮との戦争はできないという結論が出ているなかで和解する以外に道はなく、一〇月二一日にジュネーブでの米朝会談で「米朝基本合意文」に調印しました。

アメリカが言いがかりをつける「核疑惑」の原因となっているのが北朝鮮にある原子力発電所でした。その原子力発電所はソ連型のもので、黒鉛減速原子炉の炉心を交換するときに、核兵器をつくることができる若干のプルトニウムが抽出されるということなので、「基本合意文」では、これを凍結して、二〇〇三年までにアメリカの軽水炉型の原子力発電所をつくるとしています。アメリカは新しい原子力発電所をつくるまでは、それまでのものは使わないでほしいといいました。北朝鮮からすれば、原子力発電所を使わないのはよいとしても、その間どのようにしてその分の電気をつくるのかという問題があります。アメリカはそれに対して、火力発電のために必要な五〇万トンの重油を毎年供給することを約束しました。それで北朝鮮も承諾し「合意」が結ばれたのです。

「合意文」の第一項目は、「核疑惑」をなくすこと、第二項目は、双方の政治及び経済関係の完全な正常化を行うことでした。「疑惑」が生じるのは、お互いに普通の友だちづきあいをしていないからで、普通の友だちづきあいをしましょうと約束したのです。

その他にも、双方が朝鮮半島の非核化、平和と安全のために、また国際的な核拡散防止体制を強化するために共同で努力することなどの内容となっています。

そのためにまず米朝双方に連絡事務所をおき、その後大使館をおくということも合意しました。アメリカは北朝鮮を敵性国家とみなしており、アメリカのつくったものはいっさい北朝鮮には売らないようになっています。アメリカにとって北朝鮮はキューバと同様、「経済制裁」を行っている国です。しかしこの「合意文」では、北朝鮮でつくったものをアメリカがいっさい買わないという制裁を解除することをアメリカは約束しました。前年に北朝鮮が提案した停戦協定を平和協定に変える問題も、国交が回復するならば当然可能なことになります。

米朝間にこのような流れができたにもかかわらず、朝鮮問題はなぜ解決されないのでしょうか。原因の一つは、韓国の金泳三政権と日本政府がこれに一貫して反対したからです。

金日成主席とカーター元大統領との会談を通じて南北首脳会談の実現に向けて進展がありました。これについて金泳三大統領は、一旦は承諾していながら、その後、金日成主席が亡くなったので南北首脳会談はできないと撤回しました。

このように米朝関係でつくった合意を日本と韓国が壊していくのです。もっともアメリカも北朝鮮との関係をきちんとしていくつもりはありません。アメリカは、北朝鮮に対して正常な関係をもとうと努力しているような姿だけをみせ、正常な関係が現実にできようとすると後退していきます。

一九九四年一〇月に調印された朝鮮半島の核問題の全面的解決に関する歴史的な米朝間の基本合意文に基づいて、朝鮮半島エネルギー開発機構（ＫＥＤＯ＝The Korean Peninsula Energy Development Organization）がつくられました。これはアメリカと韓国、日本が中心になり、韓国と日本が資金の大部分を出資し、北朝鮮にアメリカの軽水炉型原発を建設することを目的にしたものでした。軽水炉建設の起工式は行われましたが、その後日本と韓国はお金をださず実際にはまだ建設されていません。

アメリカは五〇万トンの重油を毎年北朝鮮に送ると約束しましたが、アメリカ議会は重油の提供を拒否していません。日・米・韓は約束はしても履行していないのです。

一九九五年三月当時、日本政府は自民党・社会党・さきがけの連合政権でした。朝鮮問題に関しては、社会党がプッシュすると自民党がついてくるという状況でした。自民党・社会党・さきがけ代表団からなる日本の連立与党の代表団が訪朝し、朝鮮労働党とのあいだに日朝会談再開のための四党合意書をとりかわしました。北朝鮮側から金容淳氏、日本側から自民党の渡辺美智雄氏、さきがけの鳩山由紀夫氏、社会党の久保亘氏が代表して協議を行い、日本と朝鮮の早期国交正常化を進めていくという合意をみました。

四党合意書が結ばれた直後に、外務省の当該関係の担当者にたまたま会う機会があり、合意書が結ばれてよかったと感想を述べると、「合意書のとおりにはすすみませんよ」という答えが返ってきてびっくりしたことがあります。政府を構成している三党の代表が約束したのだから進むのではないかと反論すると、いくら与党が決めたからといっても、外務省としてはそうはいかないのだ、と言っていました。実際、その後の経過をみると、彼の言った通りになっています。日本政府には真剣に北朝鮮との国交を正常化するつもりがないのです。

日本政府はアメリカ以上に北朝鮮との国交正常化は望ましくないと考えています。なぜならば、北朝鮮との国交を正常化するためには、第一に過去に行った日本の朝鮮に対する植民地支配を謝らなくてはならず、第二に、植民地支配に対する補償をしなければならないからです。国交正常化のための前提条件があるので、外務省はこれを進めたくないというのが本音のようです。

北朝鮮に対して過去の植民地支配を謝罪し補償するとなると、すでに解決ずみとなっている韓国との関係でも同じ問題が浮上する可能性があるので、外務省は困るのでしょう。また、日朝の国交が正常化され、朝鮮半島が緊張緩和の方向に向かえば、沖縄の膨大な米軍基地や三万人もの海兵隊の存在について疑問がだされるといった問題が生じます。さらに韓国における在韓米軍も何のために存在するのかという声があがってくるでしょう。

「北朝鮮の危険性」を口実とした日米軍事同盟強化

一九九五年にアメリカ国防総省は「東アジア戦略報告」で、アジア・太平洋地域における米軍一〇万人体制の維持を言明しました。

アジア、太平洋地域における一〇万人の米軍の主な常駐地域は、沖縄、韓国です。在日米軍といっても、本土には横田・厚木・岩国基地に展開しているくらいで、あとは艦船になります。たとえば、横須賀にはいってくる航空母艦には、四〇〇〇人あるいはそれ以上が乗っています。問題になった逗子の米軍住宅は、その家族のためのものです。そのほかの米軍の大部分は沖縄と韓国に存在しているのです。

これらの基地はいかなる理由で存在するのでしょうか。米軍基地はアジア・太平洋地域の平和と安全のために存在する、と九六年四月の橋本・クリントン共同声明ではうたっています。そして基地の存在を戦争協力へと進めるために新ガイドラインと周辺事態法ができてきました。以前のようなガイドラインの研究だけにとどまるのではなく、法制化しなくてはならないというので、周辺事態法の成立にいたったのです。

周辺事態法を成立させるためには、それをうけいれる世論が醸成されなければなりません。そこで日本政府は〝北朝鮮がミサイルを発射した〟、〝不審船が日本のまわりにいる〟と声高に叫んだのです。ガイドラインを法制化するために中国を利用することができないので、北朝鮮に攻撃の矛先を向けています。

前自民党幹事長の加藤紘一氏は中国に行って、周辺事態法は台湾・中国を想定したものではなく、北朝鮮を想定したものだとわざわざ弁明しました。また民主党の代表も中国に行って同じように弁明しています。ガイドライン関連法は、まさに北朝鮮の脅威を口実にして雰囲気づくりがなされるなかで成立しました。

私は九八年一〇月から九九年三月末まで、ドイツの大学で教鞭をとっていましたので、ドイツの「赤緑政権」（ドイツ社会民主党と緑の党との連合政権のこと）が生まれてきたときの様子を見てきました。この政権について当初は、福祉政策や労働政策が優れていると見ていました。その政策の中心を担っていたのが、左派を代表してドイツ社民党の党首をしていたラフォンテーヌでした。彼は連合政権の蔵相でした。

しかし、ラフォンテーヌは三月一〇日に突然辞任しました。彼が辞めるという情報はニューヨークのウォール街から流れたと言われています。彼が辞任した夜、ドイツ工業クラブや経営者団体連盟の役員が祝杯をあげ、これでようやくシュレーダーと一緒にやっていけると歓迎したということです。

ラフォンテーヌ自身は辞任の理由については何も説明しませんでしたが、私が知人のドイツ人に辞任の理由を聞いたところ、生命の危険があるような脅迫だと言いました。ラフォンテーヌは九〇年の総選挙の際に首相候補として立候補し、ある女性から短刀で刺されました。その背景はいまなお明らかにされていませんが、ドイツではいまなおテロルの恐怖があるのです。

結局、ラフォンテーヌが辞任し、シュレーダー首相が党首になるという変化を通して、ドイツとアメリカの財界は救われ、さらにユーゴ爆撃が可能となりました。しかし、その過程で「赤緑政権」は変質したのです。

日本に戻ってからも、NATOによるユーゴ爆撃、とりわけドイツの動向については注目してきました。NATOによるユーゴスラビアへの爆撃にドイツは巻き込まれてしまったという意見もあります。しかし、ユーゴスラビアの解体からもっとも大きな利益を得ているのはドイツであるといえます。旧ユーゴスラビアのアドリア海側の海岸地帯は、リゾート地帯でもあり中近東からの石油の中継基地でもあり、ドイツ資本にとってこの地を確保することは大きな権益にかかわることです。

NATO軍によるユーゴスラビア爆撃について、戦争を主導したのはアメリカであり、この爆撃から利益を得るのはドイツだとヨーロッパの人たちは見ています。決してドイツが心ならずもNATOの爆撃に巻き込まれてしまったというわけではありません。ドイツは巻き込まれたふりをしながら、現実にはアメリカと一緒に、バルカン半島の利権を狙っているのです。

日本の場合にも、ドイツ資本同様に、アメリカと一緒になって日本独自の権益を追求しているので、決して日本の政府や企業はアメリカに巻き込まれていやいや新ガイドラインを策定し、新ガイドライン関連法を成立させたのではありません。今日、日本の利権はアジア全体に広がっています。したがって周辺事態法によって、自衛隊は日本を守るということだけではなく、アジア全体に広がった日本の大企業の権益を守ることが実際の目的であることが明白になってきました。

アメリカだけでなく、日本もドイツも自国の資本の権益を守るために戦争準備を進めています。アメリカはイギリスとともにアングロサクソンを中心とし、これに日本やドイツも加えて新しい世界支配体制をつくってきています。

このような体制に対しては当然、中国やロシアは反対し、朝鮮民主主義人民共和国も反対しています。世界の舞台でアメリカ中心の世界支配体制に反対するのは国連です。国連の安全保障理事会のなかでロシアと中国は常任理事国として拒否権をもっており、アメリカの言う通りにはなりません。それで今回のユーゴ爆撃について、アメリカは国連をバイパスしました。しかし、アメリカが国連をバイパスしたのは今度がはじめてではなく、すでに九五年のボスニア問題のときにも、国連を通さずセルビア勢力を爆撃しました。現在、ロシアと中国を無視してアメリカが世界の一極支配体制を強制する構図がつくられつつあります。しかし、日本とドイツがこの体制を拒否するならば、アメリカは一国で世界を支配するだけの力はありません。日本とドイツ、イギリスと一緒になることによってはじめて、アメリカはやりたい放題の戦争ができるのです。

アメリカも日本も朝鮮半島の情勢が緊張していることをたえず口実にして、新しい軍事体制をつくってきました。しかし、この軍事体制は弱さをもっています。日本では周辺事態法などの法律はできましたが、これだけではまだ実際に全面的に戦争を展開することはできません。

アメリカは朝鮮戦争のときに使用した兵器の七六%を日本で調達し、ベトナム戦争のときにも日本は兵站基地として大きな役割を果たしました。アジア・太平洋地域で有事が起きた際には、日本は兵器庫・兵站基地として、重要な役割を果たすのです。

そこで必要になってくるのが有事立法です。有事立法は端的にいうならば憲法停止を可能にする法律です。現行の法律によると、戦車が公道を走っているとき赤信号であるならば止まらなくてはいけません。周辺事態法により、地方公共団体は政府の要請によって空港および港湾などを提供する義務があるといっても、憲法がある以上は憲法を守らなければなりません。したがって、有事の際に新ガイドライン関連法を有効に適用するためには、憲法を停止しなければならなくなります。そこででてくるのが有事立法です。有事立法により憲法を停止し、さらには憲法を改悪しようとすることでしょう。

今日、アメリカは全世界的な支配体制をつくりましたが、この体制は永遠に続くものではありません。ロシアや中国が今後どのように対応していくのかを注視しながら、日本がアメリカに対してはっきり「ノー」と言うことが大事なときにきています。

冷戦時代にはアメリカとソ連の二大国が世界を動かしていました。当時日本の保守政治は、アメリカに追随していれば、世界情勢にどのように対応していくのかを自分で判断しなくてもよいという面がありました。しかし冷戦後の現在、日本は決してカヤの外にいるのではなく、世界の動きに対して常に主体的にかかわっています。

日本はいま大企業の利益を追求するために戦争策動を強めています。それに対して国民の側から「ノー」という大きな護憲・平和の運動をつくらなければならないときだと思います。

対米軍事協力「新ガイドライン」法案の背景と実態

――九八年参議院議員選挙を前にして

一九九八年六月

橋本内閣は、「日米防衛協力のための指針」、つまりアメリカの軍事行動に対する日本の協力を規定した「新ガイドライン」を実行するための「周辺事態法案」「自衛隊改正案」などの関連法案を、九八年四月二八日に連立与党・社民党の反対も押し切って閣議決定し、国会に提出した。九八年春の国会では連立与党で合意した法案の成立を先行させ、ガイドライン関連法案は提出されたままの状態で、審議に至っていないが、自民党は参議院議員選挙への影響を慮って、選挙後の国会に審議を先送りしたものであろう。

結論を先に言えば、私は「新ガイドライン」とその関連法案ほど愚劣にして危険な「火遊び」はないと思う。それにしても何故これほど愚劣にして危険な「火遊び」法案が国会に出されることとなったのか。まず専門家の見方を聞こう。前田寿夫・元防衛庁防衛研修所第一研究室長は次のように見ている。

「一九八〇年末から九〇年代はじめにかけて、冷戦が終結し、ソ連邦が崩壊したとき、日本国民の多くは、米軍は早晩、日本から引き揚げていくものと考えました。もともと日米安保条約は〈ソ連の脅威〉に対抗する目的で結ばれたものですから、そう考えるのが当然です。しかし米国は、ソ連邦消滅後も〈唯一の軍事超大国〉として、引き続き軍事的影響力を全世界に及ぼす戦略を採用しました。そのためには、日本の基地は手放せないし、日本の軍事的・経済的支援も欲しい。

そこで米国は、安保条約の趣旨を勝手に変更して、日米安保は〈ソ連の脅威〉から日本を守っただけでなく、アジア・太平洋地域の安全を守る役割を果たしてきた、だからこの地域の安定のためには、今後とも日米安保体制を強化することが必要だし、それは日本の安全保障にも役立つ、と主張するようになりました。これが〈日米安保の再定義〉です。この考え方は、国連安保理常任理事国入りを狙って、国際的に日本の軍事的役割を拡大したいと考えてきた外務省や、〈ソ連の脅威〉が消滅して自衛隊の存在理由の説明に苦しんでいた防衛庁にとって、渡りに舟でした。

こうして日米両国政府の思惑が合致した結果、日本は急速に米国の世界戦略にのめり込んでいきました。その産物が九六年四月の〈日米安保共同宣言〉と、それに基づいて作成された九七年九月の〈新・日米防衛協力の指針〉（新ガイドライン）です。これによって、日本が二一世紀にかけて、米国の世界的軍事介入作戦の片棒を担ぐための青写真ができあがったのです」（前田寿夫「再び〈新ガイドライン〉を糺す」『軍縮問題資料』一九九八年七月号）。

さすがに専門家で、冷戦が終結し、「ソ連の脅威」が消えたのに、なぜ日米安保体制と自衛隊・在日米軍基地が逆に強化されて、ついに「米国の世界的軍事介入作戦の片棒を担ぐ」ための「有事法案」の提出にまで至ったのか、という一般の疑問に対して、その経過と動機を実に的確に、しかもわかりやすく説明している。

しかし前田寿夫氏だけではない。防衛庁官房長であった竹岡勝美氏は、「日米安保は不磨の大典か」と問いながら、「新ガイドライン」と有事法案の考え方が如何に不合理で非道なものであるかを、次のように指摘している。

「冷戦後の現在、周辺隣国のどの国が、どのような国益や名分があって対日侵略を企画するのか、軍事専門家でも答えられまい。現在の自衛隊の下で、見通し得る将来、日本は米軍の庇護がなくても安全と私考する。（中略）

新ガイドラインでも〈日本に対する武力攻撃に際しての共同対処行動等は、引きつづき日米防衛協力の中核的要素である〉と規定しているが、政府は防衛当局に〈日本に対する武力攻撃〉とは一体何か、徹底的に聞き質して頂きたい。これが日米安保や新ガイドライン存否の鍵である」（竹岡勝美「再び戦禍を招かぬか――〈新ガイドラインへの懸念〉」『軍縮問題資料』九八年六月号）。

＊

前田氏も竹岡氏も防衛庁の「高官」であった人だ。つまり二人とも自衛隊と日米安保条約を認めていた人だ。そのような防衛庁元高官が、いま新ガイドラインと有事法案に危惧・批判を表明するのは、「安保再定義」以後の動きは明らかに日米安保条約をも踏み越えた、とみるからだ。

例えば竹岡氏は次のように書いている。

「日米安保条約は、日本有事の際の米軍支援の代償として、日本は極東における米軍の軍事行動に基地の使用を許した。この場合にも日本の後方支援の義務は一切なく、むしろ、日本が戦争に巻き込まれぬために、事前協議を米国に課したほどであった」

「事前協議」は事実上空文化し、米軍は在日基地から「日本防衛」も「極東の範囲」も越えた出撃を行ってきたが、しかし日本に後方支援の義務はなかったことは確かなことだ。だから米軍が本来負担すべき費用の日本政府による肩代わりが「思いやり予算」と呼ばれもしたのだが、今度は日本の「共同・協力」が義務化される。だから防衛庁出身のこの二人の専門家の懸念はもっともだ。「指針」の表題は「日米防衛協力のための」となってはいるが、その中身は日本の防衛とは関係のない米軍の軍事行動に対する日本の「共同・協力」関係を盛り込むものにほかならないからだ。

ではこれほどの本質的な転換は、誰によって主導されたのか。いくつかの資料を見ると、アメリカの官僚たちの強引さと傲慢さ、それに対する日本の官僚・マスコミの卑屈と無気力が目立つ。

まず、アメリカ側でガイドライン見直し作業の中心人物だと言われるカート・キャンベル国防次官補代理のいくつかのインタビューを総合してみると、アメリカ側が「安保再定義」から新ガイドライン策定へと動いた基本的な動機は、冷戦の終結以後日米安保条約の必要性が薄れて、双方に不信感が生まれつつあり、それが「湾岸戦争で日米間の協力ができなかった事実」や、「九三年から九四年の朝鮮半島危機」として具体的に現れたことだったという。

しかしこの見方は、キャンベル国防次官補代理だけではなく、「米外交問題評議会・研究グループの報告――日米安全保障同盟への提言」（『論座』九八年五月号）中の次のような記述を見ると、アメリカ側では共通の見方であることがわかる。

「ガイドライン見直しは、いくつかの問題意識に端を発していた。まず、九〇年代の湾岸危機への対応をめぐって、日米は適切な政策調整を行えなかった。日本は多国籍軍にかなりの規模の財政支援を行ったが、人的支援と物的支援は明らかに不十分だった。また、九三年から九四年にかけての朝鮮民主主義人民共和国（北朝鮮）の核疑惑をめぐっても日米両国は政策調整に失敗し、半島における安全保障上の緊急事態の際に日本が行う後方支援をめぐって深刻な疑問を生じさせることになった。これら二つの事例における問題の一部は、いずれも七八年度版ガイドラインの曖昧さから派生していた。このガイドラインでは、地域的安全保障の維持をめぐって米国がどの程度、日本の支援を期待できるかが判然としなかったのである。最後の問題は、九六年四月の東京における日米首脳会談直前に行われた世論調査で、日米安保への日本国民の支持率が低下の一途をたどっていることが明らかになったことである」

つまり一言で言えば、冷戦終結後、日本は日米安保を必要としなくなって、米軍の行動への協力を十分にしなくなったようなので、この辺で「安保のタガ」を締めなおす必要を感じた、ということであろう。

とくに「明白な脅威が存在しない以上、同盟協力関係の弱点を補強する対応策をとらなければ、同盟は内在あるいは外在する危機に対応できないほどに極端に弱体化するか、ともすれば崩壊してしまう危険がある」という記述を見ると、アメリカ側が日米安保体制を意外に脆い関係だと見ていることがわかる。そしてだからこそ、「米国にとって死活的重要性をもつこの安保関係が、さまざまなリスクを抱え込んでいる以上、同盟を迅速かつ慎重に強化し、より柔軟なものへと作り替えるべきである」ということになる。

ところでアメリカ側が日米安保関係を「米国にとって死活的重要性をもつ」と見るのは、単に軍事行動への協力問題だけではない。それと同様、あるいはそれ以上に大きな意味を持つのは、経済問題であろう。具体的に言えば、アメリカ国防省文書が度々指摘しているように、日本ほど気前よく米軍費用の肩代わりをしてくれる国はないということだ。

だから「日米安全保障同盟への提言」はこの点について次のように述べている。

「日本は現在、六ヵ年駐留経費負担の合意に基づき、在日米軍に対し年間約五十億ドル、総額二百九十億ドルの駐留経費を負担している。（中略）だが駐留経費問題は、現在の合意が切れる二〇〇一年になればまた浮上してくるだろう。同盟強化の一環として、（装備コストと軍人の給与を除外すれば）日本政府が在日米軍の基地その他の実際的な経費のすべてを負担するのは理にかなっている。日本政府が、ＳＡＣＯの提案した沖縄の普天間基地の移転を含む勧告を実施することもまた不可欠である」

「日米安全保障同盟への提言」はさらに、「同盟強化策の一環として、兵器調達をどう取り扱うかという点」についても、「ＴＭＤ（戦域ミサイル防衛体制）は恰好のテストケースである」として次のように述べている。

「米国は、ＴＭＤ開発の最前線に日本が参加し、研究開発コストに投資し、このシステムをいずれ購入することへの何らかの約束を求めている」

＊

何とも「ムシのいい」希望ばかりだが、もちろん「ムシのいい」希望を並べるのはアメリカ側の自由だ。問題はそのアメリカ側の「ムシのいい」希望を、日本の政治家や官僚たちが唯々諾々、あるいは嬉々として受け入れることだ。

例えば新ガイドライン策定の日本側の中心として交渉に当たったという田中均・外務省北米審議官は、外務省のPR雑誌『外交フォーラム』(九七年一二月号)の座談会で述べている。

「従来は、日本の防衛はともかく、周りで何かが起こっても、外国の戦争に巻き込まれるから日本の役割は規定しない方がいい、という議論がありました。ところが二一世紀の国際関係を考えると、この地域の安全保障問題について、日本がそれなりの考え方を持っていないと、同盟関係は成り立たないわけです。日米で安全保障に関する協議を活発化し、新しいガイドラインのもとで実効的な安全保障体制をつくることによって、日本の主張、考え方を主体的に日米同盟関係の中に反映させる状況になっている。それが今回のガイドラインの最大の意義だと思っています」

田中審議官はいかにも能吏らしく、本質的な点には触れずにスラリと言い抜けているが、そもそも新ガイドラインの策定が「日本の主張、考え方を主体的に日米同盟関係の中に反映させる」ために日本側から言いだしたものではなく、湾岸戦争や北朝鮮の核疑惑問題での日本側の協力に不満を感じたアメリカ側が、日本をいっそう強くアメリカ側に繋ぎ止めるために言い出したものであることは、すでに紹介したように、アメリカ側が公然と語っている。

またそのアメリカ側の「有識者」を取材した伊奈久喜・日本経済新聞論説委員は、同誌に掲載したキャンベル国防次官補代理とのインタビューで、ガイドライン別表に日本が米軍に協力すべき事項を四〇項目も書き込んだキャンベル国防次官補代理が、「新指針はきわめて専門的な内容で、アメリカの一般国民の間では関心は高くない」と述べたことに何の疑いも持たずに、法整備を必要としないアメリカではそれでよいが、「法整備に取り組む日本の場合には、エリートの議論を一般国民にまで拡大する必要がある」と述べている。

アメリカ側が策定したガイドラインを鵜呑みにした日本の官僚たちを「エリート」と呼ぶ神経にも呆れるが、さらにその上にこの新聞記者は、「政党レベルでは社民党の一部と共産党を除けば、新指針に全面的に反対する勢力はない」が、「三七年前に比べ、国民が無知になったわけでもなく、政府が抑圧的になったわけでもないとすれば、これは理解の広がりと見るべきなのだろう」と楽観している。

しかし冒頭で紹介した元防衛庁高官の発言に見られるように、新ガイドラインとその関係法案に対しては、「理解の広がり」どころか、疑惑の広がりが見られるのではないだろうか。

日米両政府ともに口先では「憲法の枠内」でとは言うものの、自衛隊の存在そのものがすでに憲法第九条第二項の枠外であり、さらにそれが米軍と一体化して軍事行動を行うことは、とうてい「憲法の枠内」で行えることではない。それは憲法第九条をこれまで以上に有名無実化することであると同時に、現行の日米安保条約の事実上の破棄・改変にほかならない。

そうであるだけに、新ガイドラインとその関連法案、つまり対米軍事協力法案こそは、七月の参議院議員選挙の中心的な争点となるべきものだ。二一世紀の日本が、過去の侵略と戦争への反省から生まれた憲法第九条をいまこそ生かして、独自の立場から非核・非武装・平和を目指す新しい日本としてアジアの発展に寄与するか、それとも「唯一の超大国」として世界を睥睨《へいげい》して軍事的介入を繰り返すアメリカ親分の三下奴の役割を嬉々として果たすかの岐路に、いま日本は立っているので、そこまで腐敗した日米安保を、一体この先いつまで引きずるのかが問われるべきときだ。

第Ⅳ章　第九条をめぐるトピックス

マッカーサー元帥の第九条国際化論

一九九五年五月

朝鮮戦争の中で日本の再軍備がすすめられ、第九条との矛盾に窮した自民党政府が、第九条はマッカーサー（占領軍）が押しつけたものだという「押しつけ」論を論証させるために、一九五六年に設置した「憲法調査会」（会長・高柳賢三・東大教授）が、六年間の調査の結果、第九条の発案者は幣原喜重郎首相だった、という結論に達して「第九条押しつけ」論が雲散霧消してしまったことは、〝知る人ぞ知る〟ことなので、私も最近刊行した本の中に書きとめておいた（『軍隊で平和は築けるか』社会評論社、三七頁）。

もちろん幣原喜重郎首相が発案したとしても、当時の最高権力者であったマッカーサー将軍が受け入れなければ第九条は実現しなかったわけで、だから憲法学者の山内敏弘・古川純両氏が主張するように、幣原・マッカーサー合作説（『戦争と平和』岩波書店、一九九三年、一一三頁）の方がいっそう正確だと言うべきかもしれない。

ところで、その際もう一つ忘れてならないことは、戦争放棄・非武装という幣原喜重郎首相の発案を受け入れたとされるマッカーサー将軍が、「マッカーサー・ノート」でその条文化を指示しただけでなく、その後日本の再軍備が進行する中でも、幣原首相以上に第九条を再三にわたって積極的に擁護していたことだ。

高柳賢三・憲法調査会会長の著書（『天皇・憲法第九条』有紀書房、一九六三年）によれば、マッカーサーは第九条を公式の席で少なくとも三度、積極的に擁護した。一回目は一九四六年四月五日の対日理事会での演説、二回目は一九五一年五月五日のアメリカ上院軍事外交委員会での証言、三回目は一九五五年一月二七日にアメリカ在郷軍人会ロス・アンジェルス郡評議会主催の市民正餐会で行った演説。いずれの演説でもマッカーサーは第九条を「同時的かつ普遍的に」国際化しなければならないと主張し、特に上院での証言では、アメリカ政府が日本国憲法第九条の国際化を国連で率先して提案し、「四つか五つの大国が範を示すなら、他のどの国もこれに反対するわけにはいかないであろう」と主張した。

いま、オーバービー・オハイオ大学名誉教授がアメリカで「第九条の会」を組織して熱心に活動しているが、アメリカ「第九条の会」の先駆者はマッカーサー元帥だった、と言うべきなのかもしれない。

アメリカに安保条約を提案したのは昭和天皇だった、という重大な疑惑

一九九五年一一月

一九九五年一一月四日に首相官邸で、大田昌秀沖縄県知事と村山富市首相との間で沖縄米軍基地問題をめぐって四時間にわたる会談が行われました。その後各メディアはこの会談を、まるで大田知事に代わって村山首相が反戦地主所有地強制使用のための「代理署名」を行うためのセレモニーであったかのように報じていますが、これはとんでもない見方です。

一九四五年の沖縄戦から考えても、沖縄の米軍占領と基地問題は、ゆうに半世紀を越えています。一九七二年の「沖縄返還」にあたって佐藤内閣は、基地の「核抜き、本土なみ」を約束し、佐藤首相はそれでノーベル平和賞を受賞しましたが、実際には「核抜き、本土なみ」どころか「核つき」の上に在日米軍基地の七五%が沖縄に集中しました。だから「基地の中に沖縄がある」という現実はすでに周知のことでありながら、日米両政府は安保条約を楯にして、沖縄の人たちの心を今日まで踏みつけ続けてきたのです。

米軍兵士による「少女暴行事件」に端を発した現在の沖縄基地問題は、そうした長年の歴史と経験に立って、しかも「冷戦の終結」が言われるいま、「ひとりの少女の人権も守れない安全保障とは、

一体誰のための、何のための安全保障か」という安全保障の根本問題を、政府と私たちをはじめ全世界に突きつけているのです。

この問いに対して、日米安保条約の「再定義」や、まして首相の「代理署名」では答えになりません。「再定義」とは冷戦が終結して、日米安保条約の説明ができなくなったために、中身はそのままに表紙だけ変えようということですし、首相の「代理署名」は問題の解決を避ける一時しのぎに過ぎないからです。

日米安保条約の矛盾がその極に達したことは、今度の「沖縄の拒絶」で明らかですが、一体誰が、このような日米安保条約を決めたのでしょうか。これまでは一般に吉田茂首相だと考えられてきました。ところが最近、歴史家の豊下楢彦・京大助教授が、それは昭和天皇だったのではないか、という重大な疑惑を提起しています（「吉田外交と天皇外交」『世界』一九九五年一一月号参照）。

豊下氏は、一九五〇年七月二九日の参議院外務委員会で、「いかなる国に対しても私は軍事基地を貸したくないと考えております」と答弁していた吉田茂が、何故その翌年二月にダレス特使との交渉で、外務省に用意させていた「北太平洋地域に日本を含む非武装地帯を設置する」

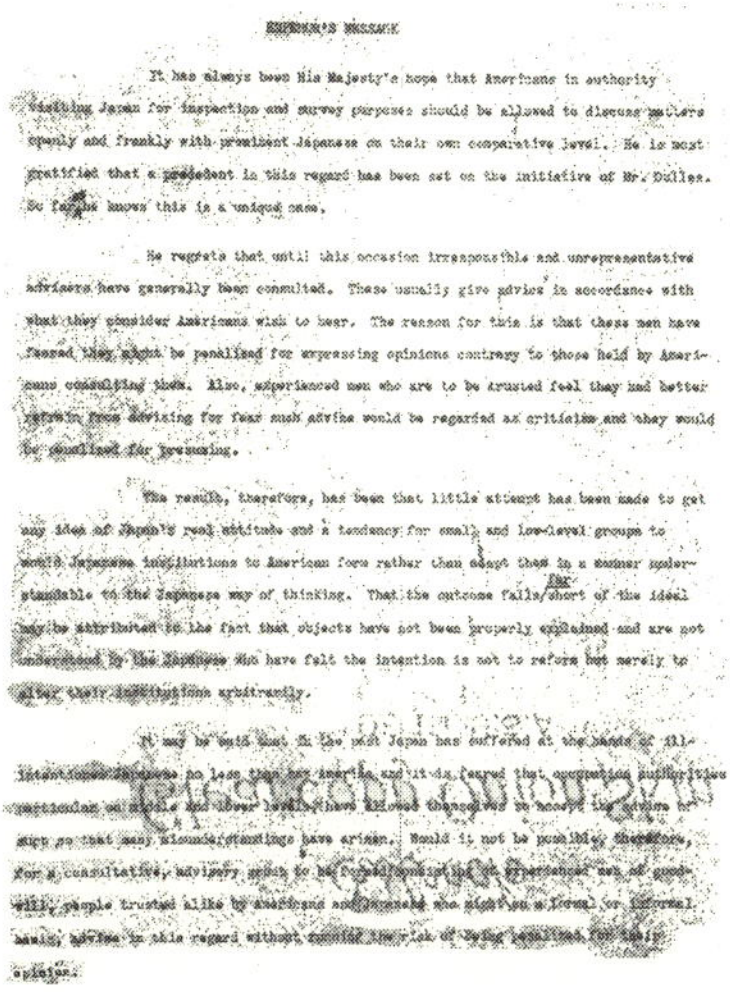

EMPEROR'S MESSAGE

It has always been His Majesty's hope that Americans in authority visiting Japan for inspection and survey purposes should be allowed to discuss matters openly and frankly with prominent Japanese on their own comparative level. He is most gratified that a precedent in this regard has been set on the initiative of Mr. Dulles. So far as he knows this is a unique case.

He regrets that until this occasion irresponsible and unrepresentative advisers have generally been consulted. These usually give advice in accordance with what they consider Americans wish to hear. The reason for this is that these men have feared they might be penalized for expressing opinions contrary to those held by Americans consulting them. Also, experienced men who are to be trusted feel they had better refrain from advising for fear such advice would be regarded as criticism and they would be penalized for presuming.

The result, therefore, has been that little attempt has been made to get any idea of Japan's real attitude and a tendency for small and low-level groups to mould Japanese institutions to American form rather than adapt them in a manner understandable to the Japanese way of thinking. That the outcome falls far short of the ideal may be attributed to the fact that objects have not been properly explained and are not understood by the Japanese who have felt the intention is not to reform but merely to alter their institutions arbitrarily.

It may be said that in the past Japan has suffered at the hands of ill-intentioned Japanese no less than any America and it is feared that occupation authorities particularly on middle and lower levels have allowed themselves to accept the advice [illegible] so that many misunderstandings have arisen. Would it not be possible, therefore, for a consultative, advisory group to be formed consisting of experienced men of good-will, people trusted alike by Americans and Japanese who might on a formal or informal basis, advise in this regard without running the risk of being penalized for their opinion.

という提案などを一切提示せずに、無期限・無限定の米軍の駐留と、「植民地的とも言える」駐軍協定（西村熊雄・条約局長）を急に認めることとなったのかと問い、それはソ連による七三一部隊の追及によって戦争犯罪を問われることや、内乱を恐れた天皇が、吉田もマッカーサーもバイパスして、直接ダレスに日本全土の米軍による無期限・自由使用を提案したためだ、と分析しています。

昭和天皇が一九四七年九月に「二五年から五〇年、あるいはそれ以上にわたる」米軍の沖縄占領を求めるメッセージをアメリカ政府に送っていたことはすでに知られていますが、このように「植民地的とも言える」安保条約でも昭和天皇がひそかに重要な役割を演じていたことが明らかになりつつあります。もちろんこれは天皇の重大な憲法違反行為で、そのことを含めて安保条約は、いまこそ清算されるべきときだと思われます。

憲法第九条と第六六条の意味が改めてわかる
――五〇年前の衆議院・貴族院の憲法討議記録から

一九九六年二月

一九九五年は敗戦五〇年であったが、今年（一九九六年）は憲法公布五〇年である。敗戦五〇年の翌年が憲法公布五〇年であることは、現憲法が戦争の惨禍から生まれてきたことを改めて思い起こさせる。特に第九条はベアーテ・シロタの言葉を借りれば「戦争から生まれた真珠」だ。

昨一九九五年九月に衆議院から憲法改正案を逐条討議した「衆議院帝国憲法改正案委員小委員会速記録」が公開されたが、今年年頭には貴族院の「帝国憲法改正案特別小委員会筆記要旨」が、やはりほぼ五〇年ぶりに公開された。

この二つの記録を読んでまず気付いたことは、衆議院の小委員会は戦争責任を自覚して熱気溢れる議論を行っていたのに比べて、貴族院の議論には戦争の影もさしていないことだ。ある委員に至っては、「吾々ノ本意ハ此ノ憲法ヲ初メカラ全部オ断リシタイ所デアルガ、ソレハトテモ出来ルコトデハナイ」と発言している。

この二つの記録から特に憲法第九条に関して重要と思われることを挙げると、まず衆議院小委員会の速記録によって、いわゆる「芦田修正」と言われてきたものが、決して自衛権を後で主張するための修正ではなく、逆に戦争放棄・非武装を強調するための修正であったことが疑問の余地なく明らかになったことだ。

一九四六年七月二九日開催の第四回小委員会の冒頭で、芦田均委員長が政府原案の頭に、「日本国民は、正義と秩序を基調とする国際平和を誠実に希求し」という言葉をかぶせ、さらに第二項の頭に「前項の目的を達するため」という言葉をつけ加える修正案を提案したのは、七月二七日開催の第三回小委員会で、第二章こそは新憲法の「傑作」であるのに、政府原案では戦争と軍備の放棄が消極的な印象を受けるので、平和愛好をもっと積極的に打ち出そうという提案があり、全委員の意向を受けて行ったものであった。

貴族院小委員会の筆記要旨で注目されることは、第六六条に「内閣総理大臣その他の国務大臣は、文民でなければならない」という一項を追加する際の討議で、委員たちはこれに抵抗するが、吉田首相・金森国務相が、極東委員会で英国・ソ連代表から特に追加を求められていると説明され了承する。その際に金森国務相が、「武官ノ職歴ヲ有シナイ者トシ、之ハ兵役義務ノ履行トシテデナクシテ、陸軍ノ将校又ハ下士官タルコトノナカッタ者ヲ意味スルト説明シタラ、先方ハ諒解シタ。下士官ヲモ含ムノデ“Purge”ノ場合ヨリモ範囲ガ広イ」と説明していた。この定義に従えば、中曾根、永野氏らが国務大臣や、まして総理大臣になることは違憲であったことになる。これは情報公開が遅きに失しては意味が半減することを如実に示しているのではないだろうか。

警察予備隊の創設＝再軍備ではなかった
——米側戦後史料が示す自衛隊縮小・解体への大きな示唆

一九九六年九月

小倉裕児・関東学院大学講師が朝日新聞社発行の『Ｒｏｎｚａ』一九九六年六月号に「四七年のマ元帥保安部隊（コンスタビュラリ）構想」と題する大変興味深い論文を寄せている。小倉氏の主張を一言で言えば、一九四七年の占領軍文書を見ると、マッカーサー連合軍総司令官は新憲法が発効した一九四七年からすでに、軍隊とも警察とも違う軽武装の国内治安部隊として「保安部隊」(Constabulary)という組織の設立を構想していたことがうかがわれるので、朝鮮戦争勃発後の七月七日にマッカーサー元帥が吉田首相に指示した「警察予備隊の創設」は、これまでの通説のように日本再軍備の第一歩を意味したものではなく、再軍備を禁じた憲法第九条の堅持を前提としたものであった、ということだ。

これまでは、新憲法に戦争放棄と再軍備禁止を規定した第九条を入れたのはマッカーサーだったが、朝鮮戦争の勃発と同時に「警察予備隊の創設」を指示することで、憲法第九条を空洞化する日本再軍備への道を開いたのもマッカーサーだった、とする見方が一般的だった。この「通説」に対して小倉氏は、マッカーサーは「朝鮮戦争が勃発し、警察予備隊の創設を指示したのちも、日本の再軍備に否定的立場をとり続けている」と、マッカーサーの憲法第九条堅持論が一貫していたことを指摘し、

「マッカーサーは再軍備と保安部隊創設を明確に分けて考えていた。警察予備隊創設は、マッカーサーにとって憲法第九条と何ら矛盾するものではなかったのである」と主張している。

私もその通りだと思う。私がその通りだと思う根拠は、マッカーサーが一九五一年四月一一日深夜に連合軍総司令官を突然解任され、帰国後間もなくしてアメリカ上院の軍事・外交合同委員会で行った公聴会での証言だ。マッカーサーは一九五一年五月三日、四日、五日の三日間にわたって上院の軍事・外交合同委員会で上院議員たちの様々な質問に丁寧に答えている。この証言は今日から見ても大変興味深い証言で、例えば、マッカーサーの解任は朝鮮戦争での原爆の使用を主張したためだった、といった「通説」がいかに事実に反するかも、これを読めば明瞭だ。

また、五月五日午前のマクマホン議員の質問に対してマッカーサーが、日本の憲法第九条を模範としてあげ、「戦争の違法化」を繰り返し主張した後に、戦争を廃絶するためには従来の軍縮交渉の考え方ではダメで、アメリカがまず一方的に軍備を放棄することだ、として次のように答えていたのは特に注目に値する。

「私が確信するところでは、戦争廃絶後に必要な軍備は、自国の地理的な領域内に限って平和を維持するための警察と保安隊（Constabulary）の軍備だけです。それは国際的な戦争とは全く異なる次元の問題でしょう」

マッカーサーはこの証言でも「コンスタビュラリー」という言葉を使っている。

しかしマッカーサーのこのような信念にもかかわらず、すでにマッカーサー在任中からワシントンにも東京にも日本再軍備論があり、それは一九五〇年四月にダレスが対日講和問題担当の大統領特使に任命されて以来いっそう強まった。五〇年六月にダレス一行が初めて訪日してマッカーサー元帥、吉田茂首相、幣原喜重郎元首相などと話し合った結果を随行したアリソン公使がまとめた秘密報告が残されているが、そこで興味深いことは、朝鮮戦争勃発後にも吉田首相は、「日本は憲法で戦争と軍備を放棄しているので、国際紛争の局外に止まることを希望する」と述べ、幣原元首相は「講和条約締結後に米軍が撤退してソ連軍が日本を占領したとしても、八千万の人々を殺すことはできるものではない」と述べて憲法第九条の堅持を主張した、と記録されていることだ。

またこの報告の最後に、ダレス特使一行の離日直前に天皇から松平侍従を通して戦争責任者の追放が解除され、それらの人たちを含む顧問委員会が設置されれば講和条約と日米安保条約による日本全

土の基地提供もスムースに運ばれるというメッセージが届いた、と記されている。こうしたアメリカ側の記録を見ると、天皇は沖縄の米軍基地化についても、安保条約による日本全土の米軍基地化についても、アメリカ中心の「単独講和」についても、ダレス特使や統合参謀本部に直接メッセージを送って協力を申し出、かえってアメリカ側の方が、天皇のこうした政治的行為は憲法違反に当たるとしてその公表を慎重に控えていたことがわかる。

また私がダレス関係文書のマイクロフィルムを読んでいて驚いたことは、その文書類の中に写真のような、講和条約調印後、一九五一年一二月の日付の「大日本愛国党・赤尾敏」のポスターが収録されていたことだ。赤尾敏のポスターがダレス関係文書に収められていたということは、赤尾敏の活動がダレスから財政的な支援を受けていたことを意味するものであろう。しかもそのポスターには、「赤にアヤツラレて再軍備に反対する吉田内閣を粛清せよ!」と書かれていて、このことから警察予備隊をつくった吉田内閣も、警察予備隊の創設=再軍備とは考えず、一九五一年一二月までは再軍備に反対していたことがわかる。

これらのことがいま重要な意味を持つのは、まず何よりも日本の戦後史を正しく知る必要があるからだが、同時にそれは決して過去のことではなく、肥大に肥大を重ねてきた「自衛隊」と称する強大な軍隊を、いまどのように縮小し、国際・災害救助隊のような非武装の組織に転換するかを考える上で、大きな示唆を与えるものであるからだ。

平和への強烈なメッセージ
――沖縄で阿波根昌鴻さんと語る

一九九六年一二月

沖縄・伊江島の東海岸の一隅に「ヌチドゥタカラの家」という名の「反戦平和資料館」がある。米軍の「銃剣とブルドーザー」による伊江島の強制基地化に反対して立ち上がった一九五〇年代の「島ぐるみ闘争」以来今日まで一貫して平和運動を続けている反戦地主・阿波根昌鴻さんが一九八〇年代につくった平和資料館だ。

私は阿波根昌鴻さんの二冊の著書『米軍と農民』（岩波新書、一九七三年）と『命こそ宝――沖縄反戦の心』（岩波新書、一九九二年）によって阿波根昌鴻さんの青年時代から沖縄戦時代の経験、その経験に立っての粘り強い反基地運動と反戦・平和への強固な志に深い感銘を受けた。それ以来、一度「ヌチドゥタカラの家」を訪問して阿波根昌鴻さんとお会いしたいと願ってきたが、一九九六年一一月はじめにようやくその機会を得ることができた。

伊江島は那覇からバス・フェリーを乗り継いで、接続がよければほぼ四時間。現在の人口は約五千人。島の真ん中に城山と呼ばれる岩塊が突き出す以外には、ほとんど起伏のない真っ平らな島だ。島のほぼ三分の一、約八百ヘクタールが現在もなお米軍用地に接収され、阿波根さん夫妻の土地も強制収用されているので、「ヌチドゥタカラの家」は阿波根さんの土地がある西部とは正反対の東海岸にある。

阿波根さんが「わびあいの里」と名付けた敷地の入口の両側に置かれた、巨大な焼き物の鬼面を載せた石の右側に「ヌチドゥタカラの家」、左側に「やすらぎの家」の表示がかかっている。「わびあい」とは、阿波根さんが六〇年代に学んだ京都山科の一燈園の創始者・西田天香師の「三詫び合い」(「他人の悪いことは、自分が悪いからではないか」と詫びる心で、「他人の利益を先にし、自分の利益を後にする」)によるという。「わびあいの里」はそういう考え方で進められる「福祉と平和の村づくり」運動の一環で、「やすらぎの家」は、やはり阿波根さんがつくった「障害者のための憩いの家」だ。

「ヌチドゥタカラの家」は、そういう「わびあいの里」の一番奥に位置している。資料館に近づくと、「すべて剣をとる者は剣にて亡ぶ(聖書) 基地をもつ国は基地で亡び 核を持つ国は核で亡ぶ(歴史)」と、黒々と書かれた字が目に入る。入口の右手には、「平和とは人間の生命を尊ぶことです……」という「ヌチドゥタカラの家」設立の趣旨が、やはり墨黒々と書かれている。

鉄筋・平屋一〇メートル四方ほどの資料館の内部には、戦争にかかわる様々な品々が所狭しと並び、積み重なり、垂れ下がっている。阿波根さん自身の言葉によれば「人間のおろかさとたくましさを学ぶ資料」としての「がらくたの山」ということになるが、一見「がらくた」と見えるそれらの品々をじっと見つめていると、それらの品々が伊江島の歴史を、伊江島から見た戦争の実態を、実に雄弁に語りはじめる。

例えば、朝鮮戦争からベトナム戦争の間に、伊江島射爆場に投下された模擬原爆とパラシュートの残骸。この残骸は、朝鮮戦争もベトナム戦争も、核戦争に紙一重であったことを語っているのだ。こうして「がらくた」の一つ一つが、かつての戦争と現在も進められる戦争準備の実態を如実に示して平和を呼びかける。

一九〇三年生まれの阿波根昌鴻さんは、一九九六年現在満九三歳。「一年前から目が見えなくなりましたが、口はまだ達者です」というのが初対面のご挨拶。最初の話題は、阿波根さんの重課税取消訴訟に対して一九九六年一〇月三一日に福岡高裁那覇支部が下した酷い判決だった。

阿波根さん夫妻の土地約一六万平米は、一九五五年に銃剣とブルドーザーで強制接収されたまま今日に至っているのだが、一九八七年に日本政府がさらに継続して一〇年間の強制使用を決めた際に、国は一方的に一〇年分の地代を一括して支払うと同時に、その地代を阿波根さんの年間所得に参入して一括課税するという嫌がらせを行った。そのために、毎年地代を受け取る軍用地主に較べて、阿波根さんは二二〇〇万円も多く税金を取られたので「課税の公平原則に反する」と裁判に訴え、第一審の那覇地裁では一九九四年に阿波根さん完全勝訴の判決が下された。ところが国が控訴して行われた第二審では、第一審判決を完全に覆して、阿波根さん敗訴の判決が下ったのだ。

九三歳の阿波根さんの身体に、この逆転判決が影響を及ぼしはせぬかと心配だったが、「なに、税金裁判は最高裁までやりますよ。裁判官に世界の歴史、世界の情勢を知ってもらうためにもね」と、阿波根さんは意気軒昂としている。こうしてはじまった阿波根さんとの対話は、青年時代にキューバ、ペルーを訪ねたときから沖縄戦、さらには伊江島の反基地闘争から「反戦平和資料館」をつくるまでのいきさつなど尽きることなく、二〇分程の約束が一時間半にも及んで、「憲法第九条を世界憲法にするまで頑張りましょう」ということで終った。

阿波根昌鴻さんと「ヌチドゥタカラの家」――それは伊江島の一隅から、全アジア・全世界に向けて発信される平和への強烈なメッセージだ、と改めて思ったのであった。

（編集部注　阿波根昌鴻さんは二〇〇二年三月二一日に百歳を前にして亡くなられた）

憲法施行五〇年を安保条約破棄・軍縮元年に

――豊下楢彦著『安保条約の成立――吉田外交と天皇外交』を読んで思う

一九九七年一月

日本国憲法は、今年（一九九七年）の五月三日で施行五〇年を迎える。

世界で初めて「国権の発動」としての戦争と「国際紛争を解決する手段」としての「武力による威嚇又は武力の行使」を放棄し、一切の「戦力」を保持せず、「国の交戦権」を「認めない」と宣言した第九条が、一字一句も変えられることなく五〇年の歳月に耐え抜いたことは、平和運動の誇るに足る歴史的な成果なのだが、同時にこの成果を誇ることが道化の戯れと見られかねぬほどに、第九条が疎んじられ、コケにされてきたこともまた周知のことだ。

第九条をコケにして空洞化した最たるものが、日本の再軍備と日米安保条約による日本全土（とりわけ沖縄）の米軍基地化に他ならないことは、これまたすでに周知のことだが、憲法施行後数年を経ずして「最高法規」である憲法を正面から嘲弄する所業が、いつ頃から、誰によって、どのようにしてはじめられたのか、という問いへの確かな答えを、私たちはこれまでに模索しながらも、まだ持つことができなかった。

ところが昨年末に、その確かな答えへの重要なヒントを含んだ画期的な研究成果が発表された。豊下楢彦著『安保条約の成立――吉田外交と天皇外交』（岩波新書、一九九六年）がそれだ。一九五一年九月八日に対日講和条約と一体のものとして調印された日米安保条約は、吉田茂首相兼外相の主導下でつくられたものと見られてきた。しかし同時に西村熊雄・岡崎勝男など、日米安保条約と行政協定の作成・締結に関わった外務省の当事者たちが皆異口同音に「屈辱的」と評価したような内容の条約や協定が、外交のベテランを自負した吉田茂の主導下で何故できたのかという疑問が、密かな謎として残っていた。豊下楢彦京大助教授は最近閲読可能となった外務省とアメリカ側の資料を克明に読み込んで、その謎を解いたのだ。日米安保条約をつくった張本人は、吉田茂ではなく昭和天皇であったのだ、と。

対日講和条約の作成に当たったダレス全権大使の方針は、日本をアメリカの極東戦略に組み込んでその最前線に据えるために、講和条件はゆるやかにしながら、講和後も米軍を「望む場所に望む期間だけ駐留させる権利」を獲得し、しかもそれを日本の要請に「恩恵」として応じるという、日本側の「安保タダ乗り」の形にすることであった。もちろんこれはアメリカにとっては最上の形だが、余りにも一方的な要求なので、一九五〇年夏までの段階では、吉田内閣もマッカーサー司令部も、外交常識を超えた要求だと見なしていた。早期講和論者であったマッカーサー元帥でさえ、日本全土を米軍の基地とするような条約は反米感情を呼ぶ恐れがあり、国民投票を必要とすると述べたほどであった。

ところがその一年後には、外交常識をはるかに超えて、アメリカ政府の一方的な要求をすべて満たした非常識な条約ができ上がった。何故そんな非常識な条約ができたのか？　昭和天皇がそれを望んだからだ。では何故昭和天皇はそれを望んだのか？　この先は状況証拠による推測となるが、内外からの戦争責任の追及から自身を米軍に守ってもらうためだった。つまり憲法第九条によって近衛兵を失った天皇は米軍を近衛兵とするために、沖縄も日本本土も、アメリカ政府が要求するものを全て提供することを臣下・吉田茂に命じたのだ。

その条約が昨九六年に「再定義」されて、対象範囲が極東からアジア・太平洋全域に拡大され、自衛隊は「後方支援」の名の下に米軍の下部機構としていっそう深く組み込まれた。

憲法施行五〇年の九七年を、このように傷つけられてきた第九条の実行元年とするためには、第九条空洞化の元凶である日米安保条約の破棄元年としなければならず、同時に自衛隊の転換・解消に向けての軍縮元年としなければならない。

「思いやり予算減額」のまやかし

一九九七年八月

私の重要な日課の一つは、新聞の解剖だ。新聞の解剖とは、毎日の新聞から「重要」と思われる記事を切り抜いて、「憲法」「中国・日中関係」「朝鮮・韓国」「沖縄」などと問題別・地域別に分類・整理してスクラップブックに保存することだが、分類項目は時代とともに少しずつ変化する。

東西冷戦の終結後に私は、これから軍縮の時代が来る、という見通しと願いも込めて「軍縮」というスクラップブックを用意した。そしてアメリカをはじめヨーロッパの各国では確かに軍縮が行われてスクラップブックを満たしていったのだが、日本に関しては軍縮の記事は一つもなく、もっぱら軍拡の記事ばかりを保存する結果となった。しかも欧米の軍縮が一通り終わると、スクラップブックの「軍縮」は有名無実となり、実際は日本の軍拡記事のスクラップブックに変わってしまったのだった。

そうした中で、一九九七年八月二日に「朝日新聞」に掲載された「〈思いやり予算〉初の削減／来年度財政改革へ政府方針」という記事が目を引いた。在日米軍駐留経費を条約での約束以上に日本側が負担するいわゆる「思いやり予算」は、一九七八年度の六二億円以来毎年右肩上がりに増大して九七年度には二、七三七億円と実に四四倍にまでなったが、その「思いやり予算」を政府は来年度予算で削減する方針を決めた、というのである。

削減は当然のことで、自民党政府もようやく「当然のこと」を行うこととなったか、と思っていた矢先、八月三〇日の「東京新聞」が、「減額はウソ⁉　思いやり予算」「枠外に〝隠れ〟や〝新規〟」という見出しの記事を掲載した。それによると「思いやり予算」は確かに七％削減されるが、沖縄から本土に移転した実弾砲撃訓練や普天間基地の移転などのSACO（沖縄特別行動委員会）関連経費は「思いやり予算」とは別枠で、「思いやり予算」は減額されるが在日米軍費用の別途要求が今後膨大な金額になることが確実で、「思いやり予算」の多少の減額も「焼け石に水」といったところだろう、と伝えている。このことは何を意味するか。おそらく自民党政府は今後、評判の悪い「思いやり予算」を削りながら、他方で「別枠」を増やしていくことであろう。

最近、まるで新ガイドラインを先取りするかのように、日本の民間港湾への米艦船の入港がにわかに増して、九月だけでも空母インデペンデンス（五―九日、小樽）、空母コンステレーションと駆逐艦など（九―一〇日、佐世保）、空母ニミッツなど五隻（二一―二三日、横須賀）、強襲揚陸艦ベローウッド（二二―二五日、鹿児島）、米第七艦隊旗艦ブルーリッジ（二七日―、東京）と、日本中に黒船が来たかのようだが、これらの軍艦の入港費用はすべて日本持ちで、空母インデペンデンスの小樽入港だけでも数百万円を要したというから、九月中の米艦の入港費だけで一体いくらになったものか。

国民から五百兆円にも及ぶ借金をして、その埋め合わせと称して、消費税率を上げ、医療負担率を上げて不況に喘ぐ国民から絞り取った税金がこのように浪費されているのだ。これで一体どのような「財政改革」が可能であろうか。

チャールズ・オーバービーさんの『地球憲法第九条』

一九九七年一一月

私がこの『地球憲法第九条』（"A Call For Peace" 國弘正雄 訳・桃井和馬 写真、講談社インターナショナル）の著者チャールズ・オーバービー教授と初めてお会いしたのは、一九九二年一月末に東京で開催した「アジア・太平洋の平和・軍縮・共生のため」の第一回国際会議に、アメリカで「第九条の会」を設立したオーバービー教授を招いた折だった。

オーバービー教授が一九九一年三月にアメリカで「第九条の会」を設立するに至った経過については、この本の第一章「はじまり」に詳しく述べられている。要約すると、教授は一九八一年に中部大学に客員教授として招かれた際に、広島の原爆記念館を訪ねて被爆の惨状を初めて知って衝撃を受けた。教授は朝鮮戦争の際にB29の爆撃手として、沖縄の嘉手納基地から朝鮮爆撃に出撃していた経験があり、広島の原爆記念館を見て、爆撃された側の悲惨な実態を知ることとなったのだった。その後、一九九一年に湾岸戦争の爆撃光景をテレビで見て、爆撃する側であった朝鮮戦争の体験、爆撃された側の広島、その廃墟から生まれた日本の憲法第九条が教授の記憶に一度に蘇り、戦争の惨禍を二度と繰り返さないために、アメリカ憲法に第九条（不戦・非武装条項）を入れることを目指して、「第九条の会」を設立したのだという。

その後オーバービー教授は何度も来日して、「憲法第九条は日本から世界への贈り物」で、人類がこの地球上で生きていくためには憲法第九条を地球憲法にしなければならない、と各地で訴えた。そうした教授のこれまでの訴えを、憲法施行五〇周年を記念して集大成したのがこの本で、「この地球を救う唯一の道は、世界のすべての人々の間に、日本国憲法第九条のメッセージを広めることです」と書かれた冒頭の言葉が、この本の主張・目的を端的に語っている。

また、日英両語が一目で読める工夫がされ、國弘氏の翻訳は格調高く、読みやすい。

日米関係の分岐点
――戦争への道連れか、平和への協力か

一九九八年八月

一九九八年七月の参議院選挙では、もっぱら不況対策の失敗から自民党は大敗したようにマスコミは書きたてたが、もう一つ重大な争点があった。それは、二一世紀に向けての日米関係をどうするかという問題で、具体的には、すでに衆議院に提出されている「周辺事態法」と自衛隊法「改正」を、自民党を中心とする保守連合の思惑通りに成立させて、日本がアメリカ主導の戦争への従順な道連れとなるか、それとも従来の軍事同盟路線を切り換えて、日本国憲法の非武装原理による世界平和の創造への協力という新しい日米関係を創るか、の選択であった。

そのような選択を孕んだ参議院選挙を前にして、細川護熙・元首相がアメリカの外交専門誌『フォーリン・アフェアズ』に、「在日米軍は必要か?」と題する論文を寄稿し、その翻訳が『論座』(一九九八年八月号)に掲載されている。そこで細川氏は述べている。「ワシントンは、中国の軍事力の強大化、そして六百マイルを射程とする北朝鮮のノドン1号ミサイルによる脅威という見当違いの認識を日本に警告することで、戦後以来享受してきた特権(の維持)を正当化し、その一方で、米軍の日本における駐留は日本の再軍国化を予防するものだと、自国民およびその他のアジア諸国の市民に訴えかけ

ている。だが、こうした議論はもはやアジアの現実には符合しない」と。細川氏はまた、「日本に軍隊を駐留させ、これまでずっと日本を防衛することで、アメリカは日本の面倒をみてきたとアメリカ人が考えているとすれば、それは自己中心的な考えというものだ」とも述べ、在日米軍に対する日本側の年間負担額が同盟諸国中最大の五〇億ドルに達し、こうした関係は、「核の傘」以外は、今世紀末までにしだいになくしていくべきだ、と主張している。

在日米軍は要らないが「核の傘」は必要だ、という矛盾した主張は、こういう論文をアメリカの雑誌に寄稿した直後に国会議員を辞めたのと合わせて、一般には理解しがたいところだが、日米共同戦争法とも言うべき周辺事態法案が国会に提出されたのと並行して、細川氏がこのような主張をしたことは、やはり注目すべきことであろう。

政府・自民党は、日米「新ガイドライン」によって日米関係をいっそう緊密化させると言っているが、私が調べたところでは、「新ガイドライン」の作成は、日米軍部の既得権擁護・拡大という動機と、アメリカ政府の日本政府・自民党に対する不信感が合わさって行われたもので（本書第Ⅴ章参照）、政治的に無用、経済的に浪費であるばかりでなく、日米双方にとって道義的に極めて不健全なものだ。細川論文はそれをへっぴり腰で述べたものだが、実際、世界平和に向けて創造的な日米関係をつくり出すために、従来の日米関係を根本的に見直すべきときがきていると思う。

マッカーサー記念館を訪ねて

一九九九年二月

一九九八年の一〇月から九九年の三月までドイツのオスナブリュック大学で講義をしているために、しばらくご無沙汰をしています。

ところで九八年一二月のクリスマス休暇を利用して、アメリカ・ヴァージニア州のノーフォークにあるマッカーサー記念館を訪ねました。マッカーサーは、幣原喜重郎首相から提案された現憲法第九条を占領軍総司令官として支持して、第九条を実現させたばかりでなく、退職後も日本国憲法第九条への支持とその全世界的な実現を訴え続けた人なので、私は一度機会を見て、マッカーサー記念館を訪ねたいと思っていました。そう思っていたところに、九八年七月五日の『朝日新聞』日曜版の連載「一〇〇人の二〇世紀」の一人にダグラス・マッカーサーが取り上げられて、朝鮮戦争中のマッカーサーは二度も原爆の使用をワシントンに要求した司令官で「二つの顔」を持っていた、という佐々木芳隆記者の記事が載りました。

マッカーサーは朝鮮戦争で何度も原爆の使用を主張してトルーマン大統領と対立し、結局解任されたのだ、という見方があの当時から流されていました。しかしそれは俗説で、マッカーサーは一九五一年四月一一日に解職された後、五月三日から五日まで、米国上院軍事・外交合同委員会で行われた公聴会で彼の立場を詳しく説明していますが、そこでマッカーサーは、原爆の取り扱いはもともと大統領の権限で自分の方から原爆の使用を積極的に提案したことはなく、むしろ現在の段階で米国が原爆を含む大幅な軍縮を一方的に発表することで、世界に道徳的な範を示すべきだ、と主張していました。だから佐々木記者の記事は私には意外で、一度マッカーサー記念館で直接史料を調べなければならない、と思ったのでした。

ここでは紙幅がないので、結論だけを書きますが、佐々木記者があげた文書は全てマッカーサー記念館に保管されていますが、一体佐々木記者は英語が読めるのだろうかと疑わしくなる程に、佐々木記者の文書の読み方はデタラメで、記事は事実の歪曲、いや捏造とさえも言えるようなものであることがわかりました。マッカーサーは決して「二つの顔」の持ち主ではなく、現地司令官として苦悩しながら世界平和を模索していたのです。

ところで、ノーフォークは大西洋側では米海軍最大の軍港がある町ですが、マッカーサー自身はここで生まれたわけでも、住んでいたわけでもありません。だからなぜここにマッカーサー記念館があるのかと思いましたが、彼の母親が住んでいたことからノーフォークを第二の故郷ときめて、生前、すでに一九六一年に彼が所有した文書・記念物など一切をノーフォーク市に寄贈し、ノーフォーク市はマッカーサーの死後、一九六四年に一九世紀中期のシティー・ホールを改修し、そこにマッカーサーを葬って記念館とし、やがてそこに文書館や研究所が設置されて今日に至ったということです。

ユーゴ爆撃
――「人道的介入」としての蛮行に戸惑う欧州知識人

一九九九年六月

アメリカを中心とするNATO軍がユーゴスラビアに対する空爆をはじめてから既に二か月を越える。一九九九年五月末現在、空爆は連日六百機で行われ、当初の目標であった軍事施設は既に破壊し尽くして、放送局・発電所・給水所・病院・道路・鉄橋など市民生活に直接関わる施設にまで及び、中国をはじめ各国大使館をも含めて「誤爆」を重ねながら、無期限・無差別爆撃の様相を呈している。

この軍事行動で何よりも驚くべきことは、第一にNATO諸国が、「紛争の平和的解決」や「主権の相互尊重」「民族自決権」など国連憲章の基本原則と国際的取り決めを易々と踏みにじって、ユーゴスラビアを一方的に爆撃していることだ。これは明白な国際法違反だが、この国際法違反が、ユーゴ内のコソボ地域に住むアルバニア系住民の人権を守るための「人道的介入」という名目で行われ、ユーゴ軍によるコソボ地域からのアルバニア系住民の排除をさらに激化させるという逆の結果をもたらしている。

この空爆の主力は米軍だが、しかし第二に驚くべきことは、米国のこの無謀な軍事行動を支える欧州の主要国、英・独・仏・伊が全て社会民主党や緑あるいは旧共産党からなる政府であることだ。しかも本来、平和・人権・環境保全の公約を掲げて登場したこれらの政府が、空爆によってアルバニア系住民にもユーゴ市民にも多くの犠牲者を出し、生活環境を破壊し、さらに犠牲を拡大しているにもかかわらず、NATOという集団的無責任体制の中で政治的判断力を失っていることだ。

本来、米国の帝国主義的政策を批判する筈のこれら欧州の「左翼政権」が、米国の軍事行動に歩調を合わせたのは何故か。第一の原因は、すでに一九一一年にドイツ社会民主党内の欧州合衆国論争でローザ・ルクセンブルクが批判したように、彼らの中に「欧州中心主義」「白人中心主義」が抜きがたく潜んでいること、それに第二次大戦以後の米国信仰が重なったからであろう。

例えば、昨九八年一〇月に一七年ぶりの革新政権として登場したドイツの「赤・緑連合」政権は、「人権擁護への国際的貢献の相応の分担」という名目で、戦後初めて戦闘行為に参加した。いわばドイツ版の「普通の国家」論だ。しかしそのために、赤（社会民主党）緑双方の党内に亀裂・対立が生じた。

さる五月一三日に「九〇年連合・緑」の臨時大会がビーレフェルトで、警官隊の厳重な警備の下で開催され、しかも「戦争反対・アウシュヴィッツ反対」という非論理的な演説を行った代表のヨシカ・フィッシャー外相に、「人殺し」「戦争屋」という野次とともに赤い水の入った袋を投げられたことは、ドイツ連合政権の矛盾と苦悩を象徴する事件だ。

そういう「赤・緑連合」政権に対して、旧東ドイツを地盤とする民主社会主義党が先日のドイツ大統領選挙で候補者として推したウタ・ランケ・ハイネマン（一九五一年から五年間、戦後最初の社会民主党大統領だったハイネマンの娘）が、「赤・緑」連合政権を「恐るべき裏切り・犯罪」と批判した。一方、フランクフルト学派の思想家ユルゲン・ハバーマスは、週刊誌『ディ・ツァイト』（一九九九年四月二九日号）に「野獣性と人間性」と題する論文を寄せて、「人権擁護」を掲げてはじめたNATOの軍事行動に戸惑いながら、それが「野獣の行為」になっていることを指摘した。またヘルムート・シュミット元首相は、やはり『ディ・ツァイト』（一九九九年四月二二日）に「NATOは米国のものではない」と題する論文を寄稿して、欧州の米国依存からの脱却を求めた。

また、フランスの週刊誌『ル・モンド・ディプロマティック』（一九九九年五月号）は「バルカン戦争特集」を組んで、米国の言語学者ノーム・チョムスキーの論文「NATO——世界の親分」を巻頭に掲げて米国の「一極世界支配」を批判し、同時に「ランブイエ交渉の真相」で、コソボ問題の平和的解決を壊したのは米国国務長官オルブライトに他ならなかったことを暴露した。

欧州ではこのように、「人道的介入は国連憲章にまさる」と称して開始されたNATOの軍事行動が、冷戦終結以後のNATOの延命をはかり、軍需産業に奉仕して犠牲者を増やすだけのものに他ならない事が明らかになりつつある。それは日米安保体制と自衛隊の延命のために現在つくられつつある日米戦争協力体制と相似的だ。しかし、「平和は全能ではないが、平和なしには何もできない」（ビリー・ブラント元西ドイツ首相）。

NATOの集団的ユーゴ侵略は、日本国憲法第九条の重要性と有効性をますます証立てている。

改憲手続きの簡易化を企む小沢一郎の「憲法改正試案」

小沢一郎・自由党との極右連合で一九九九年春の国会に臨んだ小渕内閣は、九九年度予算案を異例のスピードで可決させた後、さらに公明党を加えた自自公反動連合を組むことで、日米軍事協力三法、盗聴法、憲法調査会法、日の丸・君が代法、国民総背番号法といった平和・人権・民主主義にかかわって憲法原理を根本的に侵害する悪法を矢継ぎ早に可決して、異例なほど長期にわたった今国会を八月一三日に終了した。このように全てにおいて異例であった今国会は、戦争体制を一気につくり上げた反動国会として銘記されるべきであろう。

小渕内閣と手を組んでこうした日本の戦争体制化を推し進めてきた小沢一郎が、早くも憲法調査会の活動開始を睨んで、「日本国憲法改正試案」（『文芸春秋』一九九九年九月号）を発表している。それを見ると、小沢一郎の改憲の主眼が第九条にあることが改めてわかる。

小沢の「改正」案は、現行第九条の第三項に「前二項の規定は、第三国の武力攻撃に対する日本国の自衛権の行使とそのための戦力の保持を妨げるものではない」と付け加えて、前二項を空文化しようとするものだが、こうした考え方はすでに小沢の『日本改造計画』（講談社、一九九四年）、自主憲法期成議員同盟編・自主憲法制定国民会議編『日本国憲法改正草案――地球時代の日本を考える』（現代書林、一九九三年)、「読売改正試案」(一九九四年一一月三日)などに見られたもので、文言上の相違を除けば特に新しいものではない。小沢は今回の説明では、「自衛隊は歴史的使命を終えて、これから縮小することになる。そして日本は国連常備軍に人的支援と経済力を供出すべきである」と述べている。つまり小沢は、今回提案した「第三項」が実は空言だということを自ら認めているのだ。また小沢が「国際平和」への協力として提案した条文には「国連」という文字はない。このように小沢の文章を読むと、小沢が如何に論理的一貫性のない機会便乗主義者であるかがわかる。

今度の小沢「試案」で新しい点は、参議院議員の選挙制度を廃止し、「衆議院の指名により天皇が任命する」「権力なき貴族院」に変えて、実質的には衆議院だけの一院制にすることと、憲法改訂手続きを「国民投票を国会審議より先に行うこと」の二点だ。しかも小沢の説明によれば、この二点はいずれも憲法改訂手続きの簡易化を謀ろうとするものだ。このように小沢の「日本国憲法改正試案」は改憲策動があからさまで且つ幼稚なものだが、このような手合いが国会で多数を占める状態が続けば、今国会で見られたように、この反動的改憲論が実行される。それを阻止するためには、選挙によってこれらの手合いを国会から追い出して、日本の政治を根本的に革新しなければならない。

「九条護憲」の旗を高く掲げ、改憲阻止の大きな結集を

二〇〇〇年二月

二〇〇〇年一月二〇日に開会された第一四七国会から、衆参両院にいよいよ憲法調査会が設置されました。憲法調査会の目的は、「日本国憲法について広範かつ総合的に調査をおこなう」となっていて、改憲の議案提案権は与えられていませんが、与党側が中曾根康弘、中山太郎、村上正邦などいわゆる「改憲派の大物」をずらりと送り込んだ点からみても、改憲派がこの調査会を改憲への「通過儀礼」として設置したことは間違いないことでしょう。しかも首相・閣僚の施政方針演説を野党欠席のままで行うような現在の国会に、国の基本法の冷静な調査を期待することは無理なことでしょう。

しかし国会内だけではなく、国会外でも最近、憲法に対する暴論が目立ちます。とりわけ目に余る暴論を吐いているのは、石原慎太郎東京都知事です。石原都知事は昨年一二月一日に、今度参議院の憲法調査会会長になった村上正邦議員の会に出て、「憲法は改正でなく破棄したらいい。過半数で破棄の決議をしたらいい」と演説し、今年になってからもある週刊誌上で、現憲法に毒づきながら「今あるこのままの形の憲法は破棄してすてようという決議なら五一対四九でも国会を通る」とぶち上げています。石原都知事は帝王にでもなった気分のようですが、都知事は公務員で、天皇をはじめその他の公務員は、憲法第九九条によって、「この憲法を尊重し擁護する義務を負う」と定められていま

す。だから石原都知事の言動は明らかに憲法違反で、現憲法がそれ程嫌いであれば、都知事を辞めるべきです。

しかし石原都知事に止まらず、天皇をはじめ各種公務員の違憲行為が目立ちます。両院の憲法調査会は、まず手はじめに、憲法施行以来の主な違憲行為と違憲法規を調査して公表すべきでしょう。そしてお隣の韓国の市民運動に習って、甚だしい違憲行為を重ねてきた悪質な議員は、次の選挙で落選させましょう。

それと同時に、今年（二〇〇〇年）一〇月までに必ず行われる衆議院選挙と二〇〇一年七月の参議院選挙こそは、二一世紀まで憲法第九条を守り抜けるかどうかが焦点となる大事な選挙です。だからこの選挙に向けて「九条護憲」の旗を掲げる政党・団体・個人が大きく結束して、国会内に少なくとも改憲を阻止するのに必要な三分の一の議席を確保するために、皆で知恵を出し合おうではありませんか。

先日徳島で吉野川可動堰の建設に反対して行われた市民投票は、自覚した市民が結束して立ち上がれば、どれほど大きな力を発揮できるかを改めて教えてくれました。

護憲か改憲か、の正念場を迎えた今年、憲法九条を二一世紀につないで光り輝かすために、「九条護憲」の旗を高く掲げ、小異を乗り越えて、大きく手をつなぐことはできないものでしょうか。

「武器なき平和」の気高さと、「武器による平和」の醜さ

二〇〇〇年八月

二〇〇〇年七月二〇日、沖縄では二万七千人の人たちが、嘉手納米軍基地を「人間の鎖」で取り巻いて、基地撤去・武器なき平和への願いを表明した。同日同時刻に神奈川県の厚木米軍基地前でも、三千七百人の市民が集まって、「沖縄・嘉手納基地包囲に連帯して、厚木基地撤去をめざす神奈川集会」を行った。嘉手納基地包囲の報道に比べて、この神奈川集会については、地元の『神奈川新聞』が社会面の大半を割いて、「爆音の中〈島歌〉に願い／デモ行進、三七〇〇人が返還訴え」と伝えた以外には、ほとんど報道されなかった。しかし、厚木基地に対するこのように大規模な抗議行動は、久しぶりのことだった。

沖縄の米軍基地は、その広大さでは圧倒的だが、横須賀軍港と厚木空軍基地をはじめ相模原の総合補給厰などを含む神奈川の米軍基地は、沖縄同様に在日米軍にとって「不可欠な役割」を果たし、同時に付近住民が被っている被害・迷惑もまた筆舌に尽くしがたい。

そういう意味で、この度のＧ８（先進国首脳会議）が嘉手納基地包囲行動を誘ったように、神奈川の行動もまた、沖縄の平和行動に連帯しながら、今度こそ、神奈川からも米軍基地を無くそう、という決意を表したものであった。

ところで、沖縄で、神奈川で、こういう平和行動が行われた直接のきっかけは、G8会議だったが、これらの行動がこれほど盛り上がった背景には、六月一三日―一五日の朝鮮半島における南北首脳会談の成功が大きく与っていたものと思われる。

民族分断五五年目を前にして、民族統一への八千万人の悲願を背負って行われた南北首脳会談と南北共同宣言は、外国勢力によって強いられてきた分断・対立を自力で乗り越えて、矛を鋤に変えて土に返す、「武器なき平和」を爽やかに訴えた。

そしてこのたった一度の南北首脳会談が、朝鮮半島はもとより、アジアと世界の重苦しい雰囲気を、二一世紀に向けて、平和の希望へと一変させた。

だから沖縄で開催されたG8会議も、この気高い平和へのメッセージを無視することができずに、保護者面をした決議を行ったが、一層みじめさをさらけ出したのは、嘉手納基地包囲を外して二一日に沖縄に来て、「平和の礎《いしじ》」の前で行ったクリントン大統領の演説だった。何故ならその演説は、「武器による覇権の維持」という古色蒼然とした帝国主義の醜い容貌を、「命こそ宝《ぬちどう》」という沖縄の平和の言葉を誤用してまでも、美辞麗句で塗りたくったものだったからで、その本質は、「基地の島はネバー・エンドとクリントン」という「朝日川柳」（七月二七日）で見事に見破られた。

二一世紀に向かう新鮮な流れと一九世紀に戻ろうとする淀んだ流れが、いまここで激しく交錯している。日本は、私たちは、どちらの流れを選ぶのか？

ドイツに広がるユーゴ戦争批判と軍隊不要論

二〇〇一年五月

私は、二〇〇一年一月初旬から四月初旬まで、勤務先の「在外研究」でドイツに滞在していたが、その間に平和にかかわることで大変印象的だったことが二つあった。

一つは、二年前の一九九九年三月から六月にかけて行われたNATO軍（米軍が主体だがドイツ軍も含む）によるユーゴスラビアへの爆撃に対する厳しい反省、いや批判がはじまっていたことだ。ドイツ国防軍は一九九九年三月に、「人道的作戦」という名目で、国防軍創設以来、初めて武力行使を、しかもNATOの「域外」で行ったのだったが、そのことが今厳しく問われていたのだ。

まず私が二年ぶりにオスナブリュック大学に行ってみると、イラン出身で旧知のマサラート教授から、「今夕、二年前のNATOのユーゴ戦争批判の報告をするので、是非聞きにきて欲しい」という伝言が入っていた。それで、その夕方に指定された教室に行ってみると、教室はすでに満員で、マサラート教授はさまざまな資料を紹介しながら、「人道的介入」という名の下で行われた二年前のNATO軍のユーゴ爆撃が、いかに欺瞞に満ちたものであったかを痛烈に暴いたのだった（マサラート教授の報告の邦訳は、二〇〇二年四月に刊行の御茶の水書房刊『アソシエ』9号に掲載）。

その後間もなく、二月八日に、日本で言えばNHKの第一放送に当たるARD放送が、「あれは嘘で始まった」と題した番組で、二年前にシュレーダー宰相やシャービンク国防相がドイツ国防軍の参戦の理由としたコソボ自治区でのユーゴ軍によるアルバニア系住民の大量虐殺と追放が実は「捏造と嘘」によるもので、実際にはNATO軍の爆撃・砲撃が諸民族の信頼を破壊して虐殺と難民の流出をもたらすこととなったことをさまざまな事実をあげて明らかにした。この番組は衝撃的で大きな反響を呼んだので、日刊新聞『フランクフルター・ルントシャウ』は一面全部を使ってその放送内容を要約して伝え、さらにWDR（西ドイツ放送局）がその番組を再放送した。

第二に印象的だったことは、昨年以来ヴァイツゼッカー元大統領を議長とする委員会でドイツ国防軍の改革が討議されているが、その報告書の冒頭に、「ドイツは歴史上初めて隣国がすべて友人だという状態を迎えた。では何のために兵隊が必要なのだろうか？」と書かれていたことだ。では何のためか？「NATOや西欧軍に加わって平和維持活動をするため」というのが報告書の答えだが、そのために何故三〇数万の軍隊が要るのか、という問いには答えられないので、二〇〇二年から二〇万人台に減らし、徴兵期間も九か月に短縮して、その内三か月は切り離して二年以内に補えばよいという案を示した。

もともと不要になった軍隊を維持する苦労が透けてみえる案だが、徴兵制と言っても、徴兵された若者のほぼ半数が福祉作業に従事する「民役」を選んでいるので、「軍役」としての徴兵制は事実上空洞化しているのだが、徴兵制を止めるとドイツの福祉政策が成り立たなくなるので、こうした改革案に落ちついたのだという解説もある。ともあれ今年は徴兵されて「軍役」ならぬ「民役」を選べる「軍役拒否制度」が設けられて四〇年になるが、軍役拒否者連盟の議長は、「軍役拒否制度五〇年を迎えることはないだろう、それまでに徴兵制そのものが無くなるだろうから」と述べていた。

世界中に「敵」が無くなり、ドイツの方が日本国憲法第九条に近づきつつあるようだ。

第V章　憲法調査会は何をしているか

憲法調査会のいま

二〇〇〇年一一月

本題に入る前に、朝鮮の問題について少しお話しします。御存知のように、二〇〇〇年六月に韓国の金大中大統領と北の朝鮮民主主義人民共和国の金正日総書記が初めて会って、南北はもう二度と戦争をせず、和解と協力の道を取ることで民族の統一をめざすという約束をしました。私はこの南北頂上会談は、武力によってではなく、話し合いによって平和を創造するという意味で、憲法第九条の精神がアジアの外交で実行された初めての例だと思います。

そのすぐ後に、G7サミットのときにアメリカのクリントン大統領が沖縄にやってきて、「平和の礎」の前で、「アジアの平和を守るためにこの米軍基地が必要なのだ」という演説をしました。ここに「武器による平和」と「話し合いによる平和」の違いがクッキリと現れています。そして日本の憲法第九条の精神は、まさに南北頂上会談の側にあるのですが、日本政府は「憲法第九条はあるけれども、平和のためには軍隊が必要だ」と、クリントンと同じことを言って、アメリカの戦争に協力する「周辺事態法」をつくったわけです。

いまや朝鮮半島では南北の首脳が、日本の憲法第九条の精神を実行して、アジアの平和を創造しようとしているのに、憲法第九条を持つ日本政府は、アメリカ政府に追随していまなお、平和は武器によって守られるという古い発想をしているのです。何と恥ずかしいことではないでしょうか。

最近私は、日朝関係の歴史を分析した『闇を拓く光』(御茶の水書房) という本を出しました。そこに学習資料をたくさん載せました。特に韓国を併合し、植民地支配をしていく一九一〇年までの過程で、日本が朝鮮をどのように侵略していったかを具体的に示す資料を載せました。朝鮮の侵略と支配はすべて閣議で決定して天皇が裁可した形になっています。だから日本の植民地支配は内閣だけでやったのではなく、すべて天皇の承認のもとに行われたのです。そういう意味で朝鮮の侵略と支配に対する天皇の責任は大きいのです。おそらく日本政府がいまも朝鮮の植民地支配を間違っていたと認めたくないのは、天皇の責任問題があるからでしょう。これは現在の憲法調査会と直接は関係がないもののようですが、しかし今国会に憲法調査会が設けられて動いているということは、日本の政府が過去の植民地支配に対して清算をするつもりがないということと重なっているのです。そういう意味で、北朝鮮をいまなお敵視、或いは軽視して、過去の清算をしないということと、改憲をもくろむことは裏と表の関係にあるのです。

安保条約の背景

今日のテーマはその憲法調査会のことです。一九九九年の一四五国会で周辺事態法が成立しました。小渕内閣は公明党を抱き込む形でこの法律を成立させました。これまでの日米関係は日米安保条約に基づいていました。日米安保条約というのは、日本がどこかの国から侵略されたときにはアメリカが助けるというものです。軍隊を持っていない日本が、講和条約以後侵略されるかもしれないから、アメリカにずっと守ってもらうということです。アメリカに守ってほしいと言ったのは、当時の吉田内閣ではなく、昭和天皇なのです。朝鮮戦争がはじまる直前でした。天皇がアメリカに「日本」を、つまり「自分」（天皇）を守ってくれと言ったのは、推測するに、天皇が戦争責任の追及から逃れるためです。

その頃、シベリアのハバロフスクや満州で細菌爆弾を開発していてそのために細菌を使った人体実験をして多くの捕虜を殺していた七三一部隊の裁判があったのですが、石井中将以下上層部は敗戦直前に飛行機で逃げて、アメリカ軍に細菌爆弾の資料を提供して追及を免れました。アメリカは資料を全部受け取る代わりに東京の極東軍事裁判では七三一部隊を裁かず、免責にしたのです。しかし七三一部隊の中間幹部は逃げられず、ソ連軍に捕まってシベリアに連れて行かれて裁判にかけられました。

七三一部隊は関東軍の指揮下ではなく、天皇の統帥権の下にある大本営直属だったので、ソ連の軍事裁判の裁判官は天皇を証人として喚問したいということを、極東委員会を通して連合国に伝え、マッカーサーに伝えられました。天皇はこれを聞いて、米軍を盾として戦争責任の追及から逃れるために、日本全土を米軍に基地として提供して、米軍の駐留を求めたのです。だから安保条約は冷戦のためではなく、天皇の戦争責任の追及を押さえてもらうために日本全土を米軍に提供したものです。

天皇のこのような行為は当然違憲行為です。そして、アメリカも違憲行為であることを知っていましたから、天皇から秘密のメッセージが来ると、それを受け取った公使や大使がコメントをつけて本国へ送っていましたが、そのコメントに天皇の違憲行為であるということが書かれています。天皇のメッセージはすべて憲法が施行された一九四七年五月三日以降なので、アメリカはそれが違憲行為だと知っていたからオープンにせず、秘密にして利用したのです。日米安保条約成立の背後には、そういう経過がありました。

憲法調査会設置の背景

今回の憲法調査会は、周辺事態法案の可決後に国会への設置が決議されました。一九九九年四月に国会を通した周辺事態法とは、安保条約ではできないアメリカと日本の共同作戦行動を行おうとするものです。安保条約は日本が侵略された場合に日米が共同で戦争をするという条約なので、日本が直接侵略されてもいないのに、米軍がどこかでやっている戦争を自衛隊が応援することはできないのです。

周辺事態法の「周辺」とはどこを指しているのかということが問題になりましたが、政府の説明では、地理的な概念ではなく「事態」の内容によって「周辺」が決まるという不思議な説明です。要するにアメリカ軍が自衛隊の応援を必要とするときに、応援に行くということです。

こういう周辺事態法を無理やり国会で決めた後に、憲法調査会の設置ということが起きてきました。そもそも憲法第九条がある限り自衛隊をそう簡単にアメリカが行う戦争に協力させることはできません。「集団自衛権」ということが最近盛んに言われていますが、要するにアメリカの戦争に参加するということです。「集団自衛」と言うと、自分を守るように聞こえますが、日本が攻められたときにアメリカと一緒に守るというのではありません。日米安保条約は日本が攻められたときにアメリカが応援に来るということで、その「集団自衛」はすでに決まっています。いま言っている「集団自衛権」

というのは、アメリカが世界中の色々なところでやる戦争を日本が助けるというものです。

しかしそれには、憲法第九条一項、二項があると邪魔になります。そこから俄かに改憲論が出てきて憲法調査会の設置となったのです。

憲法調査会設置の経緯と趣旨

与党三党は国会法の一部を改正するという形で憲法調査会の設置を決めました。国会法では、衆参両院にどういう委員会を置くかということを決めています。憲法調査会も委員会の一つで、衆参両院につくられます。

憲法調査会設置の趣旨は「日本国憲法について広範かつ総合的な調査を行い、調査を終えたときは調査の経過及び結果を記載した報告書を作成して議長に提出する」とあります。調査期間は五年で、中間報告をつくることもあり得ると言っています。委員は、衆議院と参議院で数が違いますけれども、だいたい各党派の議席に比例し、会長は調査会委員の互選によるとなっていますが、いずれも自民党で、参議院は村上正邦、衆議院は中山太郎です。この調査会は議会が開会中でなくても開けます。また、憲法調査会には議案提出権はありません。憲法の改正は、衆参両院でそれぞれ三分の二以上の議員が提案し、そして国民投票が行われて、有効投票数の過半数を得なければなりません。憲法調査会は改正の発議を目的とする委員会ではなく、どこまでも調査の機関として設置されています。

最初の改憲論

改憲論が最初に高まったのは戦後一〇年を迎えた一九五五年頃からです。朝鮮戦争が終わった（と言ってもまだ「休戦状態」のままですが）後の一九五四年に自衛隊が設置され、それを合法化するために改憲論が出てきました。改憲論を熱心に唱えたのは鳩山一郎で、日本が独立した以上は自前の憲法を持つべきだと主張したのです。鳩山一郎が同時に保守合同をして、自由党と民主党を一つにして自由民主党として吉田茂から鳩山一郎へと転換させました。これが「五五年体制」です。

しかし鳩山一郎は日ソ国交正常化の方に精力を費やして引退します。その後に石橋湛山が出てきますが、風邪をこじらせて二か月くらいで引退してしまいます。石橋湛山は護憲派です。戦後の保守党の首相の中ではっきりとした護憲派で、しかも憲法第九条を守ることがひじょうに大事なことだと主張したのは石橋湛山一人だけです。その後に出てきたのが岸信介で、憲法調査会をつくったのです。

一九五五年は戦後一〇年で、大きな節目でした。「朝鮮戦争が終わった。自衛隊もできたが、自衛隊は明らかに憲法違反である。戦後一〇年の節目だ。やはり憲法第九条を変えなければならない」ということで自民党や右派から改憲論が吹き出してきます。「戦後一〇年経ったのだから、もう日本は占領時代から抜けようではないか」という論調です。朝鮮戦争の特需で日本経済は復興し、経済企画庁は「もはや戦後ではない」と発表しました。そういうこともあって、自主憲法論が出てきたわけです。そのとき、一九五六年に中曾根康弘が「憲法改正の歌」をつくっています。「ああ戦いに打ち破れ、敵の軍隊進駐す、平和民主の名の下に、占領憲法強制し、祖国の解体を図りたり、時は終戦六か月」。二番は「占領軍は命令す、もしこの憲法用いずば、天皇の位置請け負わず、涙を飲んで国民は、国の前途を憂いつつ、マック憲法むかえたり」という歌です。当時の改憲論の雰囲気をよく表しています。まさにこういう理屈で改憲論が台頭してきたのです。

こうして内閣に憲法調査会が設置されました。自民党は国会で多数派ですから、内閣に憲法調査会を置くという法律案を通したのですが、当時の野党は参加を拒否しました。それで自民党は単独審議をすることになりました。憲法調査会の会長には高柳賢三・東大教授が任命されました。一方、憲法調査会の設置に反対した憲法の専門学者たちは調査会に入ることを拒否して、憲法調査会ができると、主な憲法学者や大内兵衛、丸山真男などの学者たちは「憲法問題研究会」をつくりました。雑誌『世界』の編集長・吉野源三郎が事務局長になり、憲法調査会に対抗したのです。

憲法の専門家たちが反対をしているので、憲法調査会の高柳教授は実証的な調査を行いました。もともとこの人は憲法をつくるとき（一九四六年）に貴族院議員で、「第九条というのは日本を弱体化するためにアメリカが押しつけたものじゃないか」と思って第九条に反対をしていたのです。そういう人だから自民党は高柳教授を憲法調査会の会長にしたのです。ところが、この人は学者ですから、自民党の言いなりになるわけには行かないので、第九条の成り立ちを自分でていねいに調べ上げたのです。マッカーサー元帥がまだ生きていましたので、どうやって誰が第九条を言いだしたのかを聞いたのです。マッカーサーは、幣原喜重郎首相だったと手紙にも書いて答えたのです。

高柳意見書で指摘された政略的改憲論

高柳教授はそういう憲法の成り立ちを「高柳意見書」にまとめました。ここで次のことを言っています。

「日本国憲法は占領下にアメリカの法律家たちの監視の下に成立したのは事実であるが、アメリカ人好みの米国的憲法を権力によって一方的に押しつけたのではない。それは政治的にも技術的にも日米合作の憲法と言うべきである。押しつけられたと言われるのは憲法の内容ではなくて、敗戦の結果、日本政府が受諾を余儀なくされたポツダム宣言に含まれる日本の民主化の根本政策である。外国の日本政治研究家のうちには、押しつけ憲法論はいまなお残存する旧日本の排外的愛国感情に訴えることによって、国民の間に改憲ムードを起こさせようとする一部政治家の政略であると観察する者もある」

自民党によって任命された調査会会長が「国民の間に改憲ムードを起こさせる一部政治家の政略である」と言い切ったのです。さらに「私は押しつけ憲法論は事実に反するのみでなく、いたずらに国民の排外的愛国感情を刺激することとなり、どこまでも冷静かつ慎重たるべき改憲論争に暴力的要素を導入する多大の危険を包蔵するものであり、責任ある政治家がかかる論法を用いることは厳に慎むべきであると考える」と言い切りました。

しかも高柳教授は『天皇・憲法第九条』という本を書いて、その中で一九四六年一月二四日のマッカーサー将軍と幣原首相との会談内容を含めて、「第九条の発祥地が東京であり、一月二四日のマッカーサー・幣原会談に起因する点は疑われていない」「調査会の集め得たすべての証拠を総合的に熟知してみて、私は幣原首相の提案と見るのが正しいのではないかという結論に達している」と書いています。

これが内閣に設けられた第一回の憲法調査会の会長が到達した結論であったわけです。これは自民党の目的とはまさに正反対の結論だったのです。

今回の憲法調査会の目的と内容

それで今度はあのような調査をする必要はないというのが自民党の考え方です。いまの憲法調査会はしたがって調査はしないのです。しかもちゃんとした学者は呼びません。呼ぶと自民党には危ないからです。何となくパフォーマンスだけしているのです。一言で言うといまの憲法調査会は改憲が目的です。調査が目的ではありません。理屈は何でもいいのです。国会では改憲勢力が三分の二以上いますが、いきなり改憲と言っても国民投票は通らないでしょう。まして森首相が改憲を国民投票にかけても、国民は森さんを不信任するかも知れませんが、改憲は受け付けません。だからいまは改憲ができないので、できる雰囲気をつくっていくために憲法調査会を設置して地均しをしているのです。

憲法調査会の調査内容は、インターネットの時代なので国会まで議事録をもらいにいく必要はありません。国会のホームページから、衆議院または参議院の憲法調査会を画面に出せば、すべての議事録が読めます。ホームページは国会の正式な議事録になる前の速記を載せていますので、ある意味で生々しい内容です。

参議院は二〇〇〇年一月二〇日に第一回会議をやってから五月一七日に第八回をやっています。その後は衆議院選挙で休んでいたのですが、参議院選挙の改革問題があって、そのために何もしていません。参議院の憲法調査会会長は村上正邦という右翼的な人[*]ですが、おそらく彼は調査会に関心を持っていないだろうと思います。つまり彼の立場から言うともうやることがないので、おそらく形だけやることにはなるでしょう。八回やっただけで止まっています。衆議院はついこの間一〇月二六日に行われました。

＊村上正邦氏は、その後二〇〇一年二月二二日にＫＳＤ汚職で参議院議員辞職に追い込まれ、三月一日に七二八〇万円の受託収賄罪容疑で逮捕されました。こういう人物が憲法調査会会長だったのです。

憲法調査会の議論・参議院

あまり内容はないのですが、いまの憲法調査会が具体的にどんな議論をしているかを紹介します。参議院はいきなり憲法第九条をどうするかという議論です。憲法第九条をどうするかという議論には、賛成か反対か、しかありません。結局参議院はパフォーマンスをするしかないのです。第一回は二〇〇〇年一月二〇日、議長、会長などの選出。第二回が二月一六日。第三回が三月三日、第四回が三月二二日です。各委員が三分から五分で自分の意見を次々に言うだけで議論にならないのです。しかし、若い人の意見を聞こうということで第五回、四月五日に学生を呼んだときの内容は面白いと思いました。憲法九条を変えるべきだという自民党推薦の学生が数では圧倒的に多いのですが、この人たちの意見は説得力がないのです。一応公募したと言うのですが、自民党が駆り出してきている学生たちですから、いまの憲法では国際貢献ができない、だから変えるべきだという論調です。護憲論の学生もいて、改憲論が多数の中で護憲論の学生に質問が集中します。質問をされた琉球大学や早稲田大学の学生が堂々と護憲論を展開しています。すると聞いた方の自民党の議員がもういいと言い出したり、それに対して学生が、あなたが聞いたから答えているのではないかと言ったり、本当に議論になっているのです。それはとても面白く、おそらく参議院の憲法調査会では一番生き生きとした会議だったのではないでしょうか。例えば早稲田大学の女子学生は「私は憲法改正、とりわけ九条を変えることには絶対反対です」と言っています。沖縄の学生は、「私個人では復帰前の記憶はないのですが、復帰運動で日の丸を掲げて、憲法の下に復帰したのですが、実態は基地の問題にしろ復帰前と状況は変わっていないと思います。県民も基地がないほうがいいと大多数が思っている訳ですから、復帰した憲法は何だったのか、というのがほとんどの住民の意識ではないかと思います。逆に最近では一坪反戦地主の人たちの県の公職追放というような形で議会でそういう採択がされたのですけれども、憲法の下に戻ったはずなのに、沖縄は逆に憲法によって犯されているというようなことで、ひじょうに危険な状態であると考えています」という内容です。改憲だと言っている学生の数は圧倒的に多いのですが、護憲を言った方がちゃんとした主張をしているのです。もう一つは、五月二日にGHQが憲法改正案をつくったときに関係した方が二人アメリカから来ています。その中の一人が、当時二四歳であったゴードン・シロタさんです。来日した二人は「憲法九条は押しつけた訳ではない。マッカーサーメモにすでに入っていた。マッカーサーメモは幣原さんとの話し合いでできたメモだと聞いていた。だから押しつけたとは思っていない」と答えています。逆にこの人たちは、「憲法九条を守るべきではないか」と言っています。議事録には載っていませんが、終わった後に自民党のある委員は「だいたい憲法草案をつくった連中を呼んでも、押しつけたと答えるはずがないじゃないか。村上はどうかしているよ」と批判したということです。

憲法調査会の議論・衆議院

衆議院の方は、第一回がやはり一月二〇日です。会長及び幹事の互選をしています。第二回から、「日本国憲法の制定経緯」というテーマで、二月一七日は参考人から意見を聴取するけれどもどういう参考人を頼むかという議論、第三回目が二月二四日です。日本国憲法の制定経緯の最初の参考人が駒沢大学の西修教授、日本大学の青山武憲教授の二人が呼ばれています。日本国憲法の制定経緯というのは、要するに押しつけかどうかということです。

つまり参議院の方は憲法第九条論から入って、衆議院は押しつけ論から入ったのです。憲法制定経緯の調査、つまり「押しつけ論」を第三回会議から第七回会議までやっています。二月二四日から四月二〇日までです。結局押しつけ論は効果がなく、押しつけ論をやっていても駄目だという声が自民党側から出てきて、これまでにどんな違憲判決が出ているのかを調べようということで、五月二五日は最高裁判所の事務局の人からいままでにどういう違憲判決が出ているのかということの説明を受けています。違憲判決にもいろいろあって、例えば砂川判決、これは日米安保条約そのものを違憲としている判決です。また北海道の恵庭事件に対する判決では自衛隊を違憲としています。しかし概して言えば、大田昌秀知事の沖縄の代理署名拒否についての最高裁判決もそうですが、裁判所は違憲か合憲かは言えないと逃げているのです。それは政府の統治行為なので、司法は意見を言えないという形で逃げています。例えば人権問題などでは違憲判決が出るのですが、はっきりと安保条約は違憲であるという判決は、砂川事件の伊達判決と恵庭事件の福島判決くらいしかないのです。日本には憲法裁判所がありませんから、本来は最高裁判所が憲法裁判所の役割をしなければいけないのですが、その最高裁が大田知事の代理署名拒否について判断を下さず逃げてしまいました。政府と話し合えということです。事実上は敗訴です。違憲判決を問題にするなら天皇の違憲行為を問題にしても良かったのではないかと思います。それから、自衛隊は違憲か合憲かという調査や、それから安保条約は違憲か合憲かという議論、そういう議論は何もしていないのです。

総選挙後の七月五日に会長と幹事を互選して、八月三日、総選挙後の第一回会議には、憲法調査会の今後の進め方について委員の意見表明を行い、一〇月に入って二回調査会を行っています。こうして衆議院は総選挙以後四回憲法調査会を開いています。

総選挙前の衆議院の憲法調査会で行われた「憲法制定経緯の調査」ではどういう議論が行われたかと言いますと、ほとんど無意味な議論です。馬鹿馬鹿しい議論でもあります。参考人にふさわしいと思えない人が参考人として来ています。日本大学の青山武憲教授は冒頭で、「……緊張すると私は日本語が出てこなくなって、少しく論理がおかしくなることでございますので、その点ご勘弁いただきたいと思います。……私は憲法学会に所属しているけれども学会に行ったことは一度もない。そこへ行くと自分は馬鹿にされるので」と言っています。そういう人を参考人として呼んでいるのです。

民主党の仙谷由人議員が青山参考人に聞いています――「沖縄の状態を、押しつけられたというレベルの議論で言えばどう理解したらよいのか」と。青山参考人は「戦争に負けますとどういうふうに戦後を解決するかというのは当事国で話し合うことで、その中で沖縄は施政権を一応向こうにやって、わが国は潜在的主権を確保するという形でとっていった。そういう約束事でやったわけです。ですから沖縄の住民にとってはひじょうにかわいそうな状態になったことは間違いないのですが、でも戦後の解決策として、そういう方途がとられるという事実問題にすぎなくて、日本政府としていい加減にそれをやったとは思っていません。向こうも将来の国際情勢などを考えますと、やはり支配してみたい地域もあったと思います。ソビエトや中国なんかも軍隊をどこに置かせろと言っていましたし、ソビエトは現実に北方領土の方に進駐して来ました。これについて私どもは不満を持っていますけれども、負けてしまいますと理想どおりの解決はできません。ですから、少し犠牲になってしまったということだと思います」と言っています。

社民党の深田議員から「憲法は戦後皆が支持したのではないか」と言いますと、青山参考人は「それは戦争が終わったばかりで戦争を嫌うのは、二日酔いになって頭が痛いときに酒を飲まないというのと一緒でして、やはり攻められてきたときに守りたいというのは、落ち着いたらそういう思想になると思うのですけれども、あのときには何もできないという形を一番極端な状態で考えるのはどうなのだろうか」と答えています。深田委員がさらに「そうだとして、なぜいま変えなければいけないのか」と聞きますと、青山参考人は「それは若い時にビシッとした背広を仕立てたようなものでして、このように太ってくると駄目なのです。ですから時代に合うような背広をつくれるようにしておかなければなりませんのでもう少し和らげておりませんと、時代の変容に対応できないと私は思っているのです」。こういう理屈で改憲を主張しているのです。全部こういう調子でうんざりします。お金と時間を使ってこのような議論をしているのです。こういうばかばかしい議論が衆議院の解散まで続いていました。

各政党の見解

こういう議論をしている中で、八回目の四月二七日と九回目の五月一一日に、委員だけの意見発表を二回行っています。各党がどう考えているか、党の中でも特に民主党は党としての意見にまとまりがないということがわかります。党としてははっきり、憲法の条文を変える必要はないという護憲、あるいは「明文護憲」の立場を取っているのが社民党と共産党です。「論憲」と言っているのが民主党と公明党で、改憲をはっきり言っているのが自民党、自由党、保守党です。

例えば自民党三塚派の長老、三塚博は「第九条には自衛権を明記すると共に、唯一の被爆国日本として核兵器廃絶を明示し、地球人類が永遠に協調できる時代の到来に向け努力すべきだ」と言っています。

民主党の仙谷由人委員は「押しつけ憲法論をとる人々には日本国憲法の掲げる三原則と明治憲法下の天皇中心の抑圧体制とどちらが正しいかを聞きたい。地球環境の保護、限定的防衛論、市民の概念を取り入れた新しい国家像を論じるべきだ」と言っています。仙谷さんには先日会いまして「あなたは改憲なのか、護憲なのか」と問うと、「民主的改憲ができるといいのだけれど」と不可思議なことを言っていました。いま彼は鳩山さんと横路さんの間にいるようです。鳩山由紀夫は改憲をはっきり言い、横路さんは護憲です。仙谷さんは民主党の政調会長です。そういう人が護憲だか改憲だかわからないのです。

はっきりと護憲と言っているのは共産党の東中光雄委員で、「二〇世紀において最も先駆的な憲法を守るための調査をすべきだ」と言っています。

保守党の中村鋭一委員は、「押しつけ憲法を克服し、日本人の日本人による日本人のための憲法を作る」と言っています。何を考えてそう言っているのかはわかりません。

社民党の伊藤茂委員は、「憲法を生かす努力をすべきだ。現在は政策の方が憲法の規定に合っていない」と言っています。具体的には自衛隊は違憲だと言いたいのでしょうが、社民党は、村山さんが「自衛隊は合憲だ」と言ってしまったために、そうは言えないのでこういう言い方をしているのだと思います。

自民党の奥田幹生委員は、「第九条一項は維持すべきだが、二項については改正すべきだ。そのための国民的論議をすべきだ」と言っていますが、この問題については、私は「二項殺し」と呼んでいて、来週詳しくお話しします。

自民党の奥野誠亮委員は、「現行憲法は日本弱体化を目指すアメリカ占領政策の一環としてつくられたものだ。だから当然変えるべきだ」と、いまもまだ言っています。

民主党の島聡委員は、民主党の論憲派の中で最も改憲派ですが、「首相公選制を導入すべきである」と言っています。首相公選論は最近、鳩山由紀夫が改憲論の第一の理由として主張しています。島聡委員は続けて、「二一世紀における国の在り方を考えた憲法を論議して国民自らの手によって憲法を作る」と言っていますが、現憲法は国民自らの手によらないものだと言うことのようです。

この間まで防衛庁長官だった久間章生委員は、「現行憲法では国連の安全保障活動に参加するには限界があるため、加盟国としての義務を果たすことができない。だから改正すべきだ」と。これは国際貢献論です。自衛隊は国際貢献のために海外へ出られるようにすべきだという論です。

公明党の石田勝之委員は「近年護憲派も自衛権を認めており、第九条に関する改憲派との対立も以前ほどではなく、世論においても改正の土壌は熟していると思う」と言っています。公明党はこの国会までは「論憲」を言っていました。ところが、総選挙の後にこれからどうするかという議論のところではっきりと改憲を主張しています。

自民党の中曾根康弘委員は長期にわたって憲法改正を言っていますが、「明治憲法は欽定憲法で、現行憲法は占領憲法である。二一世紀という新しい時代を迎えるに当たって、国民が参加して国民憲法を作るべきである」と言っています。これはなかなかうまい言い方で、ウッカリすると乗せられます。「論議が五年にわたるのは長すぎる。今後二年で憲法各論の議論を行い、三年目には各党が改正案を作成し、党派を超えた議論をすべきだと思う」とも言っています。各委員の意見を読んでみますと、自民党、公明党、保守党三党の改憲勢力の司令塔は依然として中曾根康弘なのだと思います。彼は、「押しつけ論」者ですが、もうそれだけを言わないで、欽定憲法では駄目だと言っています。五〇年代の調査会のときには欽定憲法に戻ろうという論だったのですが、それでは軍国主義の時代に戻ることになり説得力がなかったのです。しかもそういう議論をしているうちに、五〇年代の終わりに改憲論が高まったときに、社会党をはじめとする護憲派が国会で三分の一以上の議席を占めてしまったのです。

護憲派が三分の一以上の議席を占めたら国会で改憲の発議ができないので改憲論の意味はないのです。それ以後護憲派は、例えば公明党が改憲反対だったときには、公明、共産、社会で三分の一以上の議席を持っていました。六〇年代に入ると公明党が改憲派に変わってしまいます。そうすると社会党は公明党の票を食いはじめて三分の一になるのです。

そのようにして、岸内閣のときに護憲勢力は社会党単独では三分の一はありませんが、公明党が改憲派に変わると、社会党が進出して議席を増やしてきたのです。ところが社会党が細川内閣に入って、それまで社会党が反対してきた小選挙区制を山花貞夫さんが呑んでしまったときの選挙で社会党は百数十議席から、一気に七〇議席に落ちたのです。その後村山富市さんが今度は自民党と組んで首相になったときに、社会党の中心政策だった第九条護憲の原則を捨ててしまったのです。そのために議席は十何人かになって、社会党は崩壊して社民党に変わりました。山花委員長が小選挙区制を呑むまでは、社会党は三分の一の議席を持っていたので、憲法改正はできなかったのです。

だから、来年（二〇〇一年）の参議院選挙で護憲派が三分の一以上になったときには、この憲法調査会は無意味になるということです。参議院の三分の一以上が護憲勢力だったら改憲の提案ができません。

総選挙後の憲法調査会

ここに総選挙後の第一回の議事録があります。従来の常識では女性は平和勢力だったのですが、自民党の高市早苗さんは、女性が必ずしも平和勢力でない例として代表的な人でしょう。高市議員はこう言っています。「憲法制定経緯の正当性の議論に囚われるべきではない」。つまり押しつけ論などもうやるなということです。憲法ができた頃は彼女はまだ生まれていなかったのでしょう。だから古い話には関心がない。だから「国家、国民を取り巻く環境の変化を踏まえ、新しい人権、首相公選制、二院制のあり方等現行憲法では対応できない事項に対処するために憲法を改正すべきだ」と言っています。自民党はここで初めて委員の発言を通して、首相公選論を出してきました。民主党が改憲を主張する第一の理由に首相公選制をあげているので、自民党はそれに少し寄ったのでしょう。

民主党の鹿野道彦、この人は論憲で改憲です。「国際環境、社会生活環境の変化と憲法との関係を議論したい。日本国憲法の三原則は尊重したい。しかし、時代に応じた形に変えるべきだ」ということです。

公明党の赤松正雄委員は「公明党は憲法問題について、一・昭和四五年に護憲の立場を明らかにした。二・昭和五六年に集団的自衛権は認められないが個別的自衛権を認める旨主張した。現在三原則を堅持しつつ憲法問題を論じ、一〇年程度で一定の結論を追うべき、論憲の立場に立っている。論憲の後三原則の補強または政治的な修正の観点から改正の方向に向けて検討すべきである」。公明党はここで初めて改正ということを言いました。「最大の論点である安全保障の問題を先延ばしせず、真っ先に検討すべきである」ということは、憲法九条二項を変えろと言っているわけです。公明党の赤松議員のこの発言が新しい公明党の路線です（注・公明党はその後、二〇〇二年末現在では、第九条には手を付けないで環境権などを追加する立場に変わりました）。

共産党の春名直章議員は護憲を主張しています。

自民党の山崎拓委員は「ドイツは四〇回以上憲法の改正を行っているのであって、わが国も時代の要請に応じて憲法を改正すべきだ。特に安全保障の問題は避けて通るべきではない。五年を目途に憲法改正について合意を形成することが必要で、次期の総選挙では憲法問題を争点にするべきだ」と。これが山崎派の主張です。

民主党の石毛えい子という人も何を言いたいのかわかりません。「世界の中でのわが国の位置付けをどう設定していくのか。食料問題、生命倫理、人権問題、ポスト冷戦のあり方などについて国際機関や各国がどのように考えているのかを議論すべきである」。こう言っているのです。この人が憲法についてどう思っているのかわかりません。

次に、自民党に復党した鳩山邦夫委員は、「わが国の憲法が改正されてこなかったのは憲法をめぐるイデオロギー的対立と、憲法自体の高さから来たのであって、憲法改正の手続きについて調査を行え」。つまりもっと簡単に変えられるようにしろと言っているわけです。

これらが総選挙後の新しい国会の構成の中で出てきている意見です。

憲法をめぐる政治状況

二〇〇〇年一一月

憲法第九条二項に攻撃集中の改憲案

先週は憲法調査会がいま何をしているかということを中心にお話ししました。今日はもっと広く、憲法をめぐる政治状況はどうなっているのかということをお話しします。

憲法調査会は二〇〇〇年一月から衆参両院ではじまったのですが、一九九九年九月に、調査会を設置することが決まった後に、小沢一郎や鳩山由起夫が『文藝春秋』に、それぞれ改憲案を発表しています。小沢一郎は何度も改憲を言っているのですが、今度も、憲法第九条の一、二項はそのままにして、前二項の規定にもかかわらず「日本は自衛権を行使するための戦力を持っても構わないのだ」という第三項を付けると言っています。この第三項を付けると事実上は二項は消えてしまいます。日本国憲法第九条第二章「戦争の放棄」の内容を具体的に見るとそれがわかります。そしてそれとパリ不戦条約との関係についても後で見ていきたいと思います。

日本国憲法第九条第二項は「前項の目的を達するため、陸海空軍その他の戦力はこれを保持しない。国の交戦権はこれを認めない」と記しています。小沢案はこれに第三項として「前二項の規定にもかかわらず、第三国の武力攻撃に対する日本国の自衛権の行使と、そのための戦力の保持を妨げるものではない」という文を加えるのですから、つまり第二項を否定するのですが、しかし改憲と言われないために、一応いまの文章はそのままにして、三項を付けて事実上二項を殺そうとするのです。これが小沢一郎の考えです。

これに対して、やはり『文藝春秋』に民主党の鳩山由紀夫代表が、「小沢一郎の主張は憲法第九条に遠慮している。なぜ遠慮する必要があるのか。第二項を切ればよいので、第二項で〈陸海空軍その他の戦力はこれを保持しない〉ではなく、〈陸海空軍を保持する〉とはっきり言うべきだ」という主張をしたのです。

第九条二項の意味と歴史的背景

日本の憲法第九条が不戦・非武装の規定を持っているのは何故でしょうか。改憲を主張する人は、まずその理由を考え、思い起こしてほしいと思います。それは日本が侵略戦争を行って、国の内外にたくさんの犠牲を出したからです。他民族に与えた犠牲者が二千万から三千万人、日本人が三百万人と言われています。それを反省して当時の幣原喜重郎首相は「二度と戦争をしないために軍隊を持たないのだ」と考えました。しかし、自分の内閣ではそれを言える雰囲気ではなかったのでマッカーサー元帥に話し、「マッカーサー三原則」を通してGHQ（連合国総司令部）案という形で日本政府に提示されました。そして幣原首相はそのGHQ案を受けて、国会で「戦争と文明のどちらを採るか。文明を栄えさせようとするなら戦争を無くさなければ駄目だ。戦争があれば文明は栄えない」ということを主張しました。しかも、吉田茂首相は自衛権について「日本は自衛の名の下に戦争を重ねてきたのだから、自衛の軍隊は必要ない」と、当時、「侵略戦争は悪いけれども、自衛戦争なら良いのではないか。自衛のための軍隊はあっても良いのではないか」という共産党の野坂参三議員の質問に対して答えています。

「国権の発動たる戦争と、武力による威嚇又は武力の行使は、国際紛争を解決する手段としては、永久にこれを放棄する」という憲法第九条の第一項は、一九二八年のパリ不戦条約を受けたものですが、「陸海空軍その他の戦力は、これを保持しない。国の交戦権は、これを認めない」という第二項は、世界に例がなかったのです。現在はコスタリカが日本の憲法を参考にして、コスタリカ憲法第一二条に入れましたのでコスタリカは常備軍を持っていません。警察隊だけです。

日本の憲法が「平和憲法」と呼ばれるのは、第九条第二項があって、あらゆる戦力を否定しているからなのです。

「二項殺し」の改憲案とその意図

鳩山由紀夫は『文藝春秋』に寄せた論文で、「アジアに対して、例えば国会で〝侵略はしません〟という決議をすれば、軍隊を持っても良いのではないか」と書いています。しかし、軍隊を持たないことがアジアに対する、言わば日本の戦争と侵略の反省を表しているのですから、軍隊を持ったうえで〝もうやりませんよ〟と言っても信用してもらえないだろうと思います。鳩山さんは、憲法第九条第二項の重さを、特に明治以降に朝鮮、中国、フィリピン、インドネシアなどを侵略してきた日本の歴史との関連でどのように考えているのだろうかと思います。

つまり、憲法で「陸海空軍を全部持つ」と言った場合は、かつて侵略した国々から「日本は過去の戦争への反省がない」と言われても仕方がありません。先日、鳩山さんが主張したような不思議な決議が国会で行われましたが、そう言っていた当の鳩山さんはその決議を支持せず、「戦争をしない」という決議を与党だけでやったのです。

これはいままでにないことで、国会決議というのはこれまでは全員一致のものだったのです。例えば、村山内閣のときに、かつての日本帝国のアジアに対する戦争責任を曖昧ながらも一応は認めて謝るという国会決議をしました。今度の与党三党だけで行った国会決議の表向きの趣旨は、アジアに対して「戦争をしない」ということですが、そのホンネは、「戦争をしない」という国会決議をすれば、憲法第九条の二項を殺して、軍隊を持ってもよいということです。

日本はいままでも軍隊を持っているのですが、代々の政府はこれは自衛隊であって軍隊ではないと言ってきました。だから、予算の上では「防衛費」で「軍事費」ではありません。しかしこういうごまかしはもう通用しないほどに自衛隊は大きくなり、ここで憲法問題を何とかしないと、これ以上解釈だけで憲法問題はクリアできないということで、鳩山さんは第九条第二項を一八〇度変える改憲を主張したのです。鳩山さんはその上さらに、「米軍への後方支援と言って武器提供だけで済むのか。米軍と一緒に戦争もしなければならないだろう」と発言しています。これが「集団的自衛権」で、これはアメリカの戦争に参加するということです。世界中でアメリカが何かの軍事行動を起こせば、日本軍はアメリカ軍と一緒に地球上のどこにでも行くということです。その場合に、アメリカについて行って、武器だけを運ぶというわけにはいかないで、一緒に戦争しなければならないだろうということです。民主党内の元社会党の人たちはついに、これはひどすぎる、鳩山さんにそういうことを勝手に言われては困るということで、二〇人で「考える会」をつくりました。

憲法第九条第二項に対する攻撃は、すでに九九年の秋からはじまっていました。二〇〇〇年に入って、五月三日に読売新聞社が、六年前の憲法改正試案を修正した内容を発表しました。九四年の読売試案は「第九条第一項は、昭和三年、一九二八年のパリ不戦条約の内容を基本的に踏襲したもので、我が国としてもこうした精神は恒久平和の核心として、今後とも堅持していくべきである。しかし、第二項は削除する。日本国は自らの平和と独立のために、その安全を保つため自衛のための組織を持つことができる」と言っていました。二〇〇〇年五月三日にその「自衛のための組織」を「自衛のための軍隊」と変えました。つまり六年間に「組織」ではなく「軍隊」と変わって、鳩山由紀夫の主張と並んだのです。

民主党の若手議員の島聡は読売試案と同じことを言っています。「パリ不戦条約が九条一項なのだから、これは尊重しなければいけない。国際的にも尊重すべきである。しかし二項はいらない。二項があると日本は集団的自衛権の行使ができない」という具合で、鳩山由紀夫と同じ考えです。

田中明彦という東大教授が二〇〇〇年五月三日の朝日新聞に「憲法についていろいろ議論はいらない。ただ一つ九条二項を削る。これで良い」と書いていて、今度の国会の衆議院憲法調査会に参考人で出て同じことを言いました。「いま必要なことは九条二項を削って自衛隊を軍隊にすることである。改憲というのはそういうことだ」と発言しています。端的に言えばこれが憲法調査会を設けた目的なのです。

第九条とパリ不戦条約

憲法調査会での議論やその他の改憲論を見ますと、皆、憲法第九条第一項は存続させようとしています。これを無くしてしまうと日本は国際的に孤立してしまうからです。だけど第二項はいらない、と。つまり、第一項と第二項を切り離してしまうのです。

それでもう一度パリ不戦条約の条文を見ていただきたいのです。パリ不戦条約は、「戦争放棄に関する条約」です。ここに当時の日本外務省の翻訳があります。一五か国が最初の調印国になり、三条しかない条約です。その第一条は戦争放棄で、「締約国は国際紛争解決の為、戦争に訴うることを非とし、かつその相互関係において、国家の政策の手段としての戦争を放棄することをその各自の人民の名において厳粛に宣言す」。これが日本の憲法第九条第一項にあたります。「日本国民は正義と秩序を基調とする国際平和を誠実に希求し」という、この部分は日本側が後から入れたもので、GHQ案にはありませんでした。GHQ案は「国権の発動たる戦争と武力による威嚇または武力の行使は国際紛争を解決する手段としては、永久にこれを放棄する」であり、「国際紛争を解決する手段としての」が形容詞になって「国権の発動たる戦争と武力による威嚇または行使を永久に放棄する」となっています。日本側が翻訳でそれを入れ替えたのです。「国際紛争を解決する手段としては永久にこれを放棄する」けれども、国際紛争を解決する手段でなければ、例えば「自衛のためならば」良いのだともとれないではないような翻訳になっています。それで、もう一つ第二項が付くのです。「陸海空軍その他の戦力はこれを保持しない。国の交戦権はそれを認めない」。これによって完全に戦争はできないのです。軍隊が無いし交戦権が無いのですから、戦争はできません。つまり、憲法第九条というのは第一項だけでは平和憲法とは言えないのです。第二項があるから平和憲法なのです。

パリ不戦条約第二条を見てみます。「締約国は相互間に起こることあるべき一切の紛争または紛議はその性質または起因の如何を問わず平和的手段によるの他、これが処理または解決を求めざることを約す」とあります。何を言っているかと言うと「一切の紛争または紛議」は、国家間の争いの「性質または起因の如何を問わず」ということは、その戦争が侵略戦争であるのか、防衛戦争であるのかということは問わないということです。「自衛のため」という理由もここでは通用しないということを言っているのです。そして「平和的手段によるの他」ということは、あらゆる戦争を放棄するということです。「自衛戦争なら良い」などとはパリ不戦条約は言っていません。

不戦条約に日本が調印したときの首相は田中義一です。陸軍大臣として中国侵略を真っ先にやった人です。田中義一と幣原喜重郎は対立していました。幣原喜重郎はその前年まで外務大臣をしていて、田中義一が首相になると同時に外務大臣を兼ねたために、幣原は外務大臣を降りたのですが、田中義一が失脚して浜口雄幸内閣ができると幣原は再び外務大臣に復帰します。そして一九二九年にパリ不戦条約の批准をしたのは、幣原外務大臣でした。

パリ不戦条約とデューイの言葉

幣原喜重郎が外務大臣のときに、不戦条約を批准したのですが、日本の憲法第九条第一項はまさに不戦条約の第一条で、第二項は不戦条約の精神をいっそう具体的に表したものです。軍隊を持たないと言うことです。この考え方を広めたのは第一次大戦後のアメリカの平和運動ですが、特にアメリカの有名な哲学者のジョン・デューイがこの運動を理論化していきました。デューイはパリ不戦条約ができた後に「パリ不戦条約が持つ直接の道義的効果ならびに潜在的外交的効果は、いくつかの覚書の交換、すなわちイギリスやアメリカのようなある一定の領域の留保（自衛の範囲を広げたこと）、対立諸国なかんずくフランスのチューリッヒ条約の部分の留保によっていくつかは弱められてしまった。またある一国により自衛の観念があいまいにされてしまった」と書きました。この「ある一国」とは日本です。日本は満蒙まで自衛の範囲にしてしまいました。

デューイはまた、「我々アメリカ委員会はすべての国が自国の戦争を自衛のためであると主張することや、戦争とは一つの制度であり、どの戦争が違法で、また違法でないと区別できないという点を指摘している。したがって侵略戦争と自衛戦争との間に区別を立てることに対しては一貫して反対してきた」と述べています。だから、このパリ不戦条約には、この条約に反した行為をしたときには武力で制裁を加えるという条項はないのです。なぜなら武力の使用という考え方そのものに反対しているので、武力制裁という考え方がないのです。そのことを幣原外務大臣のときの日本の外務省はとても良く研究をしています。

「この条約に本当に意味を持たせるには、国際法廷が仲裁法廷としてきちんとしなければならない。仲裁法廷がきちんとするためには、どこかに武力があってはだめだろう。これをみると武力制裁の項がないということは武力をなくすということだろう。そうすると裁判によって国際紛争を裁かなければならないから、非常に権威のある国際仲裁裁判所が必要だろう。だからこれがうまくいくかどうかは、国際仲裁裁判所がうまくいくかどうかにかかっている」

こういう研究を当時の日本の学会はしていました。一九二八年、二九年（昭和三年、四年）頃の日本の学会は平和研究をしっかりやっていました。幣原外交は軟弱外交と言われたのですが、しかし、平和外交としてはいろいろな平和研究を起こしていたのです。

マッカーサーの見解

現在の国会の憲法調査会はそういう調査はしていません。もっぱら「二項殺し」の議論ばかりで、幣原外交がやったことの意味など全く研究していません。憲法第九条の第一項と第二項は分離できないのです。分離したら第一項の意味がなくなるのです。第二項があるから、まさに平和憲法であるということを誰よりも良く知っていたのは、第九条をつくった幣原喜重郎とマッカーサーだったのです。マッカーサーは日本の憲法をつくったことを誇りにしていました。

幣原内閣のとき、一九四六年四月に、東京で連合国対日理事会第一回会議が行われています。日本の占領についてはワシントンに極東委員会が置かれました。連合国一五か国が集まって、アメリカを議長国として、日本の占領についての最高決定機関です。しかし、ワシントンは離れているし、一五か国では数が多いので、ポツダム宣言にサインをしたアメリカ、イギリス、国民党中国、ソ連の四か国が東京に極東委員会の出店のような形で、対日理事会をつくっていました。

日本占領軍はマッカーサー将軍を総司令官とするアメリカ軍でしたが、対日理事会にはソ連・イギリス・中国の軍人が連合国代表として出席しています。対日理事会はマッカーサーを監督する立場にあるわけで、対日理事会に問題があるときは極東委員会に諮って決定し、マッカーサーに命令するという仕組みです。

対日理事会第一回会議でマッカーサーは次のような開会演説をしています。

「新憲法の条項は全て重要で、ポツダムで表明された目標に向けて個人をも集団をも導くものでありますが、私が特に指摘しておきたいのは戦争放棄の条文であります。戦争の放棄はある意味では日本の戦争能力の破壊の論理的帰結でありますが、しかしそれを越えて、国際社会において武力に訴える権利の放棄にまで至っているのです。このことによって日本は、正義と寛容と普遍的道義が効果的に支配する国際社会への信頼を表明し、国民の安全をそこに委ねたのです。国策の手段としての戦争が完全に間違いであったことを知った国民の上に立つ日本政府の提案は、実際、戦争を相互に防止するためには国際的な社会・政治道徳のより高次の法を発展させることによって、人類をさらに一歩前進させる必要性を認めるものです」

このような内容は、当時の日本の国会でも議論はされていません。マッカーサーはさらにこう言っています。「したがって私は戦争放棄に対する日本の提案を、全世界の人々が深く考慮することを提唱するものです。道はこれしかないのです。国連の目標は称賛すべきもの、偉大で気高いものですが、その目標も、日本がこの憲法によって一方的に行うことを提案した戦争する権利の放棄を、まさにすべての国が行った時にはじめて実現されるのです」。

国連憲章は、紛争は武力によらないで話し合いで解決しようと言っているのですが、しかし解決できないときは武力制裁をするという第七章四二条があるのです。武力制裁の項目があれば、話し合いはいい加減にして、すぐ武力に訴えたくなるのです。現に湾岸戦争がそうです。ユーゴスラビアの爆撃は国連の決議なしにアメリカが一方的に行っています。つまり、武力を持っていれば使いたくなるのです。だからマッカーサーは、国連憲章は高い目標を掲げているけれども、日本の憲法の方が、国連憲章よりももっと高い次元を指しているのだと言ったのです。

つまりマッカーサーは国連憲章と日本国憲法の違いを正確に知っていたのです。当時の日本の国会議員でここまで議論している人はいません。そういう意味でマッカーサーはひじょうに水準の高いことを言っているのです。「戦争放棄は同時且つ全般的でなければなりません」とマッカーサーは言っていますが、それはどこかの国が軍隊を持って脅してきたら、武装放棄した方が損だということになるので、武装放棄はすべての国で同時にやらなければだめだと言っています。

「それは言葉だけでなく、行動によって効果を挙げねばなりません。平和を求めるすべての人々の信頼をかち得られるような明確な行動によってです」とも言っています。つまりマッカーサーは極東委員会で一五の構成国に対して、全部武装を捨てろと言っているのです。日本のように。

マッカーサーはアメリカに対しても、一九五一年四月に総司令官を解任された後に、アメリカ上院の軍事外交委員会の公聴会で行った証言で、「どうしたら戦争は無くせると思うか」という上院議員の質問に対して、「日本の憲法九条をアメリカにも入れることだ」と答えて、「アメリカが侵略されたらどうするのか」という質問には、「アメリカが侵略されることはないので、アメリカは沿岸警備隊があれば沢山ではないか」と答えています。そしてマッカーサーのこういう証言を聞いて上院議員たちは感動して拍手までしたのです。一九五一年にはアメリカの上院議員たちはそれだけの平和感覚を持っていたということかも知れませんが、しかし、マッカーサーの証言に拍手をした上院議員たちはその後マッカーサーの勧告を実行していません。実行していれば冷戦もその後の核軍拡競争もなかった筈なのです。

日本の国会の憲法調査会はこういうことにも関心をもっていません。前の憲法調査会の高柳賢三会長は、マッカーサーのこういう演説や証言を見つけてきて、これは素晴らしいと言っていました。国会図書館の憲政資料室に占領時代の記録があり、私は対日理事会の記録のマイクロフィルムを借りて読んでみました。その後高柳賢三さんの『天皇・憲法第九条』（有紀書房、一九六三年）という本を読んだら、マッカーサーの第一回対日理事会での演説を引用していました。ただし高柳さんの翻訳は間違っています。高柳さんはマッカーサーが国連憲章を批判するとは思わなかったのでしょう。だから憲法第九条は「国連憲章よりもさらに優れている」というところを「国連憲章と並んで」としていますが、そうではないのです。日本の憲法第九条は国連憲章を超えているとマッカーサーはここで言っているのです。そういう意味では、マッカーサー演説の正確な翻訳は私の訳が初めてではないでしょうか。

九条二項殺しが行われた場合に何が起こるか?

では次に、第九条の「二項殺し」が行われた場合、つまり第九条の改憲をした場合に、何が起こるのかを考えてみます。

小沢一郎も鳩山由紀夫も共通して言っている改憲の理由の一つは「自衛」で、もう一つの理由は国際貢献です。しかし自衛と国際貢献のために、本当に「二項殺し」が必要なのでしょうか？　そのことを最後に考えてみましょう。

「ソ連の脅威」のかわりに「北朝鮮の脅威」——「自衛のための軍隊」は「百害あって一利無し」

沖縄の米軍基地と日米安保条約による在日米軍基地は、昭和天皇の秘密メッセージが大きな役割を演じてできたものですが、表向きの口実は「冷戦」「ソ連の脅威」でした。しかし冷戦は終結し、「ソ連の脅威」は無くなりました。だから米軍は沖縄からも日本全土からも撤退すべきですが、いま米軍が沖縄と日本全土に居座り続けている理由は、「北朝鮮の脅威」だと言っています。

ところが「北朝鮮の脅威」を唱えていたアメリカの国務長官が北朝鮮に行って金正日総書記と会って歓迎されて、「ならず者が人気者になった」と言ったわけです。つまり「北朝鮮の脅威」はもう無いということです。そうするとどこの国が日本に侵略して来るのでしょうか？　侵略して来る国は無いのです。

一方日本政府は五〇〇兆円以上の借金を抱えています。そういう赤字を抱えながら毎年六兆円もの軍事費を使うのは無駄なことです。日本にとっての「脅威」はもうどこにも無いのですから、マッカーサーが言った通り、日本の沿岸警備は海上保安庁で沢山です。尖閣列島問題や竹島問題は、軍事力で、戦争をして解決すべき問題ではありません。これらの領土・領海問題は、共同利用とか、漁業権を分け合うとか、そういう話し合いをして解決する外はありません。「自衛」のための軍隊はもう要らないどころか、「百害あって一利無し」なのです。

徴兵制

では「国際貢献」ということはどうでしょうか。なぜ軍隊で国際貢献をする必要があるのでしょうか？　小沢一郎や鳩山由紀夫が言う「国際貢献」は、一口に言えば戦争をするということ、殺人をするということですから、それなら小沢一郎や鳩山由紀夫が自分で鉄砲をもってフランスの外人部隊のようなところに入って「国際貢献」をしてきたらいいと思います。本当の国際貢献に軍隊は必要ありません。軍隊では本当の国際貢献はできません。

さらに鳩山由紀夫は「徴兵制」をも主張していました。しかし党内からも反対が大きかったので最近は言っていませんが、鳩山由紀夫が徴兵制を主張するのは、鳩山由紀夫の立場に立てば徴兵制を言わない小沢一郎よりも筋が通っています。なぜかと言いますと、憲法第九条二項を無くしたら、従って自衛隊ではなく日本国軍隊となったときに兵隊がそこへ来るでしょうか？　いまは自衛隊で、憲法第九条があるので、戦争に行くという心配が無いので、自衛隊へ行けば、各種免許や資格が取れるし、不況の時代に給料がもらえるし、辞めた後も面倒を見てもらえるということがあって志願してきています。つまり憲法第九条があるから、自衛隊に行けるのです。もし憲法第九条二項がなくなって「戦争に行ってこい」と言われたら「このくらいの給料で命は出せない」ということになります。カンボジアへ行った自衛隊員は一日二万円の手当てをもらったそうです。現地に住んでいる人は一日一ドルくらいで暮らしているので、びっくりしたそうです。そういう自衛隊ですから、軍隊になって、戦争に行ってこいといわれたら行くでしょうか？　だいたい自衛隊に人が来ないでしょう。そうしたら徴兵制以外にはありません。

ドイツは一九五六年以来徴兵制ですが、日本の自衛隊よりも一年遅く一九五五年に再軍備をしたときは、日本同様に志願制でした。しかし当時の西ドイツは冷戦の最前線で戦争の危険性が極めて高かったために、志願者がいなかったので、翌年から徴兵制にしたのです。しかし、徴兵制には批判が強く、一九六一年から「良心的兵役拒否制度」を導入しました。しかしいまは「良心的兵役拒否」かどうかは関係無しに、「兵役か民役か」を選べます。「民役」というのは、軍役ではなく福祉施設で働くことで、軍役よりも期間が長いのですが、いまは半数の青年が期間の長い「民役」を選び、ドイツの福祉は「民役」で成り立っていると言われています。

日本の場合も自衛隊が正規の軍隊になったら、こんな危ないところには人が来ません。そうすると、すごく高いお金を出すことが考えられます。いまアメリカは志願制ですが、これにはいろいろな特典があります。例えば海兵隊に一年行くと無料で大学へ入れるとか、希望する仕事がもらえるとか。そうしないと人が来ないのです。しかもアメリカの場合は貧富の差が大きくて、カラードの人たちは生活が苦しいですから、軍隊へ行くわけです。日本の場合はおそらく徴兵制にしないと兵隊が集まらないでしょう。徴兵制にしてもいまの若者は来るでしょうか。いまの自衛隊は個室で、外出自由、門限はないということです。そうしなければ若者が来ないからです。こういう状況で徴兵制にしても、おそらく来ない若者がいるでしょう。そうすると徴兵忌避者を捕まえる法律が必要になってきます。捕まえて、裁判をする軍事法廷が必要になります。そういうふうになっていくと憲法は事実上停止です。

機密保護法（スパイ禁止法）と「有事法」

先日、自衛隊員が軍事情報をロシアに渡したという事件がありましたが、そもそも日本には憲法第九条がある限り「軍事機密」はないのです。しかし正規の軍隊ができると、まず軍事機密を守るスパイ防止法が必要になります。軍事機密漏洩罪、或いはスパイ罪は禁固一〇年とか終身刑とか死刑となることでしょう。こういう法律がたくさん出てきます。また「有事法」が公然とつくられます。「戦争」という言葉は憲法第九条があるので使えないから「有事」と言っているのですが、これは戦時法のことです。

戦時法が施行されれば、憲法は停止されます。いまでも、戦車が赤信号で止まらなければならないことを何とかしてくれと自衛隊は言っています。そうすると人権はどこかへ飛んでいってしまいます。アメリカでは自分たちのこととなると、草の根からの抗議が起こるのですが、日本のように民主主義の伝統の弱い国はどの程度抵抗できるでしょうか。当然、人権は無視され、結局、報道の自由、通信の自由、出版の自由、自治体の自治は制限されていきます。いっぺんにはしないでしょうが、しかし周辺事態法ですでに自治体の自治を制限しはじめています。「二項殺し」が行われたときの状況というのは、第二次世界大戦前、あるいは大戦中に逆戻りしてしまう状態です。特に日本のように民主主義の伝統が弱い、しかも簡単に長いものに巻かれてしまうところでは、そういう側面が強いと思います。

それで、憲法第九条第二項がなくなった場合は、当然、いまの周辺事態法から言えば、日米は一緒に並んで戦争をし、「集団的自衛権」を行使するということになります。この「自衛権」というのがおかしいのですが、日本はイラクへ行って自衛する必要はありません。「集団的自衛」ではなく「集団的侵略」です。それをやらざるを得なくなるのです。いまは憲法上の制約があるから、しょうがないということになっていますが、お金だけでもということで、湾岸戦争のときに一三〇億ドル、一兆三〇〇〇億円を出しました。けれども軍隊ということになれば、とてもそれでは済まないのです。鳩山由紀夫さんのいう通り、徴兵しなければ人が来ないし、外国へ行けば一緒に戦争をしなければならないし、武器を運ぶだけだとか、後方支援とか、そういうわけにはいかないでしょう。

「護憲政党」の「護憲」の実態

こういう状態になるのを止めるのが野党の役割ですが、問題はその野党なのです。民主党も野党なのですが、その代表の鳩山さんは小沢一郎以上の改憲論者です。社民党、共産党にも問題があります。一〇年前の朝日新聞の記事に社会党の見解が載っています。当時、土井たか子さんが委員長だったのですが、社会党が党改革委員会というものをつくって、田辺誠さんが委員長で改革案をつくったのです。その中で「現在の自衛隊は違憲ではあるけれども、しかし、自衛の為には認めようではないか」という提案をしました。その後村山富市さんが首相になったときに「自衛隊は違憲である」という見解を、「自衛隊は最小限の防衛力である。日米安保条約は堅持していく」と変えて自民党と同じになって、自民党と手を組むことになりました。

一〇年前の朝日新聞には、土井さんが「非武装」という上着の上に「改革案」という黒い上着を着せられている漫画が載っていましたが、いまはその真っ黒い上着が普段着になっているわけです。村山富市さんは「自衛隊は違憲ではない」と認めたのです。こうして憲法第九条の解釈上の「二項殺し」をやった上で「護憲」だと言っているのです。これはいったいどう考えたらよいのでしょうか。これが社民党の実態です。

共産党だけはしっかり護憲かと思っていたら、「民主党と手を組む時には、日米安保体制に対する反対を凍結する」と言っています。自衛隊については「違憲の存在だけれど必要な場合には使う」と言っています。これも理解しがたいことです。「違憲の存在」と規定された自衛隊が、共産党の命令で命を捨てるでしょうか？

このように見てくると、国会の中に本当の意味での護憲政党がないということになります。護憲をきちんと言っている国会議員は、二人の参議院議員です。一人は沖縄社会大衆党の島袋宗康委員長、無所属で二院クラブです。もう一人は照屋寛徳議員、沖縄選出で社民党会派ですが無所属です。ともに沖縄県選出です。その他には衆参両院を通じて「自衛隊・安保条約は違憲だから即時解散・解消し、米軍基地は撤去する」と言う完全な護憲派議員はいないのです。社民党、共産党は「護憲」と言っていますが、その内容は、条件付、留保付なのです。

ではどうしたら良いのでしょうか？　中途半端な「護憲」は最後まで持ちこたえられるでしょうか？「自衛隊に反対なら、はっきりと自衛隊は違憲だと言うべきではないか。自衛隊は合憲だというのであれば、憲法を変えてそう書くべきではないか」と詰められたら、この二つの政党はどうするのでしょうか。しかし、残念ながら社民党も共産党もこの問題をそれ程深刻に考えていないようです。一般的に「護憲」と言っていれば、今度の参議院選挙で票が集まると思っているようです。「自衛隊・安保条約は違憲だから即時解散・解消」と主張しているのは、旧社会党が社民党になるときに分かれた新社会党で、理論的に言えば新社会党が唯一の護憲政党と言えるかも知れません。しかし国会に議席がありません。

二〇〇一年七月参議院選挙の重要性

二〇〇一年七月の参議院選挙はまさに憲法第九条第二項が問われる選挙となることでしょう。ごまかしは通用しません。しかし「護憲争い」も愚かです。護憲派が三分の一の議席を占めて改憲を阻止するためには、「護憲」を掲げる政党が協力すべきです。そして「護憲」を掲げる政党が協力するために、各党がしっかりとした「護憲政党」にならなければなりません。そのためにはしっかりした「護憲」を言う人を各党の中につくることです。人をつくることで党を変えていくことです。そうしないと護憲を本当に貫くことは難しいのではないかと思います。

憲法調査会のその後

二〇〇〇年一月に国会に設置された衆議院憲法調査会は、「概ね五年程度を目途とする」調査期間の半ばを迎えた二〇〇二年一一月に、「衆議院憲法調査会中間報告書」を発表しました。「中間報告書」は分厚い本ですが、内容は護憲・改憲の間で中立性を装っているために、ゼロサムゲームのようになっています。憲法調査会に招かれた参考人は様々・玉石混交で、その意見を機械的に要約して並べているので、「報告書」と銘打ちながら、統一性はまったくありません。

「中間報告書」は、基本的にはそうした性格の報告書ですが、そうした性格の報告を通して特に次の点が注目されます。それは、衆議院憲法調査会が過去二年半にわたって相当の時間と労力と費用を費やしながら、憲法調査会が本来調査すべき最も肝心な問題が調査されていないということです。

私の考えでは、憲法調査会が調査すべき最も肝心な問題の第一は、「この憲法は、国の最高法規であって、その条規に反する法律、命令、詔勅及び国務に関するその他の行為の全部又は一部は、その効力を有しない」（第九八条）と厳粛に規定しているこの憲法が、代々の政府によって、「国の最高法規」として本当に尊重され、遵守されてきたかどうか、の調査です。

この調査が「最も肝心な問題」であるのは、日本国は憲法を基にして政治を行う立憲主義の立場に立つ法治国家であるのか、それとも憲法を無視、あるいは棚上げして、その時々の国会の多数派の恣意で政治が行われる恣意的な無法国家であるかを問う基本をなす問題だからです。

問題の第二は、天皇の行為が、「天皇」を規定した第一章に照らして逸脱がなかったかどうかを厳密に調査することです。例えば、昭和天皇が一九四七年九月一九日に寺崎英成御用掛を通してマッカーサー連合軍総司令官に対して、沖縄を米軍基地として「日本に主権を残存させた形で、長期の――二五年から五〇年ないしそれ以上の――貸与」を示唆したメッセージは、憲法第一章に照らして合法であったかどうか、また同じく昭和天皇が一九五〇年六月二三日から二五日までの間に松平康昌秘書を通してダレス氏とトルーマン大統領に、公職追放解除と日本全土の米軍基地化問題について送ったメッセージ（同年八月に松平秘書の手によって英文タイプ打ちされて米側に手交された文書）が、憲法第一章に照らして合法であったかどうか、さらに同じく昭和天皇が一九五一年八月二八日以前に講和条約の評価に関してリジウェイ連合軍総司令官を介してトルーマン大統領に送ったメッセージが、憲法第一章に照らして合法であったかどうかが、調査されるべきでしょう。

また昭和天皇に限らず現天皇及び皇族の「外交」と称せられる行為が、果して憲法第一章に照らして合法であるかどうかも調査されるべきでしょう。

第三は、第九条に関わる問題です。日本国憲法第九条は、次のように規定しています。

「日本国民は、正義と秩序を基調とする国際平和を誠実に希求し、国権の発動たる戦争と、武力による威嚇又は武力の行使は、国際紛争を解決する手段としては、永久にこれを放棄する。

前項の目的を達するため、陸海空軍その他の戦力は、これを保持しない。国の交戦権は、これを認めない」

ところが自由党吉田茂内閣が、一九五四年六月八日に公布した自衛隊法は、憲法第九条の規定に反して「武力行使」（第八八条）を規定したものでした。そしてその後代々の政府は、「自衛隊は軍隊に非ず」の詭弁の下に、自衛隊を増大させて、憲法と現実の巨大な乖離をもたらすこととなりました。しかし今度の「中間報告書」を見ると、その巨大な乖離の根源が究められていません。

吉田内閣から今日の小泉内閣に至るまで一貫して主張しているように、もし自衛隊が軍隊でなく、したがって憲法第九条に違反しないと考えるのであれば、改憲の議論は無用でしょう。またもし自衛隊の維持・発展のために憲法第九条が障害となるというのであれば、まず自衛隊を解散した上で、憲法第九条の改廃を議論するのが、立憲主義政治の本道ではないか。

これが、衆議院憲法調査会が設置以来二年半経って、いわば「折り返し地点」に立ってまとめた「衆議院憲法調査会中間報告書」を見ての私の感想です。結局、憲法調査会は衆参両院ともに、時間と労力と費用をかけながら、改憲への準備としての「地均し」をやっていることが「中間報告書」を見てますますはっきりとしてきました。

第Ⅵ章　二〇世紀の反省　二一世紀への展望

二〇世紀の反省　二一世紀への展望

一九九八年四月

はじめに――ユートピアの日本

今日は、二〇世紀を反省総括し、二一世紀への課題を明らかにするという大変大きな問題を頂きまして、それを四〇分でどういう風に問題提起したものかなと考えました。二〇世紀の反省と二一世紀への展望。展望ということは同時に課題ということでもあります。しかし今日は、むしろ二〇世紀という世紀をどう考えたらいいか。この一〇〇年間についてわれわれは何を反省しなければならないか。あるいは、なぜ現在のような日本になっているのかということを主にお話ししたいと思います。

たしかに、二一世紀まであと一〇〇〇日で、二〇世紀はほとんど過ぎ去ったこと、過去のことなのですが、しかし私たちは自分が生きてきて経験したことをしっかり考え直し、反省することなしに未来を拓くことはできません。未来を夢見ることはできても、未来を創造することはできない。そういう意味で私たちは、いまこそ二〇世紀という時代をしっかりと振り返って見るべきだろうと思います。その上でどういう問題が出てくるかということを簡単にお話しします。

レジメの最初に、現在の日本はいわば逆ユートピアの時代だと書いておきました。ユートピアとは、よい世界、あって欲しい世界を夢見ることです。しかし、それはまだどこにも無いという意味でユートピアという言葉が使われているのですが、現在の日本はそのあべこべではないか。こうあってはならないという状態にある。そういう意味では、現在の日本はどん底ではないか。たしかにいまアジア全体が経済的困難に直面しています。特にお隣の韓国では、大変な金融危機で、大統領になられた金大中氏はまっさきにこの問題と取り組まなければならない。昨日、ロンドンで開かれたアジア・ヨーロッパ会議（ＡＳＥＭ）でも、金大中氏は経済的苦境を訴えています。私は金大中氏とは個人的にもおつきあいをしてきましたが、彼が大統領になるということは九七年の一一月でもまだ考えられないことでした。しかし大統領になるとやはり色々な面で大きく変わってきて、今日の新聞を見ますと、前政権では完全に行き詰まっていた南北関係がいよいよ動き出すと伝えられています。

また、中国は、昨日のロンドン会議でも朱首相が大変注目されたと新聞は伝えていますが、明らかに東アジアは、韓国も中国も動きはじめているのです。そういう中で日本は逆に一番後ろ向きで、一番反動的な役割をしていて、しかも国民はそれに対してほとんど動こうとしないという状態にあります。それはどうしてなんだろうか、ということを振り返ってみたいと思うのです。

二〇世紀とはどういう世紀か？

『廿世紀之怪物帝国主義』

二〇世紀はどういう世紀かという問いに対して、これにひとことで答えるのは大変難しい、また乱暴なことでもありますが、それを敢えて言えば、二〇世紀は「帝国主義の時代」だったとまず言うべきではないか、と思います。二〇世紀のはじめ、一九〇一年に幸徳秋水が『廿世紀之怪物帝国主義』という薄い本を書きました。薄い本でしたが、これは世界で初めて帝国主義というものを理論的に論じた本でした。その翌年にイギリスのボブスンという経済学者がやはり『帝国主義論』という本を書きました。それまで帝国主義という言葉は「自分の国は大国だ」と威張る意味の言葉だったのです。「自分の国はローマ帝国のような大国だ」と威張るときに、帝国主義という言葉が使われていたのです。その帝国主義という言葉、概念を、これは人類にとってもっとも好ましくない制度だと批判的に書いたのが一九〇一年の幸徳秋水の『帝国主義』であり、翌年のボブスンの『帝国主義論』です。

この一九〇〇年に、まさに二〇世紀が始まるときに社会主義インターナショナル（第二インター）の世界大会がパリで開かれました。そしてこの国際会議で帝国主義に反対する革新勢力の国際的な統一戦線の呼びかけが初めて行われたのです。幸徳秋水の『帝国主義』は、そういう世界的な動きを、おそらくはアメリカ経由でその情報を得たのだと思いますが、日本に初めて伝えて論じたものでした。幸徳はもうすでにそこにはっきりと書いていましたが、帝国主義は植民地支配を行い、したがって戦争、暴力が帝国主義のいわば基本的な特徴となります。

しかし、二〇世紀は帝国主義だけの世紀ではありません。いまも鎌田（定夫）先生のお話にありましたが、それに対抗する様々な運動が起こってきました。大きく言えば、戦争に対しては平和を、そして抑圧に対しては解放を、さらにそういう平和と解放をもっと恒常的にする制度として社会主義ということが考えられたのです。

いまも申しましたように、一九〇〇年、二〇世紀の幕開けにパリで、帝国主義に対してどう対抗するかという会議が開かれました。このときに国際的な反帝国主義戦線の形成を呼びかけたのは、ポーランド生まれの若いユダヤ人女性で社会主義者のローザ・ルクセンブルクでした。彼女はチューリッヒで学び、女性として初めて経済学博士になった人です。わずか三〇歳になるかならないかで、パリからそういう呼びかけをしたのですが、このころ彼女はある手紙の中で、アジアで帝国主義時代の幕を切ったのは日本だ、と書いています。日清戦争が世界の構造を変えたのだ、と。それまで世界の力関係の構造は、イギリス対ロシア・フランスという構図の中でコンスタンチノープルが中心だったが、日本が清国と戦争をし、清国を軍事的に破ることによって、欧米列強はすべて中国に集まって、巨象に群がる猛獣のように、中国の各地を侵略しはじめた、と。

考えてみれば、たしかにその通りです。九七年七月一日に、私たちは香港の中国への返還のセレモニーをテレビで見ました。イギリスは中国にアヘン戦争を仕掛けることによってまず香港を占領しました。しかし、香港が九九年間イギリスの植民地になるその引き金を引いたのは実は日本であり、日清戦争であったということを、私たちのほとんど誰も考えなかったのではないでしょうか。

香港はイギリスが占領して植民地にしていたところで、九九年間占領していたがいま中国に返すのだ、としか大抵の日本人は思わなかったのではないでしょうか。そういう意味では、日本人はあまり意識していませんが、アジアにおける日本帝国主義の役割というものは、きわめて大きいものであったのです。

近代日本の選択――福沢諭吉vs植木枝盛・中江兆民

こういう日本近代の歩みの特徴について、わかりやすい例を挙げますと、いま一万円札に福沢諭吉が印刷されています。その前は聖徳太子でした。聖徳太子に代えて福沢諭吉を一万円札に印刷することを考えた人は、福沢諭吉は『学問のすすめ』で「天は人の上に人をつくらず、人の下に人をつくらず」と言っていた民主主義者だからいいのではないかと思って、選んだのでしょう。そしてそれ以来もうだいぶ経ちますが、いまもって福沢諭吉が一万円札の上に座っていて、日本人は平気でこのお札を使っています。しかし福沢諭吉が座る一万円札をアジアで平気で使っている間は、日本には希望がないのではないかと私は思います。

福沢諭吉に対するオルタナティブの道として、植木枝盛・中江兆民という名前を書きました。福沢諭吉はたしかに日本の封建制に対して民主化を主張しました。『文明論之概略』で福沢は、世界は「野蛮」「半開」「文明」の三つのグループからなりたっていて、日本は目下「半開」の状態にある、だから一日も早く「文明」の仲間入りをしなくてはいけないという主張をしました。彼は封建制に対して民主化を主張しましたが、彼のいう民権とは国権を主張するための民権でした。日本がアジアで強国になるためには、国内では民主主義でなければならない。つまり「一国民主主義」の主張です。よその国に対しても民主的に対応するというのではないのです。こういう考え方を彼はすでに明治一〇年代の早い時期から主張しています。「内国に在て民権を主張するは外国に対して国権を張らんが為なり」と。それに対し植木枝盛は、明治一二年に「人民ノ国家ニ対スル精神ヲ論ズ」という論文で、「某ノ学者ノ如キハ民権論、国権論ト云フノ二書ヲ著シ、之ニ書シテ曰ク、民権ヲ張ルハ国権ヲ張ランガ為ナリト、嗟呼何ゾ其言ノ理ヲ失スルモ亦太甚ダシキヤ……」という批判をしています。

明治一〇年代に朝鮮で改革運動が起こると福沢はその一方に加担しますが、それが失敗すると直ちに朝鮮を占領して植民地にしてしまえという主張をします。主張をしただけでなく、福沢は自分の弟子を朝鮮に送り込んで朝鮮の植民地化を実行したのです。つまり、福沢諭吉の民主主義とは、あくまでも国内だけのことで、しかもそれは、海外侵略を有効に進めるための民主主義であったのです。

中江兆民の場合は、福沢諭吉が有名な「脱亜論」で、「支那朝鮮に接するの法も隣国なるが故にとて特別の会釈に及ばず、正に西洋人が之に接するの風に従て処分す可きのみ」と述べていたのとほぼ同じ頃に、福沢とは正反対の主張をしていました。中江兆民はパリ・コミューンの直後、一八七一年にパリに留学して、ジャン・ジャック・ルソーの思想を学んで帰ってきて、『社会契約論』をアジアで初めて翻訳しました。また、兆民は『社会契約論』を中国語に翻訳しました。というのは、当時の日本の知識人は全部、漢字、中国語が読めるので、兆民は中国人にも読ませたいと思って中国語に翻訳したのです。同時に兆民は、フランス・イギリスというい わゆる文明国、福沢諭吉が日本の目標とすべきだとした文明国が、実は国内だけの文明国であって、外国、特に植民地では、まことに野蛮な人たち、国々だと次のように指摘しています。

「英法諸国の氓、此土に来るもの意気傲然として絶えて顧慮する所なく、その土耳古人もしくは印度人を待つの無礼なることかつて犬豚にもこれ如かず……豈真の開化の民と称すべけんや」（「論外交」一八八二年・明治一五年）

また同時に兆民は、当時の日本政府のスローガンであった「富国強兵」を真っ向から批判して、

「富国強兵の二者は天下の最も相容れざる者にして、専ら経済を重んずるときは多く兵を蓄ふるを得ず、専ら武を崇ぶ時は多く貨財を殖するを得ず」と述べていました。そして兆民は一八八七（明治二〇）年に著した『三酔人経綸問答』の中で、ヨーロッパで勉強してきた一人の青年、「洋学紳士」に、「区々一小邦の民たる者、今に於いて僅々十数万の兵衆を出し、十百艘の戦艦を発し、遠く地を境外に略して以て本土財利の流注を疎通せんと欲するが如きは、愚に非ざれば狂なり」と言わせて、富国強兵をスローガンとした近隣諸国への侵略政策を厳しく批判しました。

「愚と狂の道」――朝鮮侵略

しかし、その後の日本はまさに兆民が警告した「愚と狂の道」をまっすぐに進んでいったわけです。まず朝鮮の支配をめざして、日清戦争から日露戦争へと。これはすべて朝鮮侵略のための戦争でした。そして一九〇五年に、日本が日露戦争で勝ち、朝鮮に保護条約を押しつけます。このとき伊藤博文が日本天皇の特使として、朝鮮の高宗皇帝に対して次のように述べています。

「本案ハ帝国政府カ種々考慮ヲ重ネ最早寸毫モ変通ノ余地ナキ確定案ニシテ曩ニ成立シタル媾和条約ノ初項ニ宣明シ尚ホ進ンテ貴国ノ国境ニ於ケル兵備ノ規定及露国人ノ貴国ニアルモノノ取扱ニ迄立入テ協定シタル程ナレハ其媾和ノ目的ノ上ニ顧ミルモ重キヲ為スモノニシテ断シテ動カス能ハサル帝国政府ノ確定議ナレハ今日ノ要ハ唯タ陛下ノ御決心如何ニ存ス之ヲ御承諾アルトモ又或ハ御拒ミアルトモ御勝手タリト雖モ若シ御拒ミ相成ランカ帝国政府ハ已ニ決心スル所アリ其結果ハ果シテ那辺ニ達スヘキカ蓋シ貴国ノ地位ハ此条約ヲ締結スルヨリ以上ノ困難ナル境遇ニ座シ一層不利益

ナル結果ヲ覚悟セラレサルヘカラス」

これは明らかに脅迫です。「この条約を受け入れないならばあなたの国はどうなっても知らないが、きっとこの条約を受け入れるよりもっと酷いことになるだろう」と言ったのです。しかもこういうやり取りが行われた王宮を日本軍が十重二十重に取り巻いていたのです。

この引用は、伊藤博文が帰国後に行った天皇への報告を記した『伊藤博文韓国奉使記事摘要』からの引用です。つまり、伊藤博文は自分がどういう風にして韓国の皇帝を脅して朝鮮を日本の保護下に置く条約をのませたかを自慢するために、こういう文章を残したのです。ところが、逆にこの文章を見ると、どんなに酷い脅迫が行われたかが生々しく伝わってきます。しかも韓国皇帝は、このような脅迫にも屈しなかったので、結局伊藤博文は大臣一人ひとりを脅迫して、保護条約を韓国政府が受け入れたという体裁だけつくったのです。いまもって日本政府は、韓国皇帝が日本に保護を願い出たので、韓国を保護し、さらに併合したので、そのやり方を今日から見れば政治的には問題があったにせよ、国際法的には、一九〇五年の保護条約も一九一〇年の併合条約も合法だという説明をしています。村山富市首相もまた国会でそういう説明をしたのです。

日本の国際法学者の多くは、外務省の説明とほぼ同じ説を取っているようですが、私が調べたところでは、一九世紀末に全米法律家会議が軍事的脅迫の下で締結を強いられた条約は無効だという決議をしています。この決議に照らして見れば、一九〇五年の保護条約も一九一〇年の併合条約も共に当時の観点から見ても違法・無効です。

日本の自民党政府が後ろ盾となって、韓国を軍事独裁政権が支配していたときは、こういう日本外務省の説明でも通用してきました。一方、こういう説明が通用しない北朝鮮に対しては、核疑惑だ、拉致疑惑だと、さまざまな言いがかりをつけて、国交の正常化を避けてきました。日本政府の本音は、この一九〇五年、一九一〇年の朝鮮侵略の過去を外交交渉で論議したくない、ましてその補償や賠償には応じられない、ということです。しかし、韓国に金大中政権ができました。そして金大中氏は日本に対して、過去の歴史を直視し、清算してほしいと言っています。今度こそ日本は朝鮮南北政府、全朝鮮民族と過去の問題をきちんと精算しなければ、本当の意味での友好関係は開くことはできない。そういうところにきたのだと思います。

憲法第九条はどこから来たか?

石橋湛山 vs 司馬遼太郎

明治二〇年代初期、帝国憲法ができるころの日本は、福沢諭吉的な道、つまりアジア侵略の道を行くのか、それとも中江兆民の道、つまり軍隊も持たない、戦争もしないアジアの一つの国として、平和なアジアを創造する方向に行くのかという選択の前に立っていたのです。しかし、残念ながら明治の指導者たちは中江兆民の民権主義の立場をとらずに、福沢的な国権強化の立場をとって侵略の道へと進んだのです。

最近、「自由主義史観」という説を主張する人たちが出てきています。漫画家の小林よしのり氏や東大教育学部教授の藤岡信勝氏などです。昔は皇国史観という考え方がありました。天皇を中心に歴史を考え、日本の優れた点は天皇制だという考え方です。この天皇制史観と思想が、明治を支配し、

「大東亜戦争」をおこし、日本の破局をもたらしたのです。だから皇国史観という言葉では具合が悪いので、最近この人たちは自由主義史観という言葉を使いはじめています。そしてときどき司馬遼太郎をかつぎだします。

日本がやったこと、天皇がやったことはすべて正しかったのだ。日本はアジアで侵略などやっていない。朝鮮を開化させ、中国を目覚めさせ、アジアを解放したのだ。日本が行った戦争は聖戦だったので、侵略戦争などとはとんでもない、というわけです。司馬遼太郎は本当にそう言ったのでしょうか。司馬遼太郎は、『坂の上の雲』で、「日露戦争はロシアにとっては単なる侵略政策の延長線上におこった事変であるという面が濃いが、日本にとっては弱小であるがゆえに存亡を賭けた国民戦争たらざるをえなかった」と書いています。「存亡を賭けた国民戦争」だったと言っても、戦場は朝鮮・中国だったのです。

司馬遼太郎はまた、日本が間違ったのは昭和一〇年代で、軍部が台頭し、天皇の統帥権を悪用し、政府を飛び越えて天皇を操るという形で戦争をしたので、そこに間違いがあったが、それまでの日本はすべて正しかった。特に明治におこなった戦争はすべて正しい戦争だった、と言っています。しかし、彼はその一方で、「日露戦争という悲惨な戦争」とも書いているのです。作家として資料を調べれば、彼が主観的に考えていた明治とは違った明治、違った戦争があらわれてくるのです。だから彼は矛盾しています。

ここになぜ私が石橋湛山という人を挙げたかと言いますと、彼は朝鮮戦争直後に自由民主党の首相になり、二か月足らずで辞め、その後に岸信介という戦争犯罪人に指定された人物が首相になるのですが、石橋湛山は一九一五（大正四）年に書いた「禍根をのこす外交政策」という論文で、「この大禍根は、遠く日清戦争、就中日露戦争から顕著になった我が国の領土侵略主義に発す」と、日本の誤りは日清戦争以来だ、とすでに大正時代の初めに言っていたからです。石橋湛山こそは、中江兆民が『三酔人経論問答』で言った、軍隊で外国を侵略することは「愚にあらざれば狂」だという指摘を受け継いだ人で、一九二一（大正一〇）年に書いた「一切を棄つるの覚悟、太平洋会議に対する我が態度」や「大日本主義の幻想」で、「大日本主義を固執すればこそ軍備を要するのであって、これを棄つれば軍備はいらない。国防のため、朝鮮または満州を要すというが如きは、全く原因結果を顚倒せるものである」と、北は樺太から朝鮮、満州、台湾と日本が明治以後手に入れた一切の植民地の放棄を主張しています。

幣原喜重郎とワシントン軍縮会議・アメリカの反戦運動

石橋湛山が若きジャーナリストとして、こう主張した一つのきっかけは、第一次世界大戦後の軍縮の流れです。一九二一年にワシントンで軍縮会議が開かれます。この会議を前に、石橋湛山は大日本主義の幻想を捨てろと主張したわけですが、一九二一年のワシントン会議に日本政府を代表として出席し、日本海軍を説得して軍縮交渉を成功させた人物が幣原喜重郎でした。幣原は駐米大使で、ワシントン会議の日本全権大使としてこの軍縮交渉を成立させたのです。そういう意味では石橋湛山が主張したように、大日本主義の幻想を棄てて太平洋の平和のために軍縮を進めたのが幣原外交であったのです。

幣原はその後一九三一年までのほぼ一〇年間、政変とともに辞めたり出たりしますが、外務大臣として「軟弱外交」と非難されながら平和外交に努めました。しかし、一九三一年に軍の満州侵略がはじまり、軍と衝突して野に下ります。幣原は一九三一年から一九四五年一〇月はじめに首相になるまでは完全に在野の人でした。この幣原が憲法第九条をマッカーサーに提案したということが、いまいろいろな資料からわかってきました。

もう一つ大事なことは、第一次大戦以後のアメリカの反戦運動です。いまアメリカに「戦争抵抗者連盟」（War Resisters League）という団体があります。ベトナム戦争のときに反戦運動の中心になったという組織で、ニューヨークのダウンタウンにその人たちの事務所があり、その建物はピース・ペンタゴンと呼ばれています。ペンタゴンはアメリカ国防総省のニックネームで、ワシントンにある五角形の建物のことですが、それに対抗してニューヨークのグリニッチ・ビレッジにある戦争抵抗者同盟の事務所の建物をピース・ペンタゴンと呼んでいるわけです。

この組織は一九二三年にできました。アメリカは初めて第一次世界大戦に、ヨーロッパの戦争に参加したのですが、そのときにウドロウ・ウィルソン大統領は、戦争を地上から永遠になくすために参戦するので、「これは人類最後の戦争だ」と説明しました。それでもやはり戦争に反対する徴兵拒否者がいて、戦争拒否者は五年の懲役刑を受けました。その人たちが監獄から出てきてつくったのが「戦争抵抗者連盟」で、一九二三年のことです。その組織がいままでずっと続いて、創立七五年を迎えています。

一方、一九一八年にシカゴにレビンソンという弁護士がいて、自分の息子も戦争に行くことになったが、参戦の理由が戦争を永遠に無くすためだというのであれば、アメリカ議会は戦争は違法だという決議をして、それを国際法にすべきだと主張しました。この主張が第一次世界大戦後に、戦争違法化運動として全米に広がったのです。この戦争違法化運動は、アメリカのさまざまな宗教団体を含んで全米に広がり、ボーラー上院議員が戦争は違法だという条項をアメリカ憲法に入れようという提案を上院で四回も行いました。この提案は結局は採択されなかったのですが、これが全米の署名運動となり、国際的な運動に広がって、一九二八年にパリで結ばれた不戦条約になったのです。

このパリ不戦条約に行く前の過程で、アメリカの哲学者ジョン・デューイなどは、戦争は違法だ、戦争はやめよう、ということを実行するためには軍隊があってはいけない。軍隊は自衛のためだと言っても、どの戦争が自衛戦争で、どの戦争が侵略戦争であるかは、立場によって変わってくる。だから軍隊があっては戦争は無くせないので、軍隊そのものをなくそう、と主張したのです。

ところが、一九二八年に現実にパリで結ばれた条約では、この主張は落とされました。当時イギリスはインドをはじめたくさんの植民地を持っていましたが、すべての英領の自衛権を主張したのです。日本は満蒙を日本の自衛権の範囲内だと主張しました。このようにして不戦条約は「不戦」を約束したものの、実質的には骨抜きになって、戦争の違法化という実際の効果は持てなくなったのです。日本もこれに署名をしています。だから日本政府は、米英と戦う「太平洋戦争」まで、中国侵略では一貫して「事変」という言葉を使い、「戦争」という言葉は使っていません。日本も不戦条約の署名国ですから、これは戦争ではない、と国際的に説明する必要があったのです。ちょうどいまのＰＫＯという言葉の使い方に似ています。これは国際協力で、平和のためだ、と。しかし、現実には武器を持っていき、しかも今度のＰＫＯ法改正では指揮官が武器の使用を命令できることになりますから、明らかに交戦権の行使と同じです。

パリ不戦条約と憲法第九条

日本の憲法第九条第二項は、まさにこの不戦条約で実現しなかった項目をそっくり取り入れているのです。日本の憲法第九条の第一項は、「国権の発動たる戦争と、武力による威嚇又は武力の行使は、国際紛争を解決する手段としては、永久にこれを放棄する」と、戦争と武力の行使と交戦権をそれぞれ分けて、その全ての放棄を明確に宣言し、第二項では、「陸海空軍その他の戦力は、これを保持しない。国の交戦権は、これを認めない」と、非武装を明言しています。

これは第一次世界大戦後からパリ不戦条約をつくるまでにアメリカに広がった戦争違法化運動の主張でした。しかも第二次世界大戦中に、もう一つ恐るべき兵器が開発されました。核兵器です。日本の憲法第九条は、こういう歴史と現実を背景にして生まれたものです。日本はこういう憲法によって人類の将来を開いていく必要があると考えて、具体的にこういう条文を提起したのが当時の幣原首相であり、それを受け入れたのがマッカーサー元帥であったわけですが、そういう考え方が国際的に広がっていたからこそ、それが日本国憲法として成立したのです。

よく日本の憲法は押しつけ憲法だと言われます。しかし、一九五〇年代末に自民党が憲法調査会を内閣に設け、専門委員を任命して細かく調査しました。その調査の結果、憲法第九条を提起したのは幣原首相であり、マッカーサーがそれを支持して総司令部案に入れさせたのだということがわかりました。最近、加藤典洋氏が『敗戦後論』という本を出し、私はこの本を読んで驚きました。憲法第九条はマッカーサーが原爆の威力をチラつかせて日本に押しつけたものだ、と書いてあるのです。私はあるシンポジウムで加藤氏と同席した際に、「あなたはそう書いているが、この押しつけ論は、もうすでに一九五〇年代から六〇年代にかけての憲法調査会で、〝そうではなかった〟ということがはっきりしていることですよ」と言ったのですが、なぜか彼は今もそれを訂正せずに、「日本の戦後史はねじれている、自分がつくったものでもない憲法第九条をありがたがっているのは欺瞞だ」と彼は言っているのです。

私はそうは思いません。ただ、私たちが深く反省する必要があることは、あの戦争をどのように終えたかということです。ドイツの場合は、戦争をはじめたナチスは最後まで戦い、ヒットラーはベルリンの壕の中で自殺しています。死体もわからないように燃やしてあったので、その後生存説もありましたが、まず考えられません。ところが日本の場合は、戦争は天皇の詔勅ではじまって詔勅で終わったのに、その詔勅を出した人はヒットラーのように最後まで戦い自殺し、焼かれていないのです。そうすると、いったい日本の戦後は、戦前とどういう関係にあるのかという問題がでてきます。ドイツの場合は、戦後の指導部は戦前とははっきりと切れています。

戦時中によく日本人は大和魂で絶対捕虜にならない、最後まで戦うのだ、と言いましたが、そういう命令を出した人たちは大和魂を持っていなかったようです。最後まで戦わなかったのだから。しかしドイツの場合はナチスは最後まで戦い、全滅し、そこで戦前と戦後が切れたのです。それがドイツと日本の戦後の在り方の差としてあらわれてきます。もちろんドイツの場合には、ドイツの戦争責任を明らかにしないとドイツが侵略した周辺国とつきあいができない、ということがあります。一方アジアでは、日本はかつての敵アメリカと組むことで、侵略した国々を黙らせてしまった。そして、戦後はお金の力でいままで押さえてきた、という違いがあります。けれどもそこにもうひとつ、戦後の出発の違いがあったということを私たちは忘れてはならないと思います。戦争は天皇の詔勅ではじまって詔勅で終わったのであって、民衆はそれに関わることがまったくできなかったのです。

戦争責任と戦後責任

ドイツでは、戦争はナチス指導部の全滅で終わりましたが、日本では天皇の詔勅で終わりました。日本の戦後は決して市民の主体的な戦争責任の追及と、民主化への市民宣言ではじまったわけではなかったので、そこに戦後民主主義の弱さの根源があります。

そういう日本の戦後を考える場合、第二次世界大戦、「大東亜戦争」への昭和天皇の戦争責任と同時に、これはこれまであまり注意されてきていませんが、昭和天皇の戦後責任も極めて大きいと私は思います。それを私は、「憲法第九条はどのようにして空洞化されたか」という文章で書きました。

昭和天皇は戦後、三通のメッセージをアメリカに対して送っています。

第一は一九四七年九月一八日の「沖縄メッセージ」です。沖縄の潜在主権を日本に残した形で米軍の軍事基地として二五年でも五〇年でもそれ以上でも沖縄を自由にお使いください、というメッセージです。極東軍事裁判で天皇の戦争責任が問われないように、天皇は米軍が欲しがっていた沖縄を提供する形で自分を守ったのです。

第二のメッセージは一九五〇年六月、朝鮮戦争がはじまろうとしたときのもので、戦争責任を負って公職から追放された人たちを解除してほしい。そうすれば日本全土をアメリカの基地として提供してよろしい、というメッセージでした。つまり、岸信介ら戦争責任者の追放を解除してくれれば、ダレス、トルーマンが望むように日本全土を米軍基地として提供してよい、と言ったのです。これはマッカーサーや吉田茂が憲法第九条に反するとして反対をしていた考え方です。マッカーサーは、そんなことをすれば日本に反米運動がおこるだろうと言いました。吉田茂と外務省には、日本には憲法第九条があるから、朝鮮戦争が終わったら、日本を非武装中立地帯にしたいという考えがあったのです。この経過を立命館大学の豊下楢彦教授が『安保条約の成立』（岩波新書、一九九六年）で詳しく説明しています。

第三のメッセージは、一九五一年八月の終わり、アメリカ国防総省を通して大統領に送ったメッセージです。当時講和条約について、米側との片面講和か、非武装中立の立場に立つ全面講和かという論争が国内的にも国際的にもありました。天皇はこうした内外の動きを封じるために、早くこの講和条約を結んでほしい、とアメリカに督促したのです。この第三のメッセージは、私がたまたまアメリカの戦後占領資料をマイクロフィルムで見ていた際に見つけたもので、まだ探せば他にももっとあるのかもしれません。

これら三通のメッセージは、すべて新憲法施行後に送られたものですから、天皇の権限を規定した憲法条項に違反しています。こうして、戦後の日本で、日米安保条約を含め、あるいは沖縄問題を含めて、昭和天皇は隠れた形で非常にさまざまな政治的役割を果たしてきています。

それは一方では、国民がそういう天皇の動きに対して、憲法によって天皇を押さえることができなかったということです。そういう意味では、いまの憲法は天皇を残したという意味で、民権と国権がまだ混ざり合って対立し、綱引きをしている憲法だと思います。特にその中で、二一世紀に向けて大事なのは、憲法前文と第九条です。それで私は新しい護憲組織をつくったときに、特に第九条と前文が大事だと主張して、「九条連絡会」という名前を提案したのです。

二一世紀への五つの課題

最後に私の問題提起としましては、この二〇世紀、特に日本の過去一〇〇年を振り返って、さきほど申したように五つの問題を考えたいと思います。

第一は、差別、暴力がまだ合法的であるということです。日本の憲法では差別・暴力は違法です。憲法の前文に照らしても、第九条に照らしても、差別と暴力は違法です。しかし、国際的にはそれは違法ではありません。アメリカはイラクに対して戦争を仕掛けることができる。いろいろな形で暴力が合法的に使われています。今日の第二部で問題となる、PKO問題、日米「新ガイドライン」問題、すべてそういう意味では、差別・暴力を合法化しようとするものです。

第二は、先ほど鎌田先生が言われたように、核兵器をどのようにしてなくすか、ということです。まさにいまはそのチャンスのはずですが、それがなかなかうまくいきません。しかし九七年四月に、中国の政府関係者を含めた平和会議で、中国は北東アジア非核地帯をつくることに賛成だ、と初めて言明しました。すでに南北朝鮮は朝鮮半島の非核化を協定しています。日本には非核三原則がありますから、少なくとも日本列島と朝鮮半島に非核地帯をつくることは可能なはずです。

第三には軍事同盟がまだ残っていることです。これも一九世紀以来、帝国主義の名残のようなものですが、まさに日米軍事同盟が沖縄に基地をおいている理由です。そういう意味では外国軍基地をアジアから撤退させ、二国間の軍事同盟にかわる平和機構をつくるということが緊急に必要で、韓国の金大中大統領はいまそういう機構を提案しています。

第四に、アジアの平和には当然、朝鮮の統一問題、少なくとも緊張緩和が早急に求められています。こういうことが進めば、核兵器も外国軍基地、沖縄・佐世保・横須賀の米軍基地は存在の根拠を失います。最初に言いましたように、日本はまったく真っ暗な逆ユートピア状態のようですが、韓国、中国というアジアの隣国にはむしろ二一世紀に向けて明るい面がでてきているのです。

最後に、二〇世紀は社会主義の実験をした世紀だったということを思い返す必要があると思います。社会主義は決して、完全に失敗してなくなったのではなく、ロシア革命がつくった社会主義はそれなりの役割を終えたのだと私は考えています。だからこそ、ソ連時代を通ってロシアがともかくここまで、いわば近代化をしてきていますし、中国も近代化してきました。いま過去を振り返ってみて、社会主義には民主主義の発展が不可欠で、「自由・平等・友愛」の実体化として民主主義・平和・人権の確立が不可欠であると同時に、地球人口の増加と産業の拡大に伴って環境・自治といった問題が新たに起きてきたことを、社会主義の教訓と合わせて考える必要があるのではないでしょうか。

そう考えると、まるで狐の嫁入りみたいですが、私たちはもう一度日本国憲法前文の問題に戻ってくるのではないでしょうか。「専制と隷従、圧迫と偏狭を地上から永遠に除去しよう」という呼びかけと同時に、「恐怖と欠乏」からの解放と「平和のうちに生存する権利」の確認です。これらの問題をどのように実行・実現するかということこそが、二一世紀に向けての私たちの課題でありましょう。

（一九九八年四月五日に長崎平和研究所で行われた、長崎9条連主催「公開シンポジウム・非核非戦二一世紀への課題と展望」での基調報告）

「時代閉塞」の世紀末から日本政治変革の道筋を

一九九九年八月

小渕内閣は、小沢自由党と連立政権を発足させて以来、ますます無原則ぶりを発揮し、四月以降は自自公（自民・自由・公明）という、本来なら原理が違うはずの三党が連立を組むことになった。これは党利党略のための数あわせ以外の何ものでもない。公明党はそのために、かつては反対していた国旗国歌法案や盗聴法案に賛成することで、こうした悪法を成立させた。

現在の日本の政治は、自民党が現在も日本の政治のヘゲモニーを握っているので、結局は自民党政治ということになるが、冷戦の終結以後、自民党の政治は完全に無原則で、衆参両院ともに選挙では過半数を失った。その不安・空虚を、自民党とその仲間たちは国家主義で埋め合わせようとして、国家という幻想にしがみついている。その現れが日の丸・君が代の法制化であろう。そしてもう一つしがみついていたいものがアメリカだ。

この構図は、かつて日本愛国党の赤尾敏が銀座などで街頭演説をする際、一方に日の丸を掲げ、もう一方に星条旗を立てていたのと同じ構造だ。赤尾敏は「愛国」を叫びながらアメリカから金をもらっていたので、その実態は「従米」だった。愛国と従米とはナショナリズムの観点からは本来一致するはずのないものだが、そういうことは一向におかまいなしだった。今回の日米新ガイドライン関連法と日の丸・君が代の国旗国歌法の国会同時通過は、自民党がまさに赤尾敏レベルの政治を行っているということに他ならない。

日米新ガイドラインは、日本の国会では「周辺事態法」などという訳のわからない名前をつけた法律をつくって大騒ぎした上で、ともかく立法化した。日米新ガイドラインは、日米対等の新しい軍事協力を決めたものだという以上、日米安保条約を改定するか、あるいは日本と同時にアメリカ側でも立法化しなければならないはずであろう。ところが、アメリカでは議会でそうした議論さえされていない。小渕内閣が一方的に対米追従＝従米をやって、アメリカにしがみついて、政権を維持しようとしているのだ。

こう見てくると、現実の小渕政権の性格は、幕末の徳川慶喜政権に近い。つまり自民党長期政権の断末魔のあがきで、自自公は保守連合というよりも反動連合だ。保守は本来保守なりのバランス感覚や哲学があり、保守なりの見通しをもって政治を行っていくものだが、小渕内閣には独自の哲学や先の見通しがあるようには見えない。そもそも一国の首相が、自分で「私は真空だ」と言うこと自体が信じられないことだが、それが報道された翌日もその「真空の人」が変わりなく首相を続けていられるのも不思議なことだ。

問題はそうした「死に体」の自民党政権に、いまだにつながっていこうとする集団が次々と現れ、他方にしっかりした野党勢力がないことだ。

冷戦に対する日独の差

日本の政治がこうした状態に陥った第一の原因は、冷戦時代に日本の保守がいわゆる五五年体制の下で冷戦構造に依存し、一方、革新側は冷戦に反対する一定の運動や努力をしたとはいえ、冷戦を乗り越えようとする主体的努力をしてきたとは言えなかったことにあると思う。日本が一九六〇年に安保改訂を行い、岸首相が日米対等という名目の対米従属を深めたとき、ドイツでは青年・学生運動を背景として社会民主党政権が誕生し、六〇年代終わりから七〇年代にかけてヴィリー・ブラントが東方政策を進めた。ブラント首相はソ連・ポーランドを訪問してドイツの戦争責任を明確にし、ワルシャワ・ゲットーの記念碑の前で跪き、戦後補償を行った。ユダヤ人への補償は、それ以前の一九五〇年代から行っていた。

ブラント首相の東方政策に対しては、ドイツ国内で抵抗があったばかりでなく、アメリカも反対していたが、その抵抗を押し切ってドイツの自主路線を貫いた。そのことが、一九九〇年の平和的なドイツ統一にも繋がった。それだけでなく、六〇年代から七〇年代にかけてブラントが率いたドイツ社会民主党の東方政策が、八〇年代に冷戦の終結をもたらし、現在のヨーロッパの平和の礎を築いたことは間違いない。

ところが日本の場合、六〇年代に革新自治体運動が広がったとはいえ、国政の革新はできず、逆に対米従属を深めていった。この点がドイツと決定的に違っている。つまり、日本の場合は、冷戦を主体的に乗り越えるということは、中国や南北朝鮮、アジア諸国に対する侵略と戦争の責任を認めて、過去をきちんと清算することだった。ところが対米追随の陰で過去の責任を頬っ被りしてきたために、戦争責任問題が現在も未解決のまま残っている。

現在の日本は、冷戦が終わって一〇年になろうとしているにもかかわらず、まだ冷戦思考から脱却できないでいる。そもそも冷戦後に主役を担うべきであった社会党が、「冷戦が終わったのだからもう憲法第九条のために闘わなくていい」と言って冷戦思考の自民党に追随する始末だった。

こうした事態の遠因は冷戦時代にあった。特に七〇年代末期、日本経済の高度成長が止まったときから、日本の総資本側は労働運動の主力であった官公労を解体する方針を打ち出し、八〇年代に連合を結成して総評を解体した。日本社会党は「社会党・総評ブロック」と呼ばれたように、総評という労働組合運動の馬の上に乗って動いていた政党なので、保守側は、その馬を潰しにかかったわけだ。そして馬が潰された結果、その上に乗っていた社会党系の国会議員はほとんどみなひっくり返り、労働運動とともに野党が崩壊した。

戦後日本の民主主義を支えてきた基幹は労働運動と、それに支えられた野党で、その労働運動と野党を中核にして草の根の民主主義が広がった。総評は、五〇年代の朝鮮戦争から八〇年代はじめまで、あらゆる国民運動の中心だったが、それが崩壊したのだ。

問題は、戦争前のような国家権力による物理的弾圧によって崩壊したのではなく、労働者自身が「自分たちは中産階級で、もはや労働運動の時代ではない」という幻想をもち、経済的利益に幻惑されて、幻想と原則を取り違えてしまったことにある。冷戦が終結したことは、本来の原則を実現するための格好の条件が生まれたわけだから、大手をふって原則の実行に邁進できるときに、幻想を選択して原則を捨ててしまったのだ。

冷戦の終結は、仮想敵としたソ連が存在しなくなったのだから、本来なら日米安保条約廃棄の条件ができたことを意味する。したがって、日米安保条約を平和友好条約に替え、在日米軍は帰国し、自衛隊は縮小して国際救助隊ないし災害救助隊に転換しようと言うべきときに、社会党は自民党と連立を組み、憲法第九条擁護・実現の原則を捨ててしまった。そして原則を捨てたことによって、いままで社会党を支持してきた人々の信頼を失い、政治不信が広まった。

政治不信は、本来は自民党の金権腐敗政治に対して生じたものなのだから、自民党の金権政治をなくさなければ政治不信はなくならないというのが論理的帰結であるはずなのに、マスコミは問題の本質をすりかえ、社会党の変節を含めて政治不信一般論を流し、一般的政治不信だけが現在の日本を覆っている。

こうして政治不信が一般的に喧伝されるため、いわゆる無党派層は選挙に行かず、かろうじて反対勢力としてとどまっているのは共産党のみという状態で、国民は、勝ち目のある対抗馬がいないから、ますます選挙に行かなくなる。このようにして、日本の政治への関心は極端に低下し、これまで革新無党派と呼ばれていた人々は、オタク化して、観客民主主義に堕している。民主主義を求めると言っても、観客席に座って観戦しているだけでは民主主義は生まれない。

日本には、革新も含めて冷戦に対して一種の冷戦ボケがあった。亡くなった岩波書店の安江良介氏がよく「日本は冷戦からの受益者だ」と言っていたが、その通りだ。革新も含めて、冷戦と主体的に闘って来ていれば、冷戦が終結したときに、「自分たちの時代がきた」と言えたはずなのに、冷戦が終結するや村山さんは「安保堅持」と口走って首相に納まったのだから、歴史に対する罪は重い。

敵は貧困、失業、環境破壊

冷戦の終結後、冷戦が終結した原因を、我々は問い詰めてきただろうか。冷戦が終結した最大の原因は、アメリカもソ連も軍拡競争に耐えられなくなったからで、軍拡では生活が成り立たないから、冷戦をやめようということになったのだ。まだ核兵器が大量に残存するという後遺症はあるが、米ソ対立はなくなった。軍拡に耐えられなくなり、お互いに敵と呼び合っても何の意味もないことに気がついたからだ。軍事的対決は生活を破壊するだけで意味がない。だから冷戦を止めた。ところが日本では、その意味を突き詰めていない。だから自衛隊がかえって肥大し続けている。

一九九八年にドイツのオスナブリュックでウェストファリア条約締結三五〇周年記念の国際平和会議があったが、コスタリカのアリアス元大統領が開会スピーチで、「冷戦終結後の私たちにとっての敵は、イラクのサダム・フセインではない。我々の本当の敵は、貧困と失業と環境破壊だ」と述べていた。

敵をどこかにつくらないと、軍需産業が困るからといって、軍需産業のために敵をつくるというのは、逆立ちした論理だが、それが現実だ。軍需産業が一人歩きをして、軍需産業がサダム・フセインやミロシェビッチを敵だと指名すると、アメリカ大統領がそれを鸚鵡《おうむ》返しに唱え、世界の大国がそこに行って兵器を大量に消費してくる。これが冷戦の終結後に見られる光景で、大国の政治が軍需産業によって動かされているのだ。

しかし、貧困や失業や環境破壊こそが人類の本当の敵なのだから、軍需産業を廃してその費用を本当の敵との闘いに振り向けなければならない。

ところが日本では、自衛隊が長距離飛行を可能にする空中給油機を導入すれば中国が神経質になるとか、北朝鮮のロケット・テポドンの発射が秒読み段階だとか、そういう議論ばかりで、冷戦はなぜ終結したのか、冷戦後の日本はいま何をなすべきか、という議論が国会では全く行われていない。

そもそも北朝鮮がなぜテポドンを必要としているかと言えば、北朝鮮を米日軍が日本の基地を中心に軍事的に包囲しているからだ。だから、日本が憲法第九条を文字通り実行すれば、朝鮮半島の緊張は緩和し、北朝鮮のテポドンもいらなくなる。むしろ北朝鮮に対して日本の方から、冷戦は終結したのだから、友好関係をつくりましょう、と呼びかければいい。しかし、その場合には過去の問題を頬っ被りしているわけにいかなくなるので、いまの自民党政府の立場では、仲良くしましょうとは言えない。言えないから、テポドンに対する防衛（ＴＭＤ）の必要が叫ばれ、そこにまた不必要な資金を大量に投入するという悪循環になる。これが日本の北朝鮮敵視政策の結果だ。

アメリカの「独覇」を支える日独

冷戦の終結と同時に、グローバライゼーション（世界化）という言葉が一人歩きしはじめた。グローバライゼーションは一説によれば、三つのＭから成り立っている、と言われる。マネーの〝Ｍ〟、メディアの〝Ｍ〟、そしてミリタリーの〝Ｍ〟。確かにこれら三つの〝Ｍ〟が相互に重なり合って世界が動かされている。アジアの金融恐慌がその一つなら、アメリカを中心とする多国籍軍がＮＡＴＯの新戦略によって、ユーゴを爆撃するという、ＮＡＴＯ憲章に反することさえ行ったのも、その現れだ。

しかもこの三つのMは、すべてアメリカが中心だ。ある国際会議で中国人が、「一超独覇」という言葉を使っていた。確かに、現代世界ではアメリカは唯一の超大国だ。ロシアは超大国ではなくなり、中国は超大国にはならないと言っている。しかし、アメリカの「独覇」はどうだろうか。アメリカ単独では、もはや世界中にヘゲモニーを確立する力はないのではないか。逆に「独覇」できないから、ヨーロッパでは、第二次大戦で敗北させたドイツを、アジアでは日本を、いわば家来に仕立てているのではないか。ユーゴ戦争で明らかなように、アメリカは空爆で新兵器を大量消費はするが、自国の兵士を犠牲にしたくないから、兵士の部分を日本やドイツに担わせようとしているのではないか。

ドイツは現在社民党と緑の連合政権であるにもかかわらず、ユーゴへの空爆に加担した。空爆は一日当たり一〇〇〇機体制で行われ、「ドイツ軍機はその内の一〇機だけで、実際に爆撃に加わったのは、さらにその内の四機にすぎない」とシュレーダー首相は弁明したが、問題は量ではなく原則だ。日本の自衛隊の海外派兵も、はじめは機関銃一丁の携帯が大問題だったが、いずれ五丁、一〇丁と増えていく。アメリカは「独覇」できないがゆえに日独を必要としているのだ。

しかしこのことは逆に見れば、日独両国が過去の戦争責任を反省し、だからアメリカへの軍事的協力は決してできないと突きはなし、アメリカの「一超独覇」をサポートする関係をやめれば、アメリカの「独覇」もなくなる。そのことに日独市民が早く気づく必要がある。

世界化に関してもう一点付け加えれば、グローバライゼーションは、アメリカの商品、製品を全世界に売り込む結果、世界中で画一化が生じている。しかし、当然反発が起きる。世界中をジーンズやマクドナルドやケンタッキー・フライドチキンで統一することはできない。そこからグローバライゼーションに対抗して、地域的な民主主義・文化が多様な形で台頭してきている。アジアの一国である日本は、アメリカの大国支配と画一化を手伝う必要はなく、日本も加わって、アジア独自の多様性を打ち出していくべきだ。

かつて大正期に若き石橋湛山が、「大日本主義の幻想を棄てよ」「一切の植民地を棄てよ」と主張して、「朝鮮・台湾・樺太・満州という如き、わずかばかりの土地を棄つることにより広大なる支那の全土を我が友とし、進んで東洋の全体、否、世界の弱小国全体を我が道徳的支持者とすることは、いかばかりの利益であるか計り知れない」と、アジアと連携して生きることを提唱したが、当時の日本政府は石橋の言葉に耳を貸さず、「大日本主義の幻想」を追って破滅した。

ところが現在の自民党政府、さらには自自公反動連合は、こういう歴史から何も教訓を学ばずに、今度はアメリカに寄り添って「世界支配の幻想」に取りつかれて、アメリカ中心のグローバライゼーションに追随しているのだ。

護憲連合ネットワークの提案

冷戦以後の新しい世界は、冷戦の余得でできた自民党にはつくれない。自民党は本来冷戦の終結とともに消滅すべき政党だ。ところが、自民党に引導を渡さずに自民党からおこぼれを頂戴しようとする者が多すぎるから、自民党は生き延びている。

いま国会で設置が決定した「憲法調査会」は、明らかに改憲への第一歩で、このまま行けば、自自公反動連合は改憲まで進むであろう。改憲を阻止するためには、憲法第九条擁護・実現を軸とした革新側の再編・強化が必要だ。さしあたって、政党、労働組合、市民運動を含めた全国的な護憲ネットワークをつくっていかなければならない。

次に、護憲連合ネットワークを基礎にして、国会で多数を占めなければ、いくら声を大にして集会をしても、それだけでは阻止できない。国会で多数をとるには、選挙で勝利しなければならない。いまの選挙制度を即時に変更することは当面考えられないから、少なくとも今度の選挙はいまの制度のままで行われる。そこでいまの選挙制度で護憲ネットワークとして勝てる政党をつくらなければならない。選挙で勝てる護憲連合新党をつくり、護憲連合政権をつくる必要がある。

選挙が沖縄サミットの前になるか後になるかはわからないが、やり方次第では沖縄サミットを日本の政治を変える大きなチャンスにすることもできる。沖縄の米軍基地はすべて国際法違反と憲法違反でつくられた基地なので、日本に米軍基地の撤去を求める政府ができれば、米軍はもはや居座ることはできない。しかもサミット参加国の大半は社民党政権なので、沖縄基地の本質がわかれば、日米政府に簡単には同調できないはずだ。要は、そういう主張をはっきりと行う政治的主体を選挙に向けてつくり出すことができるかどうかだ。

サミット以前に護憲連合政権ができることが最も望ましいが、いずれにせよ憲法第九条を守れと抽象的に叫ぶだけではなく、第九条を守るとは具体的にどういうことか、南北朝鮮・中国・ロシア・アメリカを含む北東アジアの集団安全保障体制をどのようにつくり、軍縮・非核化・外国軍基地の解消をどのように進めるか、日本の自衛隊を国内の防災とアジアの平和創造に向けてどのように転換させるか——そうした方法が具体的に論議されて、合意が形成されなければならない。

確かにいまは二〇世紀末で、その思想的・政治的状況は、石川啄木が一九一〇年八月、日韓併合直後に書いた論文の表題そのままに、「時代閉塞の現状」だと言える状況だ。

啄木が「時代閉塞」と呼んだ状況とは、「理想喪失の悲しむべき状態」を指していた。しかし啄木は、「時代閉塞の現状」をただ嘆いていたのではなかった。啄木は同時に、「全精神を明日の考察、我々自身の時代に対する組織的考察に傾注しなければならぬ」と呼びかけていた。

このとき啄木が、「組織的考察」という言葉で具体的にどのようなことを考えていたのかはわからないが、時代への表面的ではない、徹底的・根本的で主体的な考察を自他に求めたことは間違いない。その上で、「明日の考察」の中には、啄木なりの社会主義論が含まれていたのであったかもしれない。ファーブルの翻訳でさえ「昆虫社会」という題名のために赤い本として没収された時代だったので、社会主義という言葉は禁句であったが。しかしその点では現在は啄木の時代とは大きく異なる。二一世紀を目前にした今日、可能性は大きく開けているのだ。

広島の秋葉忠利市長は、八月六日の広島平和宣言で、「核兵器を廃絶する強い意志」を強調した。「意志さえあれば、必ず道は開けます」と。私もその通りだと思う。日本の政治の現状を黙視できないと考えるものは、いまこそそれぞれの「意志」を持って「観客席」から立ち上がるべきときではないか。「明日の組織的考察」へ。

（私は九九年七月末に突然左眼の網膜剝離症で入院・手術することとなり、約束した原稿が書けなくなった。そのために、手術後病院で『状況と主体』編集部の岡田さんに談話筆記をお願いした。）

原爆投下五〇年目の真実　トルーマンの罪と核廃絶への道

――ガル・アルペロヴィッツ氏との対談

一九九五年一〇月

ガル・アルペロヴィッツ（Gar Alperovitz）　一九三六年米国ウィスコンシン州生まれ。六四年に英国ケンブリッジ大学で博士号取得。国務省補佐官、ブルッキングス研究所などを経て、政策研究所所長に就任。著書は「Atomic Diplomacy」など多数。

勇気をもって立ち向かえば、原爆投下の過ちは繰り返さないですむ

伊藤　たいへん多くの資料を精密にお調べになって、このように膨大な二巻の作品（『原爆投下決断の内幕』上・下、ほるぷ出版）を書かれたことに、まず最初に敬意を表したいと思います。それとともに、この本を書かれた動機が、真実を発見するためばかりでなく、「アメリカは自己批判をしなければならない」という非常に深い道義的な動機に基づいておられたことに、深い感銘を受けました。

アルペロヴィッツさんは、この本のなかで詩人マヤ・アンジェロの次のようなフレーズを引用しておられました。

歴史はどれほど悲痛なものであろうと清算することはできない
だが勇気をもって立ち向かえば、繰り返さないですむ

おそらくこの思いが、たいへんなエネルギーを注いでこれほどの本をお書きになったことの根本にあったのだと思います。

G・アルペロヴィッツ　ありがとうございます。私が非常に重要なことと認識しているのは、過去というものは、現在と対立するものではないということです。過去から教訓を学ばねばならないとか、学んだ過去の歴史を新たな政策決定、意思決定の教訓として使うということがいわれています。だが、それだけでは不十分でしょう。実際には歴史の表面に現れてこない、社会の深いところにある文化的な意味、それらの問題点を摑むということが重要であると思います。

具体的にいうならば、核を持つことになった人類が、大量殺戮あるいは自滅の道をたどる以外に、どのような代替があるのかということを考えるために深く過去を捉えたいということです。

原爆投下を、いまのアメリカ社会はどのように見ているのか

伊藤　ご指摘のとおり、核は大量殺戮を可能ならしめる兵器にもなりうるし、人類がこの地球とともに自滅する道にもつながっているのですが、しかし同時に、抑止力としての核兵器という神話が依然として根強く残っていることもたしかです。また、いまも中国やフランスが核実験を行って問題になっていますが、そこには「核兵器を持つことは大国であることの証明である」という神話の残滓が見られます。

G・アルペロヴィッツ　核抑止力という神話を信じ続けると、核のエンドレス・ゲームに陥ることになってしまいます。一つの社会が核を持つ。すると他の社会も核が欲しくなる。そのようなことが許されるならば、すべての国が核保有国になるまで核が拡がってゆく……。

それに大国なのだから核を持つという理由には、もう一つ別のレベルが登場することになりました。二〇世紀後半にかけて、アメリカが自分たちは「世界の警察」であり、自分たちが世界を守っているのだという意識をたいへん強く持つようになったのです。そのため、たくさんある国の一つとして核を持つのではなく、「世界の警察」なのだから核を持つ権利があるという意識が芽生えたわけです。アメリカは世界のリーダーとしてその他の国々の上にいるのだから、他の国々が持たない強力な武器（＝核兵器）を持つ権利がある。そう思い込んだという側面があったと思います。

伊藤　そのアメリカの原爆投下そのものについては、いかがでしょう?

G・アルペロヴィッツ　原爆投下の決定に関しては、初期の段階から外交政策が非常に大きく関与していました。それはいまだに続いている考え方でもあるわけですが、核を兵器として管理する以上に、〝核カード〟として政治的に使おうというわけです。

スティムソン陸軍長官は、戦後になって、核を外交政策的に用いることと兵器として管理することとの「プライオリティは逆転させなければならない」という意味のことを述べました。しかし、核をまず外交政策的に使用するという伝統的な考え方は、クリントンにまでつながることになりました。アイゼンハワーのように軍出身の大統領の場合は、「核は必要のないものだ」ということを公に自信をもっていうことができたのですが、そのような背景のない大統領には、断言できなかった。そこで

「軍の首脳が、必要ないといった」というように表現したようですが、それではやはりあまり説得力を持てなかった。そのため、核を兵器として管理するということが、ずっと後回しにされてきたわけです。

伊藤　原爆投下については、とくに退役軍人の発言などが日本ではよく報道されるのですが、実際のところどうなんでしょうか?

G・アルペロヴィッツ　私のこの本についての退役軍人の反応も、予想どおりのものでした。しかし、これはある程度は仕方のないことです。一九四五年当時に、「自由のために、民主主義のために、自分たちは死んでもいい」と思って戦場に行った若い兵士たちが、何度も何度も繰り返し次のように教え込まれたわけです。

「お前たち自身、それにお前たちの同僚の命も、敵国の日本人の命もこの原爆の投下によって救われたんだ。もしも原爆を投下しなければ、沖縄での激戦の何百倍、何千倍といった規模で、じつにおびただしいアメリカ兵、それに日本人が戦死したり、戦傷したりすることになったんだ」

そのように教えこまれ、五〇年間にわたって実際にそのように思い込んできた人たちが、個人的に強い感情を持つことは当然であり、私はむしろ同情しています。しかしながら、退役軍人協会のような組織の幹部たちは別です。かなり意図的に利用しているようなところがあり、同情に値しません。

現在のアメリカ人の感情としては原爆投下を支持している

伊藤　パールハーバーでの五〇周年の式典でクリントン大統領が「トルーマン大統領の原爆投下を

断固として支持する」との演説を行い、居合わせたアメリカ人からたいへん大きな拍手喝采を浴びました。社会の支配的な考え方や政治や文化を変えていくということは、並大抵のことではないようです。先生のこの膨大なお仕事は、そのアメリカの社会ではどのように捉えられているのでしょうか？

G・アルペロヴィッツ　原爆投下の決定そのものについては、知識人、学識者のあいだでは、もうすでに論争をしなければならないような問題ではなくなってきています。私自身、もう三五年近くもこの問題について研究をし、発表もしてきたので、学者や大学関係者のあいだでの広い共通理解は形成されたといってよいでしょう。

しかし、ジャーナリズムの世界では、まだそうではありません。『ニューヨーク・タイムズ』はこの本について「現在、これは非常に重要な問題であり、これから議論をしていかなければならない」という内容の、とても好意的な書評を掲載しました。『ヘラルド・トリビューン』には、その『ニューヨーク・タイムズ』の書評に示される編集姿勢についての話が載ったのですが、これもかなり肯定的でした。ハーバード大学、マサチューセッツ工科大学などたくさんの大学があるニューイングランドのボストンで発行されている『ボストン・グローブ』でも、たいへん肯定的な書評が掲載されました。

非常に批判的な書評を掲載したのは『ワシントン・ポスト』でした。『ワシントン・ポスト』は、私の本をはじめとして原爆投下を疑問視する者をリビジョニスト（修正主義者）というように括って、包括的な批判を行いました。その論点は、「原爆投下をしなければ、日本は絶対に戦争をやめなかっただろう。日本に戦争をやめさせるためには、どうしても原爆を投下する必要があった。それによって多くの人命が救われたのだ」という従来の意見の繰り返しです。それに、八四歳の科学者の「実際に放射能によって死亡した人の数は少ない」というようなコメントを載せていました。

全国のネットのテレビやラジオでも、この問題についての番組が組まれました。ABCテレビではピーター・ジェニングズが一時間半にわたって非常に勇気あるスタンスで、この問題を取り上げました。CBSテレビは、湾岸戦争で日本でもお馴染みのシュワルツコフを登場させ、これまでの通説に従ったコメントでまとめました。NBCもたいへん長いデイスカッションを含めた番組を制作しました。この番組では、担当したNBSの特派員が日系アメリカ人であったので、二倍の勇気が必要だったでしょう。

伊藤　アメリカ市民はどうなのでしょうか？　最近行われた世論調査では、アメリカ人の中には「アメリカ側も日本側も両方が謝罪すべきだ」ということを考えている人の割合が五〇パーセントに達しているというような記事がありましたが。

G・アルペロヴィッツ　一般の人々が、原爆投下の決定について、なにかしら納得できないものを感じはじめていることはたしかです。伊藤さんがご指摘された世論調査でも、回答者の半数以上が、原爆を投下する前になにかすべきであったと考えているという結果が出ていました。若い人、女性、少数民族の人たちになると、その傾向はもっと顕著です。しかしながら、アメリカ社会全体では、「広島、長崎への原爆投下を支持する。それは必要であった。正しいことであり、善であった」というのが、一般的な感情です。

伊藤　クリントン大統領の演説のように。

G・アルペロヴィッツ　まさしく（笑い）。ただ、ご理解いただきたいのは、アメリカ社会およびアメリカ人が、原爆投下の過ちを認めるということは、かなりの心の痛みと葛藤をともなうことなのです。そのため、どうしても時間が必要です。私は歴史学者なので、一〇年単位、二〇年単位で見ていくことが多いのですが、そうするとアメリカでは、現在は文化のアイデンティティーというものが再構築され見直されはじめている状態です。ほどなくして、原爆投下の過ちを認めるというプロセスが徐々に展開しはじめるのではないでしょうか。

核とテロが結びつけば、民主主義は根底から揺らぐ

伊藤　スミソニアン博物館で原爆展が開催されることになったのですが、退役軍人団体やマスコミなどが、「原爆の惨状を強調しすぎ、投下の正当性に疑念を抱かせる」と反発して、とうとう中止することになってしまったわけですが、そのことについてはどのように考えられますか？

G・アルペロヴィッツ　スミソニアン博物館の件にしても、『ワシントン・ポスト』のリアクションにしても、そのように非常に怒りのこもった反応をしているということ自体が、ひとつの新しい流れを示唆しているのではないでしょうか。伝統的な通説や固定的な見方というものに対して、新たな証拠が突きつけられ、これまでになかったような挑戦がはじまったので、たいへんな勢いでもって防御態勢に入ったということでしょう。

私は、ある番組で『ワシントン・ポスト』の編集委員の人と一緒だったのですが、そのとき彼は、〝邪悪だ〟という言葉まで使い、もう必死になって新しい流れを食い止めようとしていました。

伊藤　この本は、ただ単にトルーマンの決定は正しかったという神話を崩しただけでなく、アメリ

カが世界の「守り手」であるという神話をも崩していくことになります。しかも、原爆投下の決定にかかわった人たちが、重要な資料を隠していたということまで暴露しています。そのため、大国アメリカという考え方に馴染んで、それを誇りにして生きてきた人にとっては大変な打撃であったのでしょう。二〇世紀後半は、核の実際の威力と、その脅威とが世界を支配した、いわば〝核支配の時代〟であったわけですが、この本はその〝核支配の時代〟を終わらせる一つの重要な契機となるのではないでしょうか。

G・アルペロヴィッツ　どのような社会においても、自分たちの社会の傷と直面するのは難しいことです。日本においても、南京大虐殺やバターン死の行進、七三一細菌部隊、従軍慰安婦問題などが、そうした傷でしょう。そのような傷に直面したときに、それを受け入れるということは心の葛藤と苦痛を呼び起こすと思います。

アメリカにおいてのもう一つの問題は、多くのアメリカ人がそれを真実だと心から信じている点です。文化の奥深いところに根を張って、人々が純粋に信じきっているのです。それは原爆投下の正当性だけでなく、「核兵器が平和をもたらす」ということについてもです。

オクラホマシティにおいてもついに最近、連邦ビル爆破テロがありましたが、現代はひとりの人間が核兵器を使用することによって、この世界ごと破壊することができるのです。ということは、民主主義の原理が根底から揺るがされているわけであり、これは大変な脅威なのです。

米の原爆投下、日本の天皇制

伊藤　核兵器というものはそれ自体大きな矛盾を持っていて、民主主義を破壊してしまうのです。私は一五年前にかつてのソ連邦について、「いまのままの核競争、軍拡競争を続けていけば、いずれ崩壊してしまう」ということを述べました。核競争は社会主義そのものと矛盾し、経済的に疲弊し、民主主義を破壊してしまう。だからソ連邦はアメリカより早く崩壊するであろうと述べたのですが、そのとおりになってしまいました。核兵器は矛盾したものをあわせ持っていて、これを解決しようとすると国家とぶつかってしまう。だから、核兵器は近代国家を内側から壊していくかもしれない。システムとしての核は、そのような大きな問題を持っていると思います。

アルペロヴィッツ先生にとっては、アメリカの原爆投下責任というものがアメリカの民主主義との関係で根本的な問題になっているわけですが、日本の戦争責任の問題を考えますと、それは天皇制です。天皇制と民主主義というものは相容れないものであるにもかかわらず、いま日本では同居しています。

当時アメリカでは、国務次官をはじめとし、主要なスタッフが「ルーズベルト大統領が提唱した無条件降伏というポリシーをいくらか修正して、天皇制の存続を認めれば、もっと早く戦争は終わるのだから」と、何度も迫ったのだけれど、トルーマン大統領はついにそのような修正は行わず、原爆を手にしたときは、ポツダム宣言の一二条を削ってしまった。そうして、日本を徹底的に追い込んでしまったためにアメリカ側もたいへんな犠牲を出したし、原爆も使うことになった。だから、アメリカは早い時期に天皇制の存続という方向に修正すべきだった。こういう意見を、先生はこの本のなかで何度も紹介しておられます。

G・アルペロヴィッツ　そうです。それがこの本の大きなポイントの一つです。

伊藤　これは以前からの私の主張ですが、太平洋戦争は一九四四年六月から七月のマリアナ沖海戦で実質的には終わっていたのです。天皇および日本のロイヤルファミリーとその周辺は、この時期に戦争をやめることを考えました。そこで東条英機のクビを切ったわけです。しかし、同時にこの人たちは天皇制を守るということだけのために、それから一年二か月のあいだ戦争を続けました。

ですから、原爆投下についての問題というのは、日本のなかだけで見ると天皇制の問題です。当時は〝国体護持〟という言葉を使っていましたが、これはいまでいう「天皇制を守る」ということです。その終戦までの一年二か月のあいだに日本は「天皇制を守る」ためにじつにおびただしい戦争犠牲者を出しました。日本軍および連合軍、それにその戦場となった中国や朝鮮半島やビルマ、フィリピン、それに太平洋の島々……。そこでの戦死者、犠牲者は数百万どころか一千万人を超えるのではないでしょうか。

もしも、マリアナ沖海戦の直後に、日本人が天皇に「あなたの責任ではじめたことなのだから、あなたがやめなさい」ということで、戦争をやめてしまっていれば、原爆が投下されることもなく、おびただしい戦死者、犠牲者を出すこともなかったわけです。そのことをいま日本人はどのように考えるのかということがあります。

G・アルペロヴィッツ　太平洋戦争の終結の遅れについては、アメリカに一〇〇パーセントの責任があると同時に、日本にも一〇〇パーセントの責任があります。互いに相手のせいにはできないということです。

アジアの国々は、日本への原爆投下をどのように見たか

伊藤　もう一つ、この本を読んで複雑な気持ちになったのは、日本の国民というものが全く出てこない、戦争を止める力としては全く考えられていないことです。つまり、日本には全く民主主義がなかった。戦争をはじめたのも、やめたのも天皇でした。終戦の詔勅でした。国民側からはなんの声もなく、戦争を止める力もなかったということが、事実としてあります。

しかし、日本の社会というのは暗い部分を真正面から見たがらないので、先の国会決議でもその点が非常に曖昧でした。従軍慰安婦問題でもけっしてそれを補償とはいわない。「女性のためのアジア平和国民基金」というたいへんわけのわからないものにする。「おカネをあげるから、これで黙っていてくれ」とする。それと同じように、天皇の問題についても国民は真正面から向き合っていないのです。その意味で、原爆投下というのは太平洋を隔てて両方に責任があるのではないかと思います。

一九八三年にフィリピン、マレーシア、タイ、インドネシア、韓国、日本の文学者が広島に集まり「アジア文学者ヒロシマ会議」を行いました。そのときアジアの国々では、原爆が投下されたというニュースをどのように受け止めたかということが話題になったのですが、ほとんどの人が「これで戦争は終わり、日本の軍人は引き揚げていってくれる」と喜んだそうです。そういうことを、会議で報

告しあい、そのあとみんなで原爆資料館を見にいったところ、「これはとても喜ぶようなものではなかった」と、みんなの顔色がみるみるうちに変わりました。

しかし、アジアではそのように受け取られていたということも事実としてあります。アジアでは原爆投下がそのように受け止められていたというのは、日本にとっての問題で、原爆投下は間違っていたということについては、私も全くそのとおりだと思いますが、だからといってそのことによって日本人が救われる気持ちになるとすれば、それはまた違うのではないかと思います。

G・アルペロヴィッツ　アジアの国々の人たちも、原爆投下が戦争終結にとって必要であったと理解しておられるのでしょうか。実際問題としては、ソ連が参戦したことと、天皇制存続への保証が与えられたことによって戦争は終結していったわけです。

第二に、もしこの本が、日本がこれまで起こしてきたさまざまな問題を検討する必要がないという口実に使われるとするならば、私としてもたいへんに心外です。日本人には、日本人として直面し見直さなければならない問題点が多々あるのではないでしょうか。日米双方の社会がこれらの問題を率直に認め、見直し作業をしなければならないということでしょう。

伊藤　そこのところがほんとうに重要です。

G・アルペロヴィッツ　アメリカ側から見れば、戦争を終結させるために原爆投下以外の代替案があったかどうか。そしてその当時、首脳がその代替案を理解していたかどうか。答えはイエスです。アメリカの考え方からすると、個人の責任と選択肢とは非常に密接です。広島への原爆投下については、オプションがあってそのなかから選ばれたことなのです。そのため、これは責任をともなうということになります。しかし、どの程度に選択を可能にする構造が国民にオープンであったかについては、評価できません。

私はアウトサイダーですが、日本が天皇制の根本的な意味を見直すということは重要であると思います。そのことを見直すことによって、将来どのようにしていくのかということが見えてくると思います。広島に原爆が投下されたときは、アメリカも「閉鎖された民主主義」という状況でした。市井の人々の声は届かず、その声を届けるようなシステムもなかった。そのため、広島に原爆を投下するという決定をしたのは、ごくごく少数の人たちでした。

アメリカには天皇制は存在しませんでしたが、デモクラシーという原理を持ち、地域社会＝コミュニティが根づき、リバティ＝自由というものが存在するというような社会ではありませんでした。これは二一世紀に向かって非常に重要な根っこの深い問題であると思います。

ルーズベルトは、どのように考えていたのか

伊藤　ルーズベルトと原爆投下との関係についてお伺いしたいと思います。彼は一九四三年一月のカサブランカ会議で、無条件降伏というポリシーを打ち出しました。この無条件降伏と原爆との関係をどのように考えるか。次に、ルーズベルトは原爆投下を決定する以前に死んでしまうわけですが、もし生きていたならば原爆投下を決定したかどうか。最後に、ルーズベルトはたいへん熱心に国連をつくろうとしましたが、その国連と原爆との関係を。

G・アルペロヴィッツ　ルーズベルトは、たいへん賢明で微妙な細かいところに配慮する政治家で

した。彼はひとつのことと別のことを、そして第三番目の側面ということを同時に見ることができた人です。ですから、無条件降伏と彼はいっていますが、銘記しなければならないことは、イタリアの降伏というのは無条件降伏ではあったけれども、国王を中心とする体制はそのまま温存できた。つまり、いろんな条件を残したままの無条件降伏であったということです。

ルーズベルトが原爆の開発を促進させたわけですが、明確に証拠として残っているのは「もしこれが行使されるなら、非戦闘員を対象とせず、軍事目標に対して使う」というポリシーであったということだけです。ルーズベルトにさまざまな進言をしていたアドバイザーたちを見ると、スティニアス国務長官、レイヒ提督、マーシャル将軍、スティムソン陸軍長官など、ほとんど全員のスタッフが、天皇の存在を保証すべきだと進言をしています。

これに反対したのは、バーンズだけです。ルーズベルトが生きていたならば、バーンズは国務長官になっていなかったでしょう。ですから、可能性としては都市に対して原爆を使ったということは考えにくい。推測の域を出ないわけですが。

また原爆と国連とのあいだの関係に関して明確な考え方があったとは思えません。原爆開発はまだ未熟な初期の段階ですから。彼はシステマティクな考え方をする人ではなかった。原爆自体も対ソの力として考えていた。国連のもともとの構想というのは、原爆のあるなしを問わず、五か国が世界を管理するというものです。ところが、彼が亡くなってトルーマンが大統領に就任しますが、そのときにはすでに核の脅威による政策というものを、アメリカは立てていました。これを推進したのはバーンズ国務長官ですが、そのために初期の国連の構想は死産となります。これはいまも解決されていない問題です。

〝核カード〟は、まだ外交に効力を持っているのか

伊藤　マッカーサー元帥が、一九五一年に総司令官を解任されてアメリカに帰り、五月三日から五日まで、アメリカ上院の軍事外交委員会でヒヤリングが行われました。ここでマッカーサーは「日本は政治的にはまだ一二歳だ」といったのですが。

G・アルペロヴィッツ　（笑い）

伊藤　マクマホン上院議員が、ソビエトとの核兵器についての管理交渉をどのように進めればよいか、核軍縮交渉についてどのように考えるかを訊ねた。そのとき、マッカーサーは、次のように答えています。

「交渉を通して核兵器をなくすことはできないだろう。戦争そのものをなくさなければならない。そして、そのためにはアメリカが率先して核兵器を捨てなければならない。アメリカが非武装を主張して、ソ連にもそれを説得して、大国がまず日本の憲法第九条のような状態をつくれば他の国は必ずそれに従うだろう。それはあまりにもユートピアのように聞こえるだろうが、それ以外に核兵器を管理する方法はない」

G・アルペロヴィッツ　それはユートピア的であり、難しいことであるが、重要なステップであると思います。

伊藤　原子爆弾の投下は、第二次世界大戦の終了を告げるものであったのと同時に、冷戦の開始を

も告げました。ところが、その後に核の軍核競争に米ソともに疲れてしまいました。そして結果的に核が使われなかったのは幸いであったと思いますが、それは必ずしも核の抑止力の証明にはなりません。核兵器が抑止したのではなく、人間が生き延びようとする理性の方が核兵器を抑止したのだと思います。しかも、両方の国は膨大な赤字を背負い込み、ソ連は自壊してしまいました。にもかかわらず、核兵器はまだ外交的な手段となりうるのでしょうか?

G・アルペロヴィッツ　クリントンが北朝鮮に対して核兵器の脅威でもって、脅しをかけました。残念なことではありますが。

伊藤　ジョークではなく?

G・アルペロヴィッツ　（笑い）ジョークなどではなく、本気でした。アメリカの議会も共和党が勢力を盛り返してきています。スターウオーズ構想やSTARTⅡの条約などについても、いろんな対立が出てきているのです。

じつは幣原喜重郎が提案していた日本国憲法第九条

伊藤　日本国憲法の第九条では、戦争と軍隊の放棄をうたっています。ところが、五〇年代に入ると朝鮮戦争を契機に日本は再軍備をはじめます。その頃、日本の政治家のなかから「この憲法はマッカーサー元帥に押しつけられたものであり、日本を永久にアメリカの属国にしておくためのものだ」という議論が出てきて「だから、第九条を取り除いてしまおう」と主張されました。

そこで政府は、成蹊大学の高柳賢三（一八八七〜一九六七）学長を会長として憲法調査会をつくり、

第九条がどのようにしてできたかを調査しました。その結果、日本国憲法の第九条は、敗戦当時首相であった幣原喜重郎（一八七三〜一九五一）が、マッカーサー元帥にはたらきかけてその結果、元帥が日本政府に提案するかたちで成立したことがわかりました。

幣原喜重郎は一九二〇年代から三〇年代の初期にかけて、外務大臣として日本の軍縮を進めようとしました。そして一九三一年に日本が満州に侵略したときに「線路の破壊を中国軍がやったというが、じつは日本軍がやったことだ」と日本の陸軍を批判した外務大臣です。そのために日本の軍部に徹底的に抑えられて戦時中は要職を占めることがありませんでした。敗戦後親英米派の外交通であるということで東久邇内閣の後継首相として一九四五年一〇月に首相になるわけです。しかし、彼の内閣はとても保守的な内閣であったために、マッカーサー元帥に第九条を提案して、元帥から日本政府に提案するという経路をとったわけです。それと同時に、幣原喜重郎は、天皇を日本国の象徴として天皇制を存続させることに努めました。その意味では、日本国憲法第一章の天皇の規定と第二章の戦争の放棄とがワンセットになっていながら、相互に矛盾しているわけです。

マッカーサー元帥は、この上院のヒヤリングでも「シデハラが自分のところに来て、自分にこの九条を提案したんだ」ということをいっています。一九五五年に戦争に深い関わりを持っている在郷軍人会の集会でも、マッカーサーは同じことを述べています。そしていま、オハイオ大学のオーバービー名誉教授が「アメリカの憲法に日本の第九条を入れようじゃないか」という運動をアメリカではじめています。

自由意思で新しいイニシアティブをとることがデモクラシーの核心

G・アルペロヴィッツ　アメリカでもケネディのときまでは全面的な軍縮志向でした。同じように興味深いことは、チャーチル、ルーズベルト、その他二六か国が署名をし、第二次世界大戦のベースになった北大西洋条約も、「最終的に目指すのは軍縮だ」ということでした。ですから、これからだんだん軍縮の方向に動いていけば、日本国憲法第九条というのは、すべての国に採用されることになるのではないでしょうか。

それとともに、従来の社会主義や資本主義を超えて、暴力や民族紛争で、どこかをスケープゴートにするというようなことを行わない構造をつくることが必要でしょう。そのようなアイデアは何かということが、私の目下の関心対象です。大江健三郎氏が講演のなかで、日本の文化が崩壊してきているということを指摘しておられましたが、どの国の文化も体制もどんどん衰退してきています。ですから、肯定的な文化をいかにして制度化していくかということが、次の世紀の問題でしょう。

伊藤　一九八〇年に、レーガン政権がヨーロッパへの核兵器の配備を決めたときに、ヨーロッパでは非常に大きな反核運動が起こり、アメリカ国内でも日本でも反核運動が起こりました。そのときに、ドイツ社会民主党のエプラーが「ルネッサンスの時代に匹敵することが、いまはじまった」といいました。それは一五年前のことですが、その後にソ連邦が崩壊し、アメリカも各階層からの変化を要求されてきています。

ソ連とアメリカを中心とする東西冷戦が終結したことはよいことですが、南半球のアフリカやラテンアメリカなどではいまも激しい収奪が行われていて、南北格差はますます拡がっているのが現状です。そのことと核抑止力の神話が信じられていることが、どこかでつながっているのではないでしょうか。これをどう解決するかということが、これからとても重要だと思います。

G・アルペロヴィッツ　全く同感です。それらはほんとうに大きなチャレンジだと思います。ディスカッションのしめくくりとしていえることは、八〇年代はレーガンがイニシアティブをとって人々を怖がらせた。これからは、人々が脅威を与えられることなく、自分たちの自由意思で、新しいイニシアティブをとれるかどうか。そこがデモクラシーの核心です。脅かされて立ち上がるのではなく、肯定的に、積極的に、はじめから自分たちの自由意思で立ち上がるかどうかだと思います。

伊藤　同感です。

終章　有事法案が開示したもの
——日本国憲法前文・第九条の人類史的な位置と意味

二〇〇二年八月

有事三法が、国会の会期を七月末まで延長したにもかかわらず、今国会では衆議院をも通過できずに、結局継続審議となった。これほどの反憲法的法案が、国会を通過しなかったことは、事柄の本質としては当然のことだが、しかし同時に、政府にとってはこれほどの重要法案が、与党が圧倒的多数の国会で、会期を延長しても通せなかったということは、日本憲政史上特筆に値することではないかと私は思う。と言って、だから安心してよいということではない。有事三法の真の狙いは、憲法第九条の廃棄にあったし、その狙いは今後も変わらない。だからこの種の法案は、継続審議法案としてこのままの形でか、或いは形を変えてかはともかく、再度出てくることは必至であろう。

そういう意味でも、今回の有事法反対運動を通して得られた私にとっての新しい認識を、ここにいくらか整理しておきたいと思う。

それは何よりも、現憲法全体の中での憲法第九条の位置、あるいは意味についてだ。

これまでの改憲論のほとんどすべてが、憲法第九条の廃棄を狙うものであることは周知のことだが、そのために私自身も、「護憲」と言えばまず憲法第九条を取り出して考えてきた。ところが今度、有事三法に対抗するための理論的考察を深める中で、憲法第九条が憲法全体と有機的に深く結合していることが、これまでにも増していっそう深くわかってきたのである。

人類普遍の原理

第一に前文との関係だ。憲法第九条が前文と密接不可分の関係にあることは、すでに周知のことだ。例えば、憲法前文に、「政府の行為によって再び戦争の惨禍が起こることのないようにすることを決意し、ここに主権が国民に存することを宣言し、この憲法を確定する」と書かれている。これが憲法第九条の前提をなしていることは言うまでもないことだが、先を急がず、この短い言葉の意味を考えておきたい。

まず、「政府の行為によって再び戦争の惨禍が起こることのないようにすることを決意し」ということは、戦争は「政府の行為によって」起こるものであることを明言しているのだ。

小泉内閣が国会に提出した「武力攻撃事態法案」は、「武力攻撃事態」とは、「武力攻撃（武力攻撃のそれのある場合を含む）が発生した事態又は事態が緊迫し、武力攻撃が予想されるに至った事態をいう」と、「武力攻撃事態」がまるで地震か台風のように「発生」するかのように説明している。しかし現憲法前文は、「武力攻撃事態」、つまり「戦争の惨禍」は「政府の行為によって」起こるものであることを明言しているのである。従って、「政府の行為によって」起こる「戦争の惨禍」は、「政府の行為によって」避けることができる。この憲法に基づいて成立した政府は、そのような責任と義務を負うものであることをも、この前文は指摘していると読むべきであろう。

次に、「主権が国民に存することを宣言し」という言葉に注意したい。「主権が国民に存する」とは、具体的にはどういうことであろうか。その意味を理解するために、前文をもう少し先まで読んでみる。

「そもそも国政は、国民の厳粛な信託によるものであって、その権威は国民に由来し、その権力は国民の代表者がこれを行使し、その福利は国民がこれを享受する。これは人類普遍の原理であり、この憲法は、かかる原理に基くものである。われらは、これに反する一切の憲法、法令及び詔勅を排除する」

「主権が国民に存する」とは、国民が「権威」の源だという意味だと前文は述べている。つまり「主権が国民に存する」とは、国民が何年かに一度、投票で代表者を選ぶという選挙権・参政権だけを意味するものではなく、「権威」の源として自らを自ら律する自治権としての基本的人権を有することを意味している。自治体も国会も政府も、国民一人ひとりが有する「権威」の源として自らを自ら律する自治権の上に、それを保障するべく成立しているのだ。

しかも前文は、「これは人類普遍の原理」で、「これに反する一切の憲法、法令及び詔勅を排除する」と宣言している。ここで敢えて「人類普遍の原理」と述べたのは、個々の「国家の原理」を超えるものであることを宣言するためであろう。つまり日本国憲法は、帝国憲法のように天皇と国家を主とし、国民を従とした「日本固有の」原理に立つものではなく、国民一人ひとりが自らを自ら律する自治権としての基本的人権を「権威」の源とする「人類普遍の原理」に立つことを宣言し、さらに、「これに反する一切の憲法、法令及び詔勅を排除する」と述べている。

ここで注意すべきことは、「これに反する」法令だけではなく、憲法も詔勅も「排除する」と述べていることだ。では、憲法を排除する、とはどういう意味だろうか。

憲法は第九章第九六条で「改正の手続き、その公布」を規定している。つまり、改正を予想し準備しているのだが、しかし将来の改正憲法は、前文が規定するこの「人類普遍の原理」に反するものであってはならない、と規定しているのである。

現在、中曾根康弘・中山太郎・小沢一郎・石原慎太郎などから天皇元首論、第九条廃棄論など様々な改憲論が唱えられているが、かれらの改憲論は、「人類普遍の原理」に反するものなので、この前文に照らして言えば、もともと改憲論として成り立ち得ない性質のものだ。しかも憲法前文は「詔勅」、つまり天皇の言動をも厳しく律しているのだ。

平和的生存権

こうして前文は、この憲法の大原則として規定する「人類普遍の原理」が、国民一人ひとりの基本的人権と、その上に成り立つ民主主義を意味するものであることがわかる。そして、その前提に立って、平和の原則が次のように述べられる。

「日本国民は、恒久の平和を念願し、人間相互の関係を支配する崇高な理想を深く自覚するのであって、平和を愛する諸国民の公正と信義に信頼して、われらの安全と生存を保持しようと決意した」

ここでも注意すべきことは、「恒久の平和を念願」する日本国民が「深く自覚する」のは、「人間相互の関係を支配する崇高な理想」であり、また信頼するのは「平和を愛する諸国民の公正と信義」であって、国家や国家間の関係ではないということ、つまりこの憲法が信頼をおいているのは、どこまでも「人類」の一人ひとりとしての人間個人だということだ。その上で、前文はさらに続けている。

「われらは、平和を維持し、専制と隷従、圧迫と偏狭を地上から永遠に除去しようと努めている国際社会において、名誉ある地位を占めたいと思う。われらは、全世界の国民が、ひとしく恐怖と欠乏から免かれ、平和のうちに生存する権利を有することを確認する」

中曾根康弘・小沢一郎・小泉純一郎などは、「国際社会において、名誉ある地位を占めたい」というこの個所を捉えて、「金だけでなく、汗と血も流して国際社会に貢献して名誉ある地位を占めたい」と称して、自衛隊海外派兵を策し、昨二〇〇一年九月の「ニューヨーク・ワシントン攻撃事件」に便乗して、事件の翌月、二〇〇一年一〇月にはついに「テロ特別措置法」なる法律を急造して、「日本海軍」を初めてインド洋に派遣して米国の戦争に参戦した。

彼らは、「国際社会において、名誉ある地位を占めたい」というフレーズの前の、「平和を維持し、専制と隷従、圧迫と偏狭を地上から永遠に除去しようと努めている」という形容句を無視した。そうでなければ、あらゆる国際法を無視して、アフガニスタンの人々の上に膨大な新型・大型爆弾を降らせ、「専制と隷従、圧迫と偏狭」を新たにつくり出す米国政府の戦争に協力することが、どうして「国際社会において、名誉ある地位を占め」ることになるのであろうか。

そして、すでに引用した前文でもう一つ大事なことは、「われらは、全世界の国民が、ひとしく恐怖と欠乏から免かれ、平和のうちに生存する権利を有することを確認する」というくだりだ。

第一次大戦後にできたドイツのワイマール憲法は、人々に社会的に生きる権利、社会的生存権を保障した。そこから人々は社会福祉政策を権利として受けることができるようになった。そして、第一次大戦以上に膨大な犠牲者をだした第二次大戦への反省から生まれた日本国憲法は、その前文で、「全世界の国民が、ひとしく恐怖と欠乏から免かれ、平和のうちに生存する権利を有することを確認」した。このフレーズの主語が、「全世界の国民」であることに注意する必要がある。日本国憲法は、「全世界の国民」が「恐怖と欠乏から免かれ、平和のうちに生存する権利を有すること」、つまり社会的生存権と共に「平和的生存権」を有することを、人類史上初めて宣言したのである。

「パリ不戦条約」と第九条

では、「全世界の国民」の「平和的生存権」を保障するには、どうすればよいのか。それが第九条の課題だが、第九条は二つの項目から成り立っている。

第一項は、「日本国民は、正義と秩序を基調とする国際平和を誠実に希求し、国権の発動たる戦争と、武力による威嚇又は武力の行使は、国際紛争を解決する手段としては、永久にこれを放棄する」と、「国権の発動たる戦争」と、「武力による威嚇又は武力の行使」を永久に放棄することを宣言している。

「国権の発動たる戦争」の放棄は、一九二八年の「パリ不戦条約」が、その第一条で、「締約国は、国際紛争解決の為戦争に訴えることを非とし、且其の相互関係に於て国家の政策の手段としての戦争を放棄することを其の各自の人民の名に於て厳粛に宣言す」と明言していた。

日本国憲法はそれに加えて、「武力による威嚇又は武力の行使」をも永久に放棄することを宣言したのだが、これは何を意味するものであろう?

日本政府は、一九二八年に「パリ不戦条約」に調印し、翌二九年には条件付きではあったが、「パリ不戦条約」を批准した。これは当時、田中義一陸軍大将の内閣と激しく競い合ってこれを推進した、ときに外務大臣、ときに首相代理を務めた幣原喜重郎の努力・苦労・才覚によるところが大きいのだが、幣原喜重郎が一九三一年末に最終的に下野した後日本政府は、中国に対して宣戦布告することなしに「武力による威嚇又は武力の行使」を行い続けた。

幣原喜重郎は、こうした戦前の経験と反省から、戦後の憲法でこのような不正行為を厳しく禁じたのだ。そしてそのことは、現在、米国が行っている国際法無視の行動に対する強烈な批判を先取りしたことでもあった。

現在米国政府は、「反テロ戦争」の名の下に、宣戦布告をすることなしに、アフガニスタン、イラクに対して、また「アブサヤフ」に対しても、「武力による威嚇又は武力の行使」を行っているが、日本国憲法は、「全世界の国民が、ひとしく恐怖と欠乏から免かれ、平和のうちに生存する権利を有することを確認」した立場から、これをハッキリと禁じているのだ。したがってそのような米国の軍事行動に憲法違反の「自衛隊」を参加させることは、二重の違憲行為にほかならない。

ところで、戦争放棄を初めて多国間条約で宣言したパリ不戦条約の第二条は、次のように述べている。

「締約国は、相互間に起こることあるべき一切の紛争又は紛議は、其の性質又は起因の如何を問わず、平和的手段に依るの外之が処理又は解決を求めざることを約す」

戦争放棄を宣言したパリ不戦条約第一条は明快だが、この第二条はわかりにくい。「其の性質又は起因の如何を問わず」とは、何を意味する言葉であろうか。

パリ不戦条約は、第一次大戦後に米国を中心とする連合国がベルサイユ条約によってドイツを抑え込んだとは言え、それだけにドイツの報復に不安を感じていたフランスのブリアン外相（後に首相）が、一九二七年四月の米国参戦一〇周年記念日に、UP通信を通して米国市民に米仏反戦条約の締結を呼びかけたことに端を発して、それが米国側の提案で多国間条約へと発展したものであったが、その発展の過程で、「自衛戦争」問題が浮上してきた。

米仏が呼びかけた反戦条約への参加を承諾した英国のチェンバレン外相は、大英帝国領土全体の自衛権と自衛戦争の権利を主張し、それに対抗して米国は南北米大陸全体の自衛権を主張し、日本政府は、満州・蒙古は日本帝国の自衛権の範囲だと主張した。もしこのような主張を認めて、侵略戦争と自衛戦争を区別すると、不戦条約全体が無意味になる。なぜなら侵略戦争と自衛戦争の区別は、客観的には不可能だからだ。

だからこうした大国の主張に対して、米国の哲学者ジョン・デューイをはじめ、不戦条約を支持してきた平和運動側は、侵略戦争と自衛戦争を区別することで不戦条約全体が無意味化することを防ごうとした。そうした経過から、「一切の紛争又は紛議は、其の性質又は起因の如何を問わず、平和的手段に依るの外之が処理又は解決を求めざることを約す」という文面となったので、「其の性質又は起因の如何を問わず」とは、侵略戦争か自衛戦争かという区別なしに「一切の紛争又は紛議は……平和的手段に依るの外之が処理又は解決を求めざることを約す」というものにほかならない。そして

「平和的手段に依るの外之が処理又は解決を求めざること」ということは、事実上、軍事的手段の放棄、つまり軍隊の廃棄を意味していたのだ。（これらの詳細については、拙著『物語　日本国憲法第九条』影書房刊を参照）

そしてパリ不戦条約の成立をめぐるこのような経過を知悉《ちしつ》し、しかもその後、「自衛」の名の下での日本皇軍の暴虐な侵略行為を身をもって体験してきた幣原喜重郎は、第九条に次の第二項を付け加えたものであろう。

「前項の目的を達するため、陸海空軍その他の戦力は、これを保持しない。国の交戦権は、これを認めない」

こうして、一九二八年にパリ不戦条約が意図した内容が、第一次世界大戦にもまして膨大な犠牲を払った第二次世界大戦を経験した後に、日本国憲法第九条に明文化されたのであった。

こうした第九条成立の背景と条文に照らして見れば、自衛隊は明らかに「陸海空軍その他の戦力」に外ならず、違憲の存在であることは言うまでもない。

まして、「武力攻撃を排除するために必要な自衛隊が実施する武力の行使、部隊等の展開」を規定する武力攻撃事態法案が二重の違憲法案であることは明白だ。

戦争・軍備放棄と基本的人権

第二章「戦争の放棄」の後に第三章「国民の権利及び義務」が来ることは周知のことだが、今度の有事法問題が起きるまで、私はこの構成にあまり注意を払ってこなかった。

しかし有事法問題に関連して、他国の憲法をも参照しながら改めて気がついたことは、日本国憲法は、前文で「平和的生存権」を保障し、第二章で戦争と軍備を放棄し、それが第三章の基本的人権を保障する前提だという認識・思想に基づいて構成されているということだ。

同時にもう一つ重要なことは、現憲法第三章は「国民の権利及び義務」と表題されているが、連合軍総司令部が一九四六年二月一三日に日本政府に手交した「マッカーサー草案」の表題は「Rights and Duties of the People」であったが、この草案を基にしてつくられた日本案（四六年三月四日案）は「国民の権利及び義務」となっていたことだ。つまり、People が「国民」と翻訳されたのだ。

この翻訳が如何なる意味を持っていたかは、マッカーサー草案と三月四日日本案及び現憲法を次のように比べてみるとよくわかる。

マッカーサー草案　Chapter 3. Rights and Duties of the People（人民の権利及び義務）

Article 9. The people of Japan are entitled to the enjoyment without interference of all fundamental human rights.

Article 10. The fundamental human rights by this Constitution guaranteed to the people of Japan result from the age-old struggle of man to be free. They have survived the exacting test for durability in the crucible of time and experience, and are conferred upon this and future generations in sacred trust, to be held for all time inviolate.

日本案　第一〇条　国民ハ凡テノ基本的人権ノ享受ヲ妨ゲラレルコトナシ。此ノ憲法ノ保障スル国民ノ基本的人権ハ其ノ貴重ナル由来ニ鑑ミ、永遠ニ亘ル不可侵ノ権利トシテ現在及将来ノ国民ニ賦与セラルベシ。

現憲法　第一一条　国民は、すべての基本的人権の享有を妨げられない。この憲法が国民に保障する基本的人権は、侵すことのできない永久の権利として、現在及び将来の国民に与へられる。

マッカーサー草案　Article 11. The freedoms, rights and opportunities enunciated by this Constitution are maintained by the eternal vigilance of the people and involve an obligation on the part of the people to prevent their abuse and to employ them always for the common good.

日本案　第一一条　此ノ憲法ノ保障スル自由及権利ノ享受ハ国民ノ不断ノ監視ニ依リテ保持セラルベク、国民ハ其ノ自由及権利ノ濫用ヲ自制シ常ニ公共ノ福祉ノ為ニ之ヲ利用スルノ義務ヲ負フ。

現憲法　第一二条　この憲法が国民に保障する自由及び権利は、不断の努力によって、これを保持しなければならない。又、国民は、これを濫用してはならないのであって、常に公共の福祉のためにこれを利用する責任を負ふ。

こうしてPeopleはすべて「国民」と翻訳された。さらに「法の下での平等」の条文を比べてみると、

マッカーサー草案　Article 13. All natural persons are equal before the law. No discrimination shall be authorized or tolerated in political, economic or social relations on account of race, creed, sex, social status, caste or national origin.

日本案　第一三条　凡テノ国民ハ法律ノ下に平等ニシテ、人種、信条、性別、社会上ノ身分又ハ門閥ニ依リ政治上、経済上又ハ社会上ノ関係ニ於テ差別セラルルコトナシ。

現憲法　第一四条　すべての国民は、法の下に平等であって、人種、信条、性別、社会的身分又は門地により、政治的、経済的又は社会的関係において、差別されない。

ここでは All natural persons（すべての人は）という主語が「凡テノ国民」に変わり、national origin（民族的出自）が削除されている。こうして「人類普遍の原理」が法務官僚の手によって「日本国民の原理」に縮小・変質された。

そのために前文では、「全世界の国民」が「平和の内に生存する権利を有することを確認」しているにもかかわらず、第三章で基本的人権の保障は日本国民に限られて、外国人（当時は朝鮮人・中国人）は「民族的出自」によって差別されたのである。

こうした問題の存在を銘記した上で、同時に基本的人権は平和を前提にして初めて保障されるのであって、戦争はいかなる基本的人権も保障しないことをこの憲法が示していることを見落としてはならない。

政府は、継続審議とされた有事法（特に武力攻撃事態法案）で、「国民の生命・身体及び財産の保護」の法制を先送りしたが、政府の行為によって戦争を行うことを目的とした武力攻撃事態法による「国民の生命・身体及び財産の保護」は所詮不可能なことであると同時に、憲法の原理に基本的・本質的に反することだ。

最高法規に対する「外から」の破壊策動

小泉首相は、有事法案の審議を開始した四月二六日の衆議院本会議で、有事法は「国家存立の基本」だと述べた。小泉首相のこの答弁に対して国会でどのような討論が行われたのか、メディアの報道ではわからないが、この発言は「国の最高法規」としての憲法の存在を無視した発言だ。憲法第九八条は次のように明確に規定しているからだ。

第九八条　この憲法は、国の最高法規であって、その条規に反する法律、命令、詔勅及び国務に関するその他の行為の全部又は一部は、その効力を有しない。

現在継続審議中の有事法案が憲法の原理・精神・条項に本質的且つ明瞭に反していることはすでに述べてきたが、そういう有事法案はこの条項に照らして言えば明らかに、「その効力を有しない」。しかもそればかりではない。憲法第九九条は、次のように述べている。

第九九条　天皇又は摂政及び国務大臣、国会議員、裁判官その他の公務員は、この憲法を尊重し擁護する義務を負ふ。

このように憲法は、「天皇又は摂政及び国務大臣、国会議員、裁判官その他の公務員」に護憲義務を厳しく課している。

小泉首相は、この憲法の下で国会議員となり首相となった人である。そうであれば、小泉首相は、当然、「この憲法を尊重し擁護する義務を負う」。そして、その護憲義務にもかかわらず、「国の最高法規」の条規に反する法案を国会に提出した小泉首相は、憲法第九九条によって首相を罷免されるべきであろう。

刑法には、憲法第九八、九九条違反者への罰則は記されていないが、罰則がないということは、憲法を無視し、違反してよいということではなく、逆に「天皇又は摂政及び国務大臣、国会議員、裁判官その他の公務員」は法を守る徳を備えていることを想定しているからであって、「天皇又は摂政及び国務大臣、国会議員、裁判官その他の公務員」がそのような有徳の志ではなく、無徳・無法者である場合には、国は無徳・無法状態になる。現在の日本はまさにそのような状態だ。

しかし、政治的にはこのような無徳・無法状態にもかかわらず、この憲法を内側から突き崩すことは不可能なほどに、この憲法は民主主義・平和・人権・法治の思想が有機的に密接に結び合ってできている。だから衆参両院への憲法調査会の設置やメディアによる改憲論の宣伝など、この憲法を「外側から」壊そうとする動きが様々な形で起きている。

憲法学者の樋口陽一氏は、近著『憲法　近代知の復権へ』（東京大学出版会、二〇〇二年）の中で、「一九二〇―三〇年代の、近代憲法秩序をめぐっての批判と擁護の対抗図式」は議会制民主主義の機能不全を前にして、「外側からの〈決断〉による克服か、内側での〈妥協の政治〉かの選択が問題であった」と述べて、前者の代表格としてカール・シュミットを、後者の代表格としてハンス・ケルゼンを上げている。シュミットは議会制と民主主義を分離し、民主主義の名において独裁を正統化し、一方ケルゼンは、「妥協の政治」としての議会制民主主義を擁護したが、ナチズムがシュミットに依拠したことは言うまでもない。

そうした歴史の経験を踏まえて樋口氏は、現在の日本の憲法的状況について、「憲法学の外側から、緊急事態法制の必要が強調され、憲法の最高法規性・硬憲法性を低め、〈国民すなわち国会〉の議決で憲法を廃棄しようというアイディアまでが、斬新なものであるかのように唱えられている」と警告を発している。

全く同感だが、興味深いことは、そうした状況の中で樋口氏がさらに、「日本国憲法第九条を不可欠の柱として成立してきた戦後日本の立憲主義の意味の再定位」を試みていることだ。

樋口氏は、憲法第九条は冷戦時代には日米の軍事的提携強化への抑止的な役割を果たし、冷戦後の南北問題や民族問題に対しても「軍事的手段によらない働きかけ」のシンボルとして「時代の要請を先どり」していたが、その上でさらに二つの意味が重要だと言う。

その第一は、「社会全体の非軍事化を要請する条項として、日本社会のなかでの批判の自由を下支えする意味」を持ち、「祭政一致の軍事帝国を解体」して、日本社会を「天皇＝軍＝神というタブーから解放」する上で重要な役割を果たしたこと、第二の意味は、核兵器による凄惨で膨大な被害を経験して生まれた第九条は、「技術文明の暴走への歯止め」となり、近代技術とともに発展してきた近代立憲主義に対して、「憲法九条の理念を自らに必然的なものとして選びとり直す」ことを求めたことだと言う。

憲法第九条が、戦争と軍隊の放棄だけでなく、社会の中での批判的自由や近代技術の暴走に対する批判をも支え促す役割を果たしてきたという樋口氏のこの指摘は、大変新鮮で興味深い。

それと同時に、立憲主義とは何よりも特定個人・集団の恣意性に対する公正な「法の支配」を意味するもので、立憲主義こそは憲法第九条の正統性を厳然として守る筈のものであろう。そしてそのような観点から見ると、自衛隊という存在は、憲法第九条に正面から反することで、まさしく立憲主義を真っ向から否定する存在であろう。

ところが有事法制は、その自衛隊の機能・役割をいっそう強化して、日本の政治・社会の中心部に押し出すものとして準備されているのだ。

地震や台風に対しては文字通り、「備えあれば憂いなし」と備えなければならないが、自衛隊と自衛隊に基づく有事法制は、日本の民主体制を根本から破壊するばかりでなく、人類が不断の努力によって形成してきた立憲主義という人類の叡知の破壊をも意味するものであることを銘記して周知させる必要があろう。

（二〇〇二年八月四日記）

あとがき

本書の「はじめに」を書いたのは、有事三法成立直後の六月七日だった。その翌日の六月八日に与党は「イラクにおける人道・復興支援活動等の実施に関する特別措置法案の概要」を発表した。そして政府は、六月十三日に「概要」の一部を削除して閣議決定し、国会の会期を四〇日間延長して国会に提案した。そして今、六月末現在、この法案を七月四日には衆議院を通過させて、会期末までの成立を謀っている。

閣議決定に当たって政府が「概要」から削除したのは、「大量破壊兵器等処理支援活動」の部分だった。米英政府は、イラクのサダム・フセイン政権が所有・隠匿する大量破壊（生物・化学・核）兵器を廃棄することを最大の目標・理由にあげてイラクへの軍事行動を行ない、日本政府はそれを支援した。ところが戦闘の終結後二か月が経過しても、「サダム・フセインの大量破壊兵器」は痕跡さえも見つからない。そこで政府は、この部分を削除して法案を国会に提出し、多数をたのんで一気に国会を通過させて、千人の自衛隊員をイラクに派兵しようとしている。国会の議席の構成から言えば、与党が分裂するのでない限り、イラクへの派兵の可能性は高いが、この法案は有事法に負けるとも劣らぬほどの矛盾をあらわにしている。

第一に、第一条の「目的」で、「この法律は、イラク特別決議（国連安保理事会決議第六七八号、六八七号及び第一四四一号並びにこれらに関連する国連加盟国によりイラクに対して行われた武力行使並びにこれに引き続く事態をいう。以下同じ）を受けて、国家の速やかな再建を図るために」云々と述べている。しかし、国連安保理事会決議第六七八号、六八七号及び第一四四一号は「これらに関連する国連加盟国によりイラクに対して行われた武力行使」を容認するものではない。だから米英政府はイラク攻撃に当たってそれを容認する新しい決議を求めたのだが、国際世論はその決議を与えなかった。だから英米のイラク攻撃と日本政府の支援活動は、国際法違反の侵略行為であって、英米日は「人道復興支援」などと言う前に、戦争犯罪を謝罪して賠償・補償を行うべきなのだ。しかも、第二条の「基本原則」で、「対応措置の実施は、武力による威嚇又は武力の行使に当たるものであってはならない」としながら、「危険地域」だという理由で対戦車砲、装甲車、重機関銃の携行を検討しているという。これは明らかに「戦地への派兵」だが、重装備すれば安全だと考えるところに、これらの人々の拭い難い武力信仰が顕れている。

米英軍の無法な攻撃でこれほど酷く破壊されたイラクへの援助が必要であることは言うまでもないが、その基本原則は国連との協力で先ずイラク人自身の政府を樹立し、その要請を受けて非武装を原則に物心両面の援助をすることだと思う。そして、それが同時に武力信仰を克服する原則でもある。本書がそうした原則の確立・普及のお役に立てることを願いつつ。

二〇〇三年六月三〇日

伊藤　成彦

初出一覧

序章　有事法制は平和憲法体制を根底から破壊する！…………『軍縮問題資料』二〇〇二年七月号

第Ⅰ章

武力信仰からの脱却を…………『軍縮問題資料』二〇〇〇年九月号

軍隊で国が守れるか…………『軍縮問題資料』一九九五年一一月号

憲法第九条二項と自衛隊…………『前衛』二〇〇〇年一二月号

日米安保条約の神話と現実…………『マスコミ市民』二〇〇一年一一月号

第Ⅱ章

憲法第九条はどこから来たか…………『軍縮問題資料』一九九七年五月号

世界から見た憲法第九条…………『まなぶ』一九九七年五月号

憲法第九条はどのようにして空洞化されたか…………『マスコミ市民』一九九七年七月号

憲法か安保か、選択の時…………『週刊金曜日』一九九六年五月二四日号

第Ⅲ章

新ガイドライン関連法が意味するもの…………伊那市市役所ホールでの講演、一九九九年六月一四日

対米軍事協力（新ガイドライン）法案の背景と実態…………『状況と主体』一九九八年六月号

第Ⅳ章

マッカーサー元帥の第九条国際化論…………『9条連ニュース』No.5、一九九五年五月二〇日

アメリカに安保条約を提案したのは昭和天皇だった、という重大な疑惑…………『9条連ニュース』No.11、一九九五年一一月二〇日
第九条と第六六条の意味が改めてわかる…………『9条連ニュース』No.14、一九九六年二月二〇日
警察予備隊の創設＝再軍備ではなかった…………『9条連ニュース』No.21、一九九六年九月二〇日
平和への強烈なメッセージ…………『9条連ニュース』No.24、一九九六年一二月二〇日
憲法施行五〇年を安保破棄・軍縮元年に…………『9条連ニュース』No.25、一九九七年一月
「思いやり予算減額」のまやかし…………『9条連ニュース』No.34、一九九七年八月二〇日
チャールズ・オーバービーさんの『地球憲法第九条』…………『週刊新社会』一九九七年一一月四日
日米関係の分岐点…………『9条連ニュース』No.44、一九九八年八月二〇日
マッカーサー記念館を訪ねて…………『9条連ニュース』No.50、一九九九年二月二〇日
ユーゴ爆撃…………『9条連ニュース』No.54、一九九九年六月二〇日
改憲手続きの簡素化を企む小沢一郎の「憲法改正試案」…………『9条連ニュース』No.56、一九九九年八月二〇日
「九条護憲」の旗を高く掲げて、改憲阻止の大きな結集を…………『9条連ニュース』No.62、二〇〇〇年二月二〇日
「武器なき平和」の気高さと、「武器による平和」の醜さ…………『9条連ニュース』No.68、二〇〇〇年八月二〇日
ドイツに広がるユーゴ戦争批判と軍隊不要論…………『9条連ニュース』No.77、二〇〇一年五月二〇日

第Ⅴ章
憲法調査会のいま…………新小岩社会教育館平和講座（1）、二〇〇〇年一一月
憲法をめぐる政治状況…………新小岩社会教育館平和講座（2）、二〇〇〇年一一月

憲法調査会のその後…………書きおろし

第Ⅵ章

二〇世紀の反省　二一世紀への展望…………長崎平和研究所での講演、一九九八年四月五日

「時代閉塞」の世紀末から日本政治変革の道筋を…………『状況と主体』一九九九年八月号

原爆投下五〇年目の真実　トルーマンの罪と核廃絶への道…………『サンサーラ』一九九五年一〇月号

終章　有事法案が開示したもの…………『季報・唯物論研究』二〇〇二年八月・第81号

伊藤成彦（いとう なりひこ）

1931年石川県金沢市に生まれる。東京大学文学部ドイツ文学科卒業、同大学院で国際関係論、社会運動・思想史専攻。現在、中央大学名誉教授。文芸評論家。ローザ・ルクセンブルク国際協会代表。

著書：『「近代文学派」論』（八木書店）、『共苦する想像力』、『戦後文学を読む』（ともに論創社）、『反核メッセージ』（連合出版）、『闇に育つ光』（谷沢書房）、『軍隊のない世界へ』、『ローザ・ルクセンブルクの世界』、『軍隊で平和は築けるか』（いずれも社会評論社）、『時評としての文学』、『闇を拓く光』（ともに御茶の水書房）、『物語　日本国憲法第九条』（影書房）、『パレスチナに公平な平和を！』（御茶の水書房）他。
訳書：ローザ・ルクセンブルク『ロシア革命論』（論創社）、ローザ・ルクセンブルク『ヨギヘスへの手紙』（共訳、河出書房新社）、パウル・フレーリヒ『ローザ・ルクセンブルク』（御茶の水書房）、他。

武力信仰からの脱却
——第九条で二一世紀の平和を

二〇〇三年九月一九日　初版第一刷

著　者　伊《い》藤《とう》成《なり》彦《ひこ》
発行所　株式会社　影書房
発行者　松本昌次
住　所　東京都北区中里二—三—三
久喜ビル四〇三号
電　話　〇三—五九〇七—六七五五
ＦＡＸ　〇三—五九〇七—六七五六
E-mail : kageshobo@md.neweb.ne.jp
http : //www.kageshobo.co.jp/
振　替　〇〇一七〇—四—八五〇七八
本文印刷＝スキルプリネット
装本印刷＝広陵
製本＝美行製本

落丁・乱丁本はおとりかえします。
定価　二、六〇〇円＋税

ISBN4-87714-308-4